OM DE LIEFDE, VOOR DE TROON

DANIELA HOOGHIEMSTRA

Om de liefde, voor de troon

Het dynastieke avontuur van prinses Irene en prins Carlos Hugo

1964-1980

Uitgeverij Balans

Omslag Nico Richter
Omslagbeeld voorplat Reginald Davis/Shutterstock
Omslagbeeld achterplat Nationaal Archief, collectie Anefo, fotograaf onbekend.
Auteursfoto Tessa Posthuma de Boer
Boekverzorging Aard Bakker
Druk Wilco

ISBN 978 94 638 2140 7
NUR 680

facebook.com/uitgeverijbalans
twitter.com/balansboeken
instagram.com/uitgeverijbalans
uitgeverijbalans.nl/nieuwsbrief

‘De mensen maken hun eigen geschiedenis, maar zij maken die niet uit vrije wil, niet onder zelfgekozen, maar onder rechtstreeks aangetroffen, gegeven en overgeleverde omstandigheden. De traditie van alle dode geslachten drukt als een zware last op de hersenen van de levenden.’

– Karl Marx[1]

Inhoud

Vooraf

Tussen januari en mei 1964 was heel Nederland in de ban van de 'Irene-affaire'. Als eerste prinses in de geschiedenis van het huis van Oranje had Irene, de tweede dochter van koningin Juliana en prins Bernhard, zich tot het katholicisme bekeerd. En dat in het geheim. Toen op haar geheimzinnige vertrek naar Madrid de bekendmaking van haar verloving met Carlos Hugo van Bourbon-Parma volgde, was dat een steen in de vijver van het tot dan toe verzuilde Nederland. En dan wilde het paar ook nog koning en koningin van Spanje worden.

Zelf vertrok ik op mijn negentiende ook naar Madrid. Niet om een troon te veroveren, maar om Spaanse cultuur en geschiedenis te studeren. Mede daardoor werd ik nieuwsgierig naar het avontuur van Irene en Carlos Hugo. Hoe kwamen zij erbij dat ze recht hadden op de Spaanse troon? Wat gebeurde er nadat ze Nederland vaarwel gezegd hadden?

Generaal Francisco Franco had de Burgeroorlog in Spanje (1936-1939) gewonnen met behulp van de monarchisten. Hij had daarom beloofd dat er na zijn dood weer een koning zou komen. De vraag was alleen wélke. Als vertegenwoordiger van de 'carlistische' tak van het huis van Bourbon, was de in Frankrijk geboren Carlos Hugo een van de kandidaten. Zijn belangrijkste tegenstander was prins Juan Carlos van Bourbon, een kleinzoon van de in ballingschap naar Portugal vertrokken laatste koning van Spanje. Begin jaren zestig moest de ouder wordende Franco eindelijk gaan kiezen. De kandidaten in het politiek diep verdeelde Spanje voerden felle campagnes. Irene liet zich in die strijd meeslepen.

Mijn zoektocht begon in Den Haag en leidde via een tussenstop in Parma naar Madrid en Navarra en Baskenland, de thuisbasis van de carlisten. Het was een reis die niet alleen hielp om de Irene-affaire te ontrafelen, maar ook deed beseffen welke aardverschuiving het eeuwenlang door dynastieën geregeerde Europa sinds de Franse Revolutie heeft ondergaan. Carlos Hugo en Irene ambieerden een oude troon in een nieuwe wereld. Hun idealen waren groot maar het verleden woog zwaar, de spelregels waren nieuw en de werkelijkheid was hard.

PROLOOG

Een vorstelijk huwelijk

In het voorjaar van 1958 kwam vorstelijk Europa, of wat daar nog van over was, bijeen in het groothertogdom Luxemburg. Prinses Marie Adelheid van Luxemburg trad in het huwelijk met de Pools-Hongaarse Karl Josef graaf Henckel von Donnersmarck. Ook de negentienjarige Nederlandse prinses Irene en haar één jaar oudere zuster Beatrix waren voor het feest uitgenodigd.

Zo vaak kwam het niet meer voor, een huwelijk van een lid van een regerend vorstenhuis in Europa. De Nederlandse ambassade in Luxemburg was gevraagd een kamer te reserveren in een goed hotel met uitzicht op de stad. Met de Dakota van prins Bernhard vlogen Irene, Beatrix, hun particuliere secretaresse en een beveiliger op 9 april naar Luxemburg. De broer van de bruid, Jan van Luxemburg, haalde hen af van het vliegveld.

Ook de societyverslaggever van *De Telegraaf*, Thomas Lepeltak, alias Stan Huygens, landde die middag in Luxemburg. 'Al dat Europa aan vorstelijke adel bezit,' schreef hij de volgende dag in zijn krant, 'is vandaag bijeen.' Voor hem was het feest in het vliegtuig al begonnen, toen hij merkte dat Isabelle van Frankrijk en haar broer Frans, zoon en dochter van de troonpretendent van Frankrijk, Hendrik van Orléans, op de stoelen vóór hem zaten. Samen met prinses Tatiana Radziwiłł en prins Michael van Griekenland haalden zij aan boord 'herinneringen' op. In de gang van zijn hotel liep Lepeltak later de prinsessen van Bourbon-Parma, de gravinnen van Waldburg-Wolfegg und Waldsee, de prinsessen van Liechtenstein en Aosta en een hertog van Holstein-Ledeborg tegen het lijf. Het 'hele adelboek' was in Luxemburg compleet, stelde hij tevreden vast.[1]

De volgende ochtend formeerde zich een bruiloftsstoet van 38 paren om naar de kathedraal te wandelen voor de kerkelijke inzegening. Irene liep aan de arm van de 22-jarige Frans van Orléans. Terwijl de rij al in beweging kwam om het bruidspaar te volgen, verscheen op de trap van het gemeentehuis een man in jacquet. Klein, slank, met donker haar en fonkelende bruine ogen. Omdat hij druk had staan praten, had hij niet in de gaten gehad dat de stoet vertrok. 'Springend' kwam hij de trap af. Wat een enige jongen, dacht Irene. Later hoorde ze dat hij Hugo van Bourbon-Parma was, een Franse neef van de bruid. Men zei dat hij koning van Spanje wilde worden.[2]

1

Wat het is om prinsesje te zijn

Familie-carrousel

De Tweede Wereldoorlog stond op uitbreken toen op 5 augustus 1939 in Baarn Irene Emma Elisabeth, prinses van Oranje Nassau en van Lippe-Biesterfeld, geboren werd. Haar naam, Grieks voor vrede, was een wens die voorlopig niet uitkwam. Nog geen maand later viel Hitler Polen binnen. Irenes moeder was prinses Juliana der Nederlanden, het enige kind van de Nederlandse koningin Wilhelmina en de Duitse prins Hendrik van Mecklenburg-Schwerin. Haar vader was prins Bernhard, de oudste zoon van de Duitse prins Bernhard von Lippe en prinses Armgard von Cramm.

Voor koningen, vorsten, prinsen en prinsessen was de voorgaande anderhalve eeuw in Europa rampzalig verlopen. De Franse Revolutie (1789) was de eerste klap geweest, de Napoleontische Oorlogen (1792-1815) waren de tweede. In de negentiende eeuw had een golf van liberale revoluties aan veel koninkrijken een einde gemaakt, en tijdens de Eerste Wereldoorlog had de grote familie van koningen, keizers en tsaren met moderne wapens elkaar bestreden. Toen daarop vanaf 1917 socialistische revoluties volgden, betekende dat het einde van het Duitse en het Oostenrijkse keizerrijk en de Russische tsarenfamilie.

Irene's grootvader, Hendrik, zag hoe zijn neef, Frederik Frans IV, in 1918 na de socialistische Novemberrevolutie in Duitsland uit zijn groothertogdom verdreven werd. Diezelfde revolutie betekende het einde van het vorstendom Waldeck-Pyrmont waar Irene's overgrootmoeder, koningin Emma, vandaan kwam. Ook Lippe, het vorstendom waar de oom van Bernhard geregeerd had, hield op te bestaan.

Rond de pasgeboren baby waren werelden ingestort. Van de adellijke familiecarrousel die Europa eeuwenlang regeerde, restten alleen de splinters nog. De familie van Irene had als een van de weinige haar troon behouden, maar had daarvoor de prijs moeten betalen van onderwerping aan een volksvertegenwoordiging. Irene's voorvader, koning Willem II, had in 1848 voor een liberale grondwet moeten buigen, en hoewel hij en zijn nazaten hun terrein ferm verdedigden, werden ze politiek buitenspel gezet door de moderne formule dat de koning onschendbaar is en de ministers voor hem verantwoordelijk zijn.

Uitstraling had de vorstenadel nog wel. De magie van de 'unieke soort' werd bewaard door onderling te trouwen. Maatschappelijke neergang maakte het alleen wel steeds lastiger om in eigen kring veelbelovende kandidaten te vinden. Het dagende besef dat mensen niet alleen gevormd werden door religie en klasse, maar dat eigen karakter en gevoel ook een rol speelden, maakte het arrangeren van huwelijken ook steeds gecompliceerder. Bernhards vader had zijn vrijheid in 1909 niet voor zijn titel willen offeren. Om te kunnen trouwen met zijn grote liefde, de niet-adellijke en bovendien gescheiden Armgard von Cramm, had hij zijn adellijke status opgegeven.

Armgards vader, Aschwin von Sierstorpff-Cramm, was een van de beste jockeys van Duitsland geweest en opperstalmeester van de Turkse sultan, met het recht zich 'pasja' te noemen. Hij had een groot fortuin geërfd nadat hij, per ongeluk of misschien ook niet, tijdens de jacht de enige broer van zijn vrouw had doodgeschoten. Het geld waarvan hij daardoor de erfgenaam werd, had hij er ook in korte tijd weer doorheen gejaagd.[1] Armgard, bijgenaamd 'Muck', was net zo onconventioneel als haar vader en hield ook net zoveel van paarden als hij. Ze was eerst met een luitenant van de prins von Lippe getrouwd, maar was vervolgens een verhouding begonnen met de prins, 'Berni' zelf. De luitenant had zich van haar laten scheiden, waarna ze morganatisch met Berni huwde, die daarvoor de adellijke status van zijn nageslacht inleverde.[2]

Aan het huishouden op het landgoed Woynowo in Oost-Brandenburg voegde Armgard in de loop van de jaren twintig een tweede man toe, springruiter Alexei Pantchoulidzew. Als voormalige officier in het tsaristische leger was hij na de communistische machtsovername naar Duitsland gevlucht. Hij vestigde zich op Woynowo om Armgard te trainen voor deelname aan internationale springconcoursen, maar bleef na de dood van Berni, in 1934, haar trouwe metgezel.

Bernhard ging op zijn twaalfde naar kostschool, waar hij slecht presteerde, en daarna naar een school in Berlijn. Hij was vaak ziek en bovendien klein voor zijn leeftijd, zodat hij naar eigen zeggen moest leren vechten tegen oudere en sterkere jongens, die hem nogal eens 'een pak slaag' gaven.[3]

Aan levenslust en ambitie ontbrak het hem niet, maar de omstandigheden zaten hem niet mee. Zijn oom, de vorst van Lippe, had in 1916 met de hand over zijn hart gestreken door zijn moeder, hem en zijn broer Aschwin alsnog tot prins(es) te verheffen. Maar in het Duitsland van de jaren dertig had hij ook daar weinig aan. De vooruitzichten in het door de economische crisis geteisterde vroegere keizerrijk waren somber. Bernhards vader had hem nauwelijks geld nagelaten en landgoed Woynowo bevond zich in een dermate deplorabele staat, dat werd overwogen om het maar in de fik te steken.[4]

Pogingen van Duitsland een moderne democratie te maken, hadden een republiek zonder vrienden opgeleverd. Haast niemand geloofde in de nieuwe democratische ordening van Weimar. Reactionairen verlangden terug naar het oude keizerrijk, fascisten wilden een dictatoriaal 'Derde Rijk' waar het 'arische ras' regeerde, en socialisten streefden naar een 'klasseloze' dictatuur. Toen Hitler in 1933 de macht greep, dompelde Bernhard zich als student in München en Berlijn onder in een studentenmilieu waar het nazistische geloof in eigen superioriteit luidruchtig de boventoon voerde. Intussen ontbrak het de leden van de adellijke klasse waar Bernhard met de hakken over de sloot in beland was, juist aan zelfvertrouwen. Zonder keizer zochten de vorsten, prinsen, graven, 'Freiherren' en jonkers in de politieke en economische chaos naar nieuwe manieren om zich te onderscheiden. 'Ik had het idee: ik loop verschillende stages in een bedrijf,' vertelde Bernhard zelf later over die periode, 'en als je dat achter je hebt, moet je wel uiteindelijk een leidinggevende functie krijgen.'[5] Maar toen hij in 1936 als stagiaire bij IG Farben in Parijs achter een schrijfmachine belandde, was dat moment nog ver weg.

In Nederland werd intussen druk gezocht naar een geschikte echtgenoot voor prinses Juliana. Beschermd en geïsoleerd opgegroeid als enig kind aan het hof van haar moeder, koningin Wilhelmina, combineerde zij honger naar het 'echte leven' met gebrek aan ervaring. Zij had in 1927 de huwbare leeftijd bereikt, maar een geschikte kandidaat had zich nog niet aangediend. Ze had geen oogverblindend uiterlijk maar wel een eigenzinnig karakter en was verknocht aan haar moeder, een combinatie die niet betoverde. De zoveelste mislukte koppelpoging, aan de Zweedse prins Karel van Zweden in 1934, had haar entourage wanhopig gemaakt. Voor het kennismakingsgesprek met Karel had haar Britse tante, Alicia gravin van Athlone, als bemiddelaarster alles uit de kast gehaald, maar Juliana was 'als een dienstmeid' gekleed op de afspraak verschenen en had zich 'humeurig, koppig en... lui' gedragen. Zo langzamerhand bleven er niet veel kandidaten over. 'Beggars can't be choosers,' noteerde de Nederlandse gezant in Duitsland, Johan Paul van Limburg Stirum.[6]

In 1936 trok Bernhard, nieuwsgierig geworden naar de kennelijk moeilijk bemiddelbare maar rijke Hollandse kroonprinses, de stoute schoenen aan. Na informatie over haar te hebben ingewonnen bij de Nederlandse ambassadeur in Parijs, John Loudon, liet hij via een ver Duits familielid een introductiebrief aan haar overhandigen. Toen een tante hem begin februari 1936 tipte dat de Nederlandse koninklijke familie van plan was naar het recreatieoord Igls bij Innsbruck te reizen, pakte hij zijn koffers.[7]

Zodra de sportieve prins met de ondeugende lach op 11 februari op de oefenweide verscheen, was Juliana verkocht. Deze ontmoeting was nu eens niet gearrangeerd door haar moeder en haar ambassadeurs. Voor Juliana, gevangene van een niet zo flamboyante, Hollandse hofomgeving, was het alsof er een wereld openging. Met charme, protocollair gemak en daadkracht blies Bernhard het hele gezelschap omver, inclusief de meest kritische leden van de hofhouding, die meteen druk in de *Almanach de Gotha*[8] begonnen te bladeren. (Hij stond erin!) De symbiose tussen moeder en dochter kreeg een lichte dreun te verwerken, maar Wilhelmina was blij dat zich een man had aangediend op wie Juliana verliefd kon zijn en die de troon weer toekomst gaf.

Op veel aanzien of rijkdom kon Bernhard dan misschien niet rekenen, maar 'waardig en toch eenvoudig en spontaan', goedgekleed, sportief en charmant, had hij wel alle eigenschappen die men zich van een prins kon wensen. Status had Juliana toch altijd alleen maar in de weg gezeten. Volgens haar vriendin Christine Wttewaall van Stoetwegen was haar jeugd 'bedorven door de dwanggedachte: ik moet koningin worden'. Het 'arme kind' zag dat als een 'onafwendbaar noodlot'.[9]

Gelijkschakeling

Tijdens de bruiloft van Bernhard en Juliana, die van 5 tot 7 januari 1937 in Den Haag gevierd werd, wreekte zich Bernhards dubbele loyaliteit aan de Nederlandse regering en de Duitse adel, die verbonden was met de naziregering. Ter vermaak van de gasten werden Amerikaanse films vertoond van Stan Laurel & Oliver Hardy, maar onder druk van de Duitse regering werd ook het Horst Wessellied, de officiële partijhymne van de NSDAP, gespeeld. Bij de hotels van de Duitse gasten wapperde de nazivlag en op foto's was te zien hoe het bruidspaar tijdens een gala-avond omringd werd door Duitse familieleden die de Hitlergroet brachten.[10]

In de eerste huwelijksjaren op Soestdijk werd eerst Beatrix en vervolgens Irene geboren, waarna het koninklijke gezin in mei 1940 voor de Duitse invasie naar Engeland vluchtte. In de Londense Austin Friars-kerk werd Irene diezelfde maand door predikant Jan van Dorp gedoopt. 'Gebogen maar niet gebroken', luidde het thema van zijn op Hebreeën 11:27 gebaseerde preek. Die zomer werd ze in een kogelvrij wiegje ingescheept om met haar moeder en zusje naar Canada te varen, terwijl haar vader en grootmoeder met de Nederlandse regering in ballingschap achterbleven in Londen.

In de Canadese stad Ottawa kwam Irene met haar zusje terecht in een soort woongroep van adellijke bannelingen, die bijna geheel uit vrouwen en meisjes bestond: Juliana's vriendin, Martine Röell-del Court-van Krimpen, met haar dochtertje, Renée, het kindermeisje Sophie Feith en secretaris De Vos van Steenwijk, diens vrouw en lijfwacht Cees Sesink. Voor het eerst in haar leven kon Juliana over straat zonder te worden herkend en bezocht zij de bioscoop en het zwembad. Van een nogal onzeker, van haar moeder en echtgenoot afhankelijk meisje veranderde ze in Canada in een wereldse vrouw, die al rondreizend redevoeringen hield over de 'kruistocht' tegen de nazi's en bevriend raakte met de Amerikaanse president Franklin Delano Roosevelt en diens vrouw Eleanor. 'A great help in keeping the Netherlands flag flying,' was ze volgens hem.[11]

In Canada was de moeder van Irene een vrije vrouw, die alleen zo nu en dan bezoek van 'pappie' kreeg. Zelf was Irene in Canada een vrij kind, gewend aan 'glooiend groen en ruimte en rust'. Voor de villa met de twee zuilen naast de voordeur schommelde ze in de tuin en rende ze op warme zomerdagen in haar blootje heen en weer onder de sproeier op het gras. Alleen als de grote mensen met gespannen gezichten om de radio zaten, wist ze dat ver weg 'iets heel ergs en ondenkbaar groots' aan de hand was, 'daar ergens, waar wij eigenlijk hoorden'.[12]

Na de bevrijding wilde Wilhelmina niet meer met de oude vorstenadel geassocieerd worden. De vele (Duitse) familieleden die de kant van Hitler gekozen hadden, waren 'als dood' voor haar. Voor de verzetsmensen die meestal van eenvoudige komaf waren, koesterde ze daarentegen diepe bewondering. In Engeland had hun bezoek haar altijd doen opleven. 'O, die diepe trillende snaren tusschen Engelandvaarders en mij, ons, mag ik wel zeggen, wat is dat toch elke keer een beleving,' verzuchtte ze.[13] Status was niets, individuele moed en waardigheid alles. Wilhelmina 'danste een oorlogsdans op het graf van al die lammelingen en heel dat oude verworden stelsel'. Tijdens een ereronde door Nederland schudde de koningin 'de vuilste mijnwerkers' de hand, en bij de in het verzet ontstane uitgeverij De Bezige Bij nam ze plaats op 'een wrakke leunstoel als ware het haar troon'.[14]

Amerikanen en Canadezen bevrijdden Nederland niet alleen van de Duitse bezetter, maar spiegelden ook een nieuwe wereld voor waar ieder ongeacht geboorte alle mogelijkheden had. In 1939 was voor het laatst een familie in de adelstand verheven, en wat Wilhelmina betrof, bleef dat zo. In 'handelsland' Nederland had de adel nooit een grote rol gespeeld. Toen Willem I in 1814 van Nederland een koninkrijk maakte, had hij de stand nieuw leven ingeblazen door families te verheffen. Zeker aan het hof had de adel sindsdien een belangrijke sociale functie. Maar de nieuwe indeling in 'goed' en 'fout' zette daar na de oorlog een streep door. Niet geboorte maar eigen verdienste werd het criterium. Als torentje op de democratie begon de familie van Oranje na 1945 aan een nieuw bestaan. Terwijl de adel als 'sterfhuisconstructie' langzaam maar zeker haar status verloor, herrees het koningschap uit de as als het symbool van overwinning op alles wat verkeerd geweest was. De Nederlandse legerbrigade die in 1944 vanuit Engeland in Normandië geland was om te helpen bij de bevrijding, werd genoemd naar prinses Irene. Zij en haar zusjes, Beatrix en Margriet, waren de hoop voor de toekomst.

Harmonie

Na in Canada 'ver van de Hollandse realiteit' te hebben geleefd, kwam de bijna zesjarige Irene in de zomer van 1945 aan op Paleis Soestdijk. 'We moesten een indrukwekkend hek door,' herinnerde ze zich later, 'het was een veel groter huis dan in Ottowa, en het strekte zich uit als een witte waaier in het groen. [...] Achter het huis vonden we een prachtige grote tuin met reuze-rododendrons vol konijnen, een gigantische vijver met een metershoog spuitende fontein, een roeibootje, en een bos om in te dwalen en te verdwalen.'[15]

Juliana wilde haar kinderen het isolement van haar eigen jeugdjaren besparen. De naoorlogse premier, Willem Schermerhorn, had haar moeder attent gemaakt op een nieuwe onderwijsaanpak op 'De Werkplaats', de school van wereld- en onderwijshervormer Kees Boeke in Bilthoven. Schermerhorn streefde naar een politieke 'doorbraak'. Door bundeling van krachten uit alle geloofsrichtingen moest de verzuilde samenleving die voor de oorlog was vastgelopen, van het verleden bevrijd en één gemaakt worden. Dat was precies wat Boeke met zijn 'Kindergemeenschap' beoogde. Als vredesactivist en zendeling had hij tijdens de Eerste Wereldoorlog gewerkt in Engeland en Libanon. Na een messianistische periode waarin hij het gebruik van geld als 'wortel van het kwaad' had afgezworen, had pragmatisme bij hem de overhand gekregen en stichtte hij in 1926 De Werkplaats. Daar moest de vrije, vreedzame mensengemeenschap die hij nastreefde van de grond af worden opgebouwd.

Rangen, standen en religieuze scheidslijnen waren in zijn anarchomaatschappij taboe. Gezag moest van binnenuit komen. Kinderen vertegenwoordigden niet het geloof of de stand van hun ouders, maar leefden volgens hun eigen kompas. De 'werkers', zoals de leerlingen heetten, zongen:

Ons doel het is heilig
al lijkt het ook klein
wij trachten in alles
mens te zijn.

Boekes antihiërarchische opvattingen hadden voor de oorlog vooral argwaan gewekt, maar na de Duitse overheersing spraken ze veel mensen aan. Niet het gezag van de leraar, maar de ethische norm 'Aidai' ('Als ieder deed als ik') was de leidraad. Juist door de werkers vrijheid te geven, leerden ze volgens Boeke voor zichzelf en elkaar verantwoordelijk te zijn. Schoolwerk werd zelf gekozen en ingedeeld en de werkers, die met meerdere jaargangen in een groep zaten, hielpen elkaar daarbij. Problemen in de klas werden tijdens vergaderingen net zo lang besproken tot ze onderling waren opgelost, en het schoonhouden van de klaslokalen was ook een verantwoordelijkheid van de werkers.

Het probleem was dat de prinsessen geen gewone werkers wáren. Na een door Boeke georganiseerde ritmiekdemonstratie door Irene ontstond in 1946 een nationale rel omdat zij had opgetreden in alleen een gymbroekje. Juist nu de naaktcultuur met de Duitse bezetter de deur uit gedaan was, klaagde een krant, dreigde Boeke de 'klok weer terug te zetten'.[16]

Beatrix kwam al jong tot de conclusie dat de eenvoudige menselijkheid die haar moeder en grootmoeder na de oorlog omarmden, voor haar een doodlopende weg was. De persoonlijkheid van Beatrix kwam op De Werkplaats 'in een knoop' terecht, schreef Juliana na zes jaar onderwijs aan Boeke, 'precies het tegendeel van de harmonische ontwikkeling' die werd nagestreefd.[17] Juliana was verdrietig over de mislukking van het experiment. Maar de prinsessen waren nu eenmaal niet in alles 'slechts een mens', en wat Beatrix betrof bleef dat ook zo. De school die haar liet mattenkloppen en wc's schoonmaken, wilde zij liever gisteren dan vandaag verlaten. Daarin vond ze Bernhard, die op zijn individuele vrijheid net zo gesteld was als op zijn koninklijke privileges, aan haar kant.

De elfjarige Irene kwam samen met Beatrix terecht op het Baarns Lyceum, op een afdeling met speciaal geselecteerde leerlingen. Docenten werden niet meer bij hun voornaam, maar met mevrouw of meneer aangesproken, en in plaats van een deel van de dag te besteden aan muziek, schilderkunst, dans en natuur, werd een klassiek lesprogramma afgewerkt. Beatrix en Margriet spraken later hun afschuw uit over de school van Boeke, waar zij op 'paardendekens' naar Bach hadden moeten luisteren. Maar Irene had het er volgens haar jeugdvriendin, Marijke Arendsen Hein, juist naar haar zin gehad. 'Zij vond het heerlijk op die school.' Het vertrek van Irene trof Boeke in het bijzonder, schreef hij aan Juliana, omdat zich juist bij haar een 'proces van innerlijke bevrijding' voltrokken had waardoor zij 'zich als geheel harmonisch ontwikkelde'.[18]

Kinderfeest

Irene was een gevoelig, schijnbaar verlegen en dromerig kind. Terwijl Beatrix tijdens toneel- en dansvoorstellingen de 'stralende hoofdfiguur' of de 'belhamel' speelde, vertolkte zij meestal de rol van fee of engel. Op jeugdfoto's zie je haar vaak afwachtend, een tikkeltje achterdochtig, naast haar oudere zusje staan.[19] In de memoires die ze in 1995 publiceerde, beschreef ze haar angsten: bang voor Sinterklaas, bang voor de vaccinaties en de heersende ziektes in Nederland. In haar tas had ze altijd een extra onderbroek bij zich, omdat ze nogal eens in haar broek plaste. Verbeelding en werkelijkheid liepen in haar wereld door elkaar heen. Tijdens het luisteren naar de sprookjes van Grimm die haar kindermeisje, 'Taloutje' aan haar voorlas, vroeg ze zich af: '*Is* zij de fee en *ben* ik het prinsesje...? Hoe moet je uit een sprookje loskomen? Wie maakt het sprookje?'[20]

In het meisje dat dingen voelde en zag die er volgens haar omgeving niet waren, kon ze zich later als volwassene nog levendig verplaatsen. 'Onder de blauwe deken zit een leeuw, daarvan ben ik zeker,' schreef ze in haar memoires. 'De grote mensen zeggen dat het niet waar is. Ze slaan de dekens open, en laten hun logica zien. Maar mijn realiteit is anders. Er zit een leeuw in mijn bed.'[21]

Na het relatief anonieme leventje in Canada belandde Irene op Soestdijk in een nieuwe kosmos. Nu wás zij niet alleen meer een prinses, maar zagen anderen dat ook. In haar pogingen om haar kinderen in contact te brengen met hun nieuwe omgeving, ging Juliana rigoureus te werk. Begin augustus 1945, nog maar net geland uit Canada, leek het haar een leuk idee om alle kinderen van Baarn en omstreken uit te nodigen voor Irene's zesde verjaardag. Over de oprijlaan van haar nieuwe huis zag Irene een waar kinderleger oprukken. Volgens Alden Hatch, de schrijver van een geautoriseerde biografie over prins Bernhard, werd het een 'vrolijk kinderfeest', waar limonade werd geschonken en 'krijgertje' gespeeld. Maar zelf dacht Irene: er staan zesduizend kinderen in mijn tuin. Van wie is die tuin en waar wonen al die kinderen? Waar ben ik zelf nog? Wat is dat, prinsesje zijn?[22]

Toch hunkerde ze naar wat 'buiten' was. 'Een hond blaft daar ergens buiten de hekken. Iedere avond hoor ik hem. Wie zouden daar wonen en hoe zou hun huis eruit zien? Wat zou ik graag weten hoe de mensen in die straten en huizen leven en wonen. Hoe zijn ze en wat doen ze? Ik zou zo graag met de kinderen spelen. Ik haat de hekken die tussen mij en de "andere" mensen in staan.'[23]

Irene ontwikkelde als kind naar eigen zeggen een speciale radar voor wat zij 'schijn' noemde. 'Steeds duidelijker' werd het volgens haar dat 'volwassen mensen het ene zeggen en iets anders bedoelen'. Dat bezorgde haar soms aanvallen van 'blinde woede'. Dan klom ze op de hoge spijlenwand van haar houten bedje dat tegen de muur stond en bonkte ze met haar hoofdje tegen de wand. 'Zo wil ik de wereld niet! Zo niet.'[24]

Maar behalve fijngevoelig, was Irene stoer en sportief. Ze was niet alleen goed in ballet, maar ook in paardrijden en skiën. Irene was geen angstig kind, zegt haar jeugdvriendin Marijke Arendsen Hein. 'Juist eerder een durfal. Ze léék verlegen, maar ze zat vol plannen en ideeën. Ze had ook altijd het lef om ze uit te voeren. Zij durfde veel meer dan ik. Toen we nog op de lagere school zaten, pakten we stiekem de jeep van haar vader. Zij achter het stuur, ik bibberend ernaast, hobbelend over de hei. Dat mocht helemaal niet, maar ze deed het toch.'[25] 'Zo lenig als een aapje' deed Irene niets liever dan 'buiten rennen en in bomen klimmen', noteerde een journaliste die in 1947 Soestdijk bezocht. Ze kwam vaak met 'moddervuile handen' en een 'gescheurde jurk' terug van het spelen.

Arendsen Hein herinnert zich Soestdijk als een gezellige plek. Dat het een paleis was, merkte je volgens haar nauwelijks. 'Het was net een gewoon huis. De sfeer was heel vrij,' zegt ze. 'We bouwden hutten in de tuin en reden paard in de bossen. Irene galoppeerde altijd dwars door het water. Als mijn paard erin ging liggen, zodat ik eruit moest klimmen, moest ze vreselijk lachen. In alle sporten was zij beter dan ik.'

Haar representatieve taak vond Irene zwaar. 'Altijd opletten dat je kleren netjes zijn en je haar goed zit, nooit eens ongezien iets doen, dat was lastig voor Irene,' zegt Arendsen Hein. De eerste officiële handeling die ze verrichtte, de opening van de gerenoveerde Austin Friars-kerk in Londen in 1953, stond haar jaren later nog helder voor de geest. Het begon met 'doodsangst', schreef ze. Daar stond zij: 'Handschoentjes aan, hoedje op, grijs jasje over een wijde rok. Witte sokjes in zwarte schoentjes met een riempje er dwars over.' Ze moest uit de kring van onbekenden naar voren stappen, zodat ze 'heel alleen in een open plek kwam te staan, te midden van vriendelijke, maar nieuwsgierige onbekenden'. Te jong nog, en te weinig voorbereid op 'die doordringende aandacht' en de verwachtingen van al die mensen, die meenden te weten wie dat prinsesje was: zíj. 'Doodsangst het verkeerd te doen. Paniek!' Maar uit onverwachte hoek, schreef ze, kwam hulp. Door de menigte van alle 'ogen en meningen' heen, zag Irene die middag op een open plek een boom staan. 'Kom onder mij zitten, je mag spelen,' hoorde ze hem zeggen. 'Er zijn hier kameraadjes voor je, die ook van spelen houden.' Alleen zij kon het horen. De 'grote mensen' wisten niet dat 'de troost die hun gebouw moest bieden, al bij de boom te vinden was'. Vanaf dat moment zou er volgens Irene in haar leven altijd een boom zijn, waar ze 'veilig' was. Waar ze 'zichzelf mocht zijn en als eeuwig kind mocht spelen'.[26]

Juliana wilde het vrije leven dat ze in Canada gewend was in Nederland voortzetten. Daardoor kwam ze in conflict met haar instituut en zichzelf. Na haar troonsbestijging in 1948 schafte ze de aanspreekvorm 'majesteit' af. Ze wilde ook niet meer dat voor haar een knicks gemaakt werd, de kleine buiging voor een koning(in), die in Europa gebruikelijk was. Daarin was ze onverbiddelijk: 'Niet afschaffen knix zou reden tot abdicatie zijn,' noteerde haar persadviseur Van Maasdijk in 1948.

Juliana's gegroeide zelfbewustzijn wreekte zich in haar huwelijk. Onenigheid over zo'n beetje alles dreef haar en Bernhard uit elkaar. Bernhard hield van zijn vrouw als de moeder van zijn kinderen, maar haar persoonlijke ideeen, gevoelens en ambities interesseerden hem niet zoveel. Meer dan van Juliana zélf, hield hij van het koninklijke avontuur dat zij voor hem mogelijk maakte. Juliana verdroeg de eigengereidheid van deze 'luxe editie van een man', zoals ze hem noemde, steeds slechter.[27] Bernhard was meestal niet thuis. In Londen had hij vrij openlijk een verhouding gehad met de getrouwde lady Ann Orr-Lewis, in 1952 kreeg hij zijn eerste buitenechtelijke dochter bij een Duitse pilote in Mexico, en in 1967 zou uit de relatie met de Franse Hélène Grinda nog een dochter geboren worden. Bernhards secretaresse, Kokkie Gilles, vervulde op Paleis Soestdijk intussen de rol van tweede echtgenote. Volgens biografe Jolande Withuis 'belaagde' hij bovendien willekeurige andere jonge vrouwen. Een gouvernante hield om die reden angstvallig haar deur op slot, een zestienjarig logeetje klaagde door hem onder haar blouse te zijn betast, en een lid van Juliana's toneelclub verklaarde dat ze door hem was 'aangerand'. Juliana 'wist of zag' volgens haar particulier secretaris 'niets'.[28]

Juliana werd door haar man vaak gekleineerd, ook in het bijzijn van anderen. Maar hoewel schijnbaar 'onschuldig' had zij voor onderwerping geen talent. Juliana was niet alleen, zoals oorlogspremier Pieter Sjoerds Gerbrandy schreef, 'door haar Schepper begiftigd met een scherp verstand',[29] zij combineerde dat met verbeeldingskracht, intuïtie en koppigheid. Ze was gewend dat de werkelijkheid zich boog naar haar, in plaats van omgekeerd. Bernhard illustreerde dit monarchale karaktertrekje van zijn vrouw aan de hand van de manier waarop ze haar paleis inrichtte. In de Waterloozaal hing een schilderij dat haar voorvader Willem II afbeeldde te midden van de Slag bij Waterloo. Juliana stoorde zich aan het bloederige tafereel, maar omdat de zaal er nu eenmaal naar genoemd was, kon ze het niet weghalen. Daarom plaatste ze hoge meubels tegen het werk aan.[30]

Irene groeide op tussen ouders die zochten naar ruimte en erkenning voor zichzelf. Juliana kreeg daarbij vanaf 1948 hulp van een vreemde: de naar verluidde helderziende Amsterdamse dochter van een sportleraar, Greet Hofmans. Zij beweerde niet alleen een oplossing te hebben voor de oogafwijking van haar in 1947 geboren vierde dochter, Marijke, maar creëerde voor Juliana als 'vredeskoningin' ook een hoogsteigen podium. Via de geest van een in 1939 overleden Hattemse astroloog en kippenfokker, Marie Johannes Jacobus Exler, beweerde Hofmans contact te onderhouden met een opperwezen, dat zij 'Boven' noemde. Aan de 'doorgevingen' die Hofmans van 'Boven' ontving, ontleende Juliana de zekerheid die zij tot dan toe gemist had. Dankzij Hofmans openbaarde zich aan haar een hogere orde, die haar opdroeg om in de wereld haar unieke rol te spelen. 'Zeker zal Uwe Majesteit zich steeds in Zijn nabijheid bevinden,' zo werd haar door Hofmans namens 'Boven' voorgehouden, 'wanneer zij in onzekerheid van eigen inzichten moet beslissen. Want de overgave aan Zijn Leiding is de enigste zekerheid van "ware leiding".'[31]

Het idee dat Juliana als koningin de hoofdrol zou spelen in een door God ontworpen, feodale wereldorde, vond ze ouderwets. Maar met het concept van een zuiver 'Boven' kon ze uit de voeten. Hofmans' 'doorgevingen', doorspekt van christen-pacifistische principes, sterkten Juliana in het gevoel dat juist zij, een kwetsbaar mens vol twijfels, op aarde een belangrijke rol te spelen had. Volgens 'Boven' zat Bernhard haar daarbij alleen in de weg. De door hem georganiseerde 'Bilderbergconferenties' bijvoorbeeld, waar hij met machtige en rijke mannen confereerde over politiek en economie, waren volgens Hofmans een 'gezwel' dat 'groeide door machtsbegeerte'.[32]

Withuis spreekt van een 'feodale traditie' die Bernhard als man des huizes in het paleis een soort vanzelfsprekende almacht gaf. Het feit dat Kokkie Gilles Bernhards vaste partner was, was een van de dingen die men op Soestdijk had te accepteren. Als grootvader, zo verklaarde Irene's dochter Margarita jaren later aan *HP/De Tijd*, had Bernhard die rol nog steeds. Als iemand voor een diner op Soestdijk tien minuten te laat verscheen, stuurde hij diegene weer naar huis. Dat was Margarita overkomen en Irene ook.[33] Toch adoreerde Irene haar vader. Zijn levenslust was aanstekelijk en voor de aanvaarding van zijn regels kwam schijnbaar grenzeloze liefde en loyaliteit in ruil. Bernhard bewonderde zijn tweede dochter, de knapste, meest gevoelige én meest atletische van de vier. In haar memoires schreef Irene hoe 'ontzettend' ze hem miste tijdens de oorlog. 'Een paar keer is hij bij ons geweest en ik begreep niet waarom hij weer bij mij wegging.' 'Pappie,' zo verklaarde hij zelf, was de 'spil' van het gezin. De ontelbare hoeveelheid foto's en filmpjes die hij van zijn dochters maakte, getuigen van zijn bevlogen vaderschap.[34]

Cruise

In 1954 maakten Beatrix en Irene voor het eerst persoonlijk kennis met andere, door historisch trauma geplaagde collega's die de moderne tijd in gekatapulteerd waren. Nog maar elf families functioneerden rond het midden van de jaren vijftig in Europa als erfelijk staatshoofd, meestal zonder politieke macht. Anderen leefden in ballingschap, worstelend met beheer en onderhoud van landgoederen en kastelen. Als hun hertogdom of land niet meer bestond, hadden ze soms geen nationaliteit. Elkaar hadden ze door oorlog en revolutie uit het oog verloren.

Aan dat laatste moest iets gedaan worden, vond Frederika, prinses van Hannover, hertogin van Brunswijk en koningin van Griekenland. Na een burgeroorlog regeerde ze met haar man Paul over een diep verdeelde natie. Als kleindochter van de laatste Duitse keizer die na de Eerste Wereldoorlog, in 1918, naar Nederland gevlucht was, verlangde zij terug naar de tijd dat vorstenhuizen in Europa nog iets te vertellen hadden. Zelf intussen moeder van drie spoedig huwbare kinderen, nodigde ze in het voorjaar van 1954 honderd jonge Europese prinsen en prinsessen met hun ouders uit voor een cruise langs de Griekse eilanden. De reis, aangekondigd als promotietour voor het Europese toerisme, moest de nieuwe generatie vorstenkinderen de kans geven elkaar op 'een ontspannen manier' te leren kennen.

Bernhard en Juliana zetten hun onenigheid aan de kant om aan de cruise deel te nemen. Op 22 augustus 1954 vertrokken ze met hun toen vijftien- en zestienjarige dochters Beatrix en Irene op de Agamemnon uit de haven van Napels. Op het luxe schip, dat was uitgerust met een zwembad en een bioscoopzaal, mengden de Nederlandse prinsessen zich 'in familiesfeer' tussen generatiegenoten zoals Juan Carlos (Spanje), Simeon (Bulgarije), Emmanuel (Italië), Alexander (Joegoslavië), Sophia en Constantijn (Griekenland), Margrethe (Denemarken) en diverse kinderen van Duitse ex-vorsten. Vervoerd op ezeltjes en in draagstoelen bezochten ze de ruïnes van het klassieke Europa. De Griekse consul in Napels, Dennis Typaldos, verklaarde bij het vertrek van het schip te hopen dat na terugkeer 'enkele verlovingen' bekendgemaakt zouden worden.[35]

Voor Irene en Beatrix ging er een wereld open. Hoewel de meeste passagiers van het schip tegen een onzekere toekomst aankeken, waren hun families wel de grondleggers van Europa geweest. En wat hadden ze veel gemeenschappelijke voorouders. Omdat de vorstenadel in Europa eeuwenlang alleen maar met vorstenadel getrouwd was, leken de passagiers van de Agamemnon net één grote familie. Beatrix vertelde na afloop aan *The New York Times* hoe bijzonder het was geweest om op het schip weer onder elkaar te zijn. Voor het eerst had zij beseft dat zij in 'twee werelden' leefde: tussen de studenten in Leiden en de *Almanach de Gotha* in.[36]

Paleizenoorlog

Terug op Soestdijk waren er nog twee werelden: die van Bernhard en die van Juliana. De muur ertussen begon al bij Irene's grootmoeders, de weduwes Armgard en Wilhelmina. Armgard had zich in 1951 in Nederland gevestigd op het kasteeltje Warmelo dat Bernhard voor haar had gekocht in Diepenheim. Voor de tijd en plaats waarin Armgard geboren werd, was zij een bijzonder fenomeen. Een vrouw die, tegen alle maatschappelijke conventies in, leefde 'zoals het haar uitkwam'.[37] Hoewel zij zich in het calvinistische Holland nooit helemaal thuis voelde, had ze er na de ontberingen die ze tijdens de oorlog doorstaan had, wel haar comfort gevonden. Voor Bernhard was haar wil de hoogste wet. Als zij zich beklaagde over het lawaai van de machines waarmee haar landschapstuin werd onderhouden, werd het personeel verdubbeld, zodat alles met de hand gedaan kon worden.[38] Tussen Juliana en Wilhelmina enerzijds en Armgard anderzijds liepen de spanningen vaak hoog op. Armgard was blij met de positie die haar zoon sinds zijn huwelijk verworven had. Maar het divagedrag dat zij zich permitteerde, stuitte op hevige oppositie vanuit Soestdijk en Apeldoorn, waar de zuiverheidscultus regeerde. Armgards uitgaven werden 'buitensporig' gevonden. Haar bekering tot het katholicisme, in 1951, viel in slechte aarde en Juliana beklaagde zich ook steeds vaker over de macht die zij uitoefende over Bernhard.

Maar Irene was dol op Armgard. Ze kwam liever bij haar op Warmelo dan op wat zij en Beatrix het 'koude Loo' noemden, het paleis waar Wilhelmina met Bijbelse wijsheden strooide en de verwarming op de laagste stand zette. Hunkerend naar het 'oordeel-vrije deel van deze aarde' vond Irene bij Armgard warmte en gezelligheid. Zij hield van planten en dieren, had vogels, honden, een aapje en een 'fantastische tuin'. Ze was volgens Irene 'heel lief en zacht' en wat vooral zo prettig was: ze probeerde niet om je te beïnvloeden. Zodra bij Armgard de deur dichtviel, kon je jezelf zijn. 'Ze liet je zijn zoals je was, met je goede en je slechte kanten.'[39]

Juliana bekeek de koninklijke dependance op Warmelo waar haar dochters graag kwamen, met argwaan. 'Boven' bevestigde op een dag haar ergste vermoedens, toen de boodschap werd doorgegeven dat Armgard eropuit zou zijn om in Nederland 'het neonazisme te bevorderen'.

In de zomer van 1955 was Armgards invloedssfeer aanleiding voor een explosie van het huwelijksconflict met Bernhard. Toen hij in juli naar de paardenraces in Engeland vertrok met Armgard, haar vriend Pantchoulidzew, Irene en Beatrix, zónder Juliana, was de maat vol. De macht die Juliana over Bernhard had, ging ze nu gebruiken. Ze maakte bekend van hem te willen scheiden en liet Armgard weten dat zij en Wilhelmina het contact met haar verbraken.[40] Dat jaar verraste Juliana het Nederlandse volk, dat zich met kerst altijd rond radio en televisie verzamelde voor de koninklijke boodschap over licht in de duisternis, met de mededeling dat de wereld 'een volstrekt onhoudbare woonplaats' geworden was 'voor mensen die vaak menen dat zij tegen de muren te pletter zullen lopen'. De mens, zo meende Juliana, 'vereenzaamde in eigen kring'.[41] In februari 1956 eiste ze dat Bernhards minnares Kokkie Gilles het paleis verliet. Gilles kreeg een appartement buiten Soestdijk en een nieuwe auto als troost. Maar vanaf dat moment waren de messen geslepen. Bernhard verzamelde zijn troepen en omdat ministers meer op zíjn hand leken te zijn, probeerde Hofmans via 'Boven' om Juliana's greep op de regering te vergroten. 'Boven' eiste bijvoorbeeld dat ministers voortaan allemaal bij de koningin 'op rapport' kwamen.[42]

In het voorjaar van 1956 waren Bernhard en Juliana 'on no speaking terms'.[43] Omdat de regering nog altijd niet wilde ingrijpen in deze 'huiselijke aangelegenheid', besloot Bernhard via een andere weg een doorbraak te forceren. Via een oude vriend van hem, de Britse journalist Denis Sefton Delmer (1904-1979) werd de pers gealarmeerd. Op 11 juni 1956 werd onder de titel 'Zwischen Königin und Rasputin' door het Duitse weekblad *Der Spiegel* onthuld dat aan het Hollandse hof het spiritisme regeerde. De huwelijkscrisis werd een 'staatscrisis', die gezien het pacifistische karakter van 'Boven' ook CIA-chef Allen Dulles alarmeerde. Ministers formeerden razendsnel een staatscommissie, die de zaak onderzocht. In augustus werd de knoop doorgehakt: Juliana moest Hofmans ontslaan en haar hofhouding reorganiseren.

Het 'vredeskind' Irene was in een loopgravenoorlog terechtgekomen. Toen Juliana na de zomer nog steeds wilde scheiden, schreef Bernhard aan haar dat hij 'en de kinderen' van haar hielden, maar 'niet van je vrienden uit de kring van Mej. Hofmans!' Ze wilden Juliana 'echt terug hebben', zij het dan de 'oude Jula' (haar bijnaam) en niet iemand die 'gehypnotiseerd' was. Hij maande Juliana een '*moeder* voor je kinderen en een begrijpende vrouw voor je man' te zijn.[44]

De secretaris-generaal van het ministerie van Algemene Zaken, Antoon Jan Marie ('Buurt') van Nispen tot Pannerden, noteerde in zijn dagboek na een gesprek met de vroegere premier Willem Drees, 'hoe dwaas' de situatie geweest was. Bernhard had volgens Drees geëist dat, 'zo niet enkele lieden van de hofhouding zouden worden ontslagen, de Koningin uit de ouderlijke macht zou worden gezet'.[45]

Beatrix noemde Bernhard haar 'maatstaf' en haar 'voorbeeld' en sprak van een 'stilzwijgende verstandhouding' met hem. Maar terwijl dit bij haar samenging met een 'wederzijds gevoel' van 'niet te begrijpen en niet begrepen worden' jegens haar moeder, koos Irene tussen haar ouders geen partij. Zij herkende zichzelf in allebei. Irene vond Hofmans een 'eng mens', vertelt Arendsen Hein. 'Wij giechelden altijd achter haar rug. We vonden haar een soort heks.' Maar dat leidde volgens haar niet tot verwijdering van Juliana, 'een lieve vrouw, die eigenlijk maatschappelijk werkster had willen worden'. Aan haar was Irene volgens Arendsen Hein net zo gehecht als aan Bernhard. Irene combineerde in zich ook hun karaktereigenschappen: het 'spirituele en dromerige' van haar moeder, met het 'branieachtige' van haar vader. 'Hoe en of' de kinderen partij kozen, zo analyseerde de regeringscommissie, was 'een gevolg van de natuurlijke instelling der betrokken personen.'[46]

Irene wilde niet kiezen. In plaats daarvan probeerde ze zich zo veel mogelijk af te sluiten van alles wat er om haar heen gebeurde. Een auralezeres zou jaren later volgens haar de spijker op de kop slaan, toen ze tegen haar zei: 'Als kind kwam je op aarde met de verwachting dat de wereld "goed" zou zijn. Dat mensen warm en lief zouden zijn. Je had je een hele voorstelling gemaakt van de mensenwereld. Maar die bleek al heel gauw niet te kloppen, en door je grote gevoeligheid om door de dingen heen te kijken, ben je je toen gaan afsluiten om geen pijn te worden gedaan. Jij bent zo weinig gezien en begrepen, dat je het absolute besluit hebt genomen niemand, of nauwelijks iemand, in je binnen cirkel toe te laten.'[47]

Van een scheiding tussen Bernhard en Juliana kwam het natuurlijk niet. Tot 1971 moest daarvoor nog overspel aangetoond worden en hoewel de bewijzen daarvoor ruim voorhanden waren, zou dat voor een koningin harakiri betekenen. Of, zoals Bernhard waarschuwde: 'Door te scheiden, verander jij je Huis in een derderangs Balkan-monarchie, en zoiets mag niet.'[48] Juliana zei Hofmans dat najaar vaarwel. Ze koos voor haar echtgenoot, haar kinderen en last but not least voor haar troon. Haar kersttoespraak eindigde dat jaar met de gevleugelde woorden: 'Maar heb ook ik soms het recht niet, te trachten mijzelf te zijn?'

Polonaise

Volgens historicus Cees Fasseur, die de hofcrisis dankzij inzage in privécorrespondentie gedetailleerd beschreef, werden Bernhard en Juliana na het vredesakkoord al snel weer 'samen canasta spelend aangetroffen'.[49] Maar tussen het zichtbare en het werkelijke, het uiterlijke en het innerlijke, gaapte op Soestdijk een kloof. De conflicten waren niet voorbij, ze werden voortaan alleen binnenshuis gehouden.

In september 1957 vierde Irene op Huis ten Bosch haar 'coming out', het traditionele moment waarop meisjes uit de hogere kringen op hun achttiende aan 'de wereld' gepresenteerd werden. Aan wélke wereld was in het geval van Irene alleen de vraag. Zij hoorde tot de sociale kring van de (vorsten)adel, maar voor zover deze nog een kring vormde, kende Irene er haast niemand. Het contact met de passagiers van de Agamemnon was verwaterd. Juliana had het niet zo op feesten en partijen, en de 'reuze keet' zoals haar particulier secretaris Van Heeckeren de ruzies in het paleis aanduidde, hadden een bloeiend hofleven in de weg gezeten. Een verslaggever van *de Volkskrant* signaleerde voor de marmeren trappen van het paleis die zaterdagavond een 'keur van fraaie toiletten met veel tule en pastelkleurig nylon'. Maar van prinsen en prinsessen was op Irene's feest nauwelijks een spoor. Onder de gasten waren volgens *de Volkskrant* vooral kennissen van Beatrix uit Leiden, schoolvrienden van Irene en militairen van de officiersopleiding, die officieel wel 'adelborsten' heetten, maar met de adel weinig te maken hadden.

Het feest begon met een polonaise, waarbij Bernhard en Irene aan kop gingen met Juliana en Bernhards broer, Aschwin, erachteraan. Onder het zingen van 'bruiloftsliedjes' werden de gasten door het paleis naar de balzaal geleid, waar Irene en Bernhard samen het bal openden. Het dansen op door hem uitgekozen Zuid-Amerikaanse 'samba's en mamba's, tot aan de actuele calypso's aan toe', werd op aangeven van hofmaarschalk Van Zinnicq Bergmann steeds onderbroken voor 'gezellige spelletjes' zoals de vlaggendans, waarbij dames en heren met gelijke vlag elkaar moesten opzoeken. Na een souper in de 'bierkelder' – een kennelijke verwijzing naar Bernhards studententijd in München – werd het dansen om halftwee hervat, waarna het feest om kwart voor drie eindigde.[50]

Of je Irene met grote feesten en partijen een plezier deed, was de vraag. In haar memoires beschreef ze hoe ze zich tussen mensen vaak misplaatst en verdwaald voelde. 'Te midden van al dat leven zit ik,' verwoordde ze haar vervreemding. 'Ik zit op de aarde, tussen krioelend en dartelend, bruisend leven en kan als mens niet praten met alles om mij heen. En dat alles ook niet met mij.'[51]

Eenmanszaak

Het feit dat Paleis Soestdijk niet het centrum van de vorstelijke beau monde geworden was, betekende niet dat Bernhard zich een mondain leven liet ontzeggen. Dankzij de opkomst van het moderne vliegverkeer was de wereld makkelijk bereisbaar geworden en het feit dat Juliana graag thuisbleef, gaf hem de vrijheid om er zelf op uit te gaan.

Het 'hofleven' was voor Bernhard een reizende eenmanszaak. Vooral Latijns-Amerika had zijn belangstelling. Tijdens de Tweede Wereldoorlog was hij er voor het eerst geweest. Hij had genoten van de warmte, de vrijheid én de elite die daar nog een echte elite was. In Latijns-Amerika hadden oligarchische regimes de macht van Spaanse en Portugese koloniale heersers overgenomen. Populisten, geïnspireerd door Europees fascisme en corporatisme, hadden er aan het begin van de twintigste eeuw de macht gegrepen. De positie van deze volksleiders in de door grootgrondbezitters gedomineerde 'nieuwe wereld' was vergelijkbaar met de heerschappij van vorsten in het vroegere Europa, alleen was hun status niet erfelijk. Overzee vond Bernhard de 'constitutionele vrijstaat'[52] die hij zocht.

Anders dan in Nederland, waar grondwet en volksvertegenwoordiging hem en zijn familie in een keurslijf drongen, kon hij er zichzelf zijn. Hij genoot van de galadiners, de militaire parades en het verblijf op de ranches van politici en captains of industry. Met de 'mooie blonde' Eva Perón, de echtgenote van de Argentijnse corporatistische volksleider Juan, die in haar 'nauwsluitende japon' vlammende redevoeringen hield, onderhield hij een warme band.[53] Dat was even wat anders dan de mannen in driedelige grijze pakken met dikke brillen op, die hij op Paleis Soestdijk ontmoette.

Toen Bernhard in 1950 aan het ministerie van Buitenlandse Zaken voorstelde om 'goodwill'-reizen naar Zuid-Amerika te maken ten behoeve van het Nederlandse bedrijfsleven, vond minister van Financiën Pieter Lieftinck dat een goed idee. Hoewel hij 'de Grondwet boven alles stelde' en 'niet graag zou zien dat de koninklijke familie zich inliet met politiek', moedigde hij de prins van harte aan.[54]

Biograaf Alden Hatch vroeg tijdens zijn gesprekken met Bernhard eens voorzichtig of het tegen elkaar schuren van privé- en publiek belang in de Latijnse wereld geen probleem was. Zou door koninklijke bemiddeling de ene zakenman zich niet achtergesteld kunnen voelen bij de andere, opperde hij. 'Onzin,' antwoordde Bernhard. 'Door één zaak te helpen, bewijs ik Nederland en dus het zakenleven in het algemeen een dienst.'[55]

Meedoen

De nieuwe wereld waar Irene's vader altijd gebruind, vrolijk en vol nieuwe ideeën, muziek en foto's van terugkeerde, maakte haar nieuwsgierig. De Latijnse cultuur paste ook bij háár, vermoedde ze. Droom en werkelijkheid waren daar meer met elkaar verbonden. Zij sloten elkaar niet uit, maar vulden elkaar aan. In het surrealisme, het onwerkelijke bóven het werkelijke dat in de Latijnse cultuur verankerd lag, vond ze 'zoveel van zichzelf terug', zou ze jaren later verklaren.[56]

Als tweede in de lijn van de troonopvolging lag voor Irene geen plan klaar, zoals voor Beatrix. Ze deelde met haar een secretaresse en zo nu en dan werd ze ingeschakeld voor openingen en evenementen, maar zolang er geen ongelukken gebeurde, zou het koningschap niet haar bestemming zijn.

Na een cursus Frans te hebben gevolgd in Lausanne, besloot ze in 1958 om Spaanse taal, cultuur en rechten te gaan studeren in Utrecht. Met het middelbare-meisjesschooldiploma, een soort havo, dat ze op het Baarns Lyceum haalde, was een academische carrière geen optie. Maar onder auspiciën van professor Cornelis van Dam, die Bernhard en Kokkie Gilles ook Spaanse les gaf op Soestdijk, werd voor haar een speciaal programma samengesteld.

Terwijl studeren voor Irene's leeftijdgenoten vaak bevrijding betekende, gold voor haar eerder het tegenovergestelde. Zij wilde 'niets liever' dan 'student zijn onder de andere studenten'. Maar zodra ze dat probeerde, zag iedereen juist hoe bijzonder het was. De eerste verdieping van de oude patriciërswoning 'Huize Lievendaal' in Utrecht werd speciaal voor haar en nog vijf studentes grondig verbouwd om een 'gezellig home' te worden. Maar dat ze in september bij de mensa 'gewoon in de rij' stond 'met haar etensbord', kwam in *De Telegraaf*.[57]

Het contrast tussen binnen en buiten, voorstelling en werkelijkheid, werd eenmaal student, niet opgelost. Bij het Utrechtse studententoneel speelde Irene de 'hertogin van Orléans', bij de opening van het parlementaire jaar trad ze op als zichzelf. Vooral toen 'de verrassend mooie prinses Irene voorbij schreed in een hartveroverende, zachtgroene robe', had volgens *De Telegraaf* 'een getemperd 'ooh' door de Ridderzaal geklonken. Maar met 'een kleur als vuur' verklaarde ze een paar dagen later tijdens haar ontgroening dat ze zich niet kon herinneren wat in de Troonrede gestaan had. Irene wist zelf soms niet wie ze waar was en wanneer. 'Op de planken voel ik mij zeker van mijzelf,' zei ze in een interview, 'maar bij openbare gelegenheden, als ik mijzelf moet zijn, ligt dat anders.'[58] Ze had 'grote behoefte om een of andere communicatie aan te gaan', schreef ze later, maar de manier daarvoor kon ze niet vinden. Ze probeerde 'mee te doen' in de wereld, maar ervoer 'pijnlijk de afstand' die gaapte tussen haar en haar omgeving.[59]

Tegelijkertijd voelde ze hoe makkelijk alles ging als ze de natuur haar gang liet gaan. Voor haast alle sporten had ze aanleg. Van al haar zusjes tenniste zij het beste en als ze meedeed aan paardrijdconcoursen, eindigde ze altijd hoog. Haar grootmoeder Armgard was ook een getalenteerd amazone geweest en onder haar aanmoediging en die van Armgards vriend Pantchoulidzew deed Irene mee aan diverse springconcoursen. Toen ze in november 1958 met haar volbloed hengst Jungle Landing debuteerde bij de Haagse rijvereniging ZHJV, won ze de eerste prijs.[60] In de Oostenrijkse en Zwitserse bergen waar ze met haar familie de wintervakanties doorbracht, gaf ze op haar ski's iedereen het nakijken. In de sneeuw vond ze naar eigen zeggen de ruimte om 'vrij' te zijn. 'Mijn ski's richten zich recht naar beneden, de afgrond in', schreef ze in haar memoires. 'Mijn gewicht iets naar rechts, dan weer links, veer ik als een vertraagde film door een meter dikke verse poedersneeuw die over mij heen stuift en onderweg mijn mond en oren vult. Een en al lichaam, door de speelse inspanning van de sport en de vrijheid van beweging en lucht en zon en wit en blauw. Recht, recht naar beneden!'[61] In de winter van 1958 nodigde de Oostenrijkse skibond haar uit voor een cursus voor vergevorderde skiërs, waarna ze deelnam aan de Nederlandse skikampioenschappen in Val d'Isère. Na een val ging de titel naar de dochter van de directeur van de Nederlandse Jaarbeurs, maar geen van de deelnemers kon volgens *De Telegraaf* tippen aan de 'sublieme, zeer moderne stijl' van Irene. 'Prachtig in balans vanuit de heupen lopend, het bovenlichaam in volkomen rust en het nemen van de poortjes voortreffelijk timend.'[62]

Liefde van de wereld

'Wat is dat wat je daar draagt?' had Bernhard na het zien van foto's uit Canada tijdens de oorlog aan zijn vrouw geschreven. 'Het lijkt mij een Juliana-combinatie van strandjurk met iets erboven om het deftig te laten lijken. En geen oorbellen! Ja, ja.'[63]

De pogingen om van Juliana een glamourkoningin te maken, had Bernhard vrij snel opgegeven. Met haar verscheen hij alleen nog in het openbaar als het echt niet anders kon. Maar Irene zette hij rond het eind van de jaren vijftig als visitekaartje steeds vaker in. Zij kwam er langzamerhand achter dat je in het echt ook toneel kon spelen. Dat als je aan verwachtingen van anderen voldeed, menigtes minder beangstigend werden. Communicatie werd dan ineens gemakkelijk. Ook, of júíst, met vreemden.

'Je bent je aan gaan passen aan de hypocrisie van de mensenwereld,' zou de auralezeres jaren later aan haar uitleggen. 'Je hebt geleerd om te voldoen aan de normen om gewaardeerd en gezien te worden.'[64] Maar voorlopig ontdekte Irene dat de liefde van de wereld óók liefde was. Ze ruilde haar saaie broeken met wollen truien in voor modieuze rokjes en jurkjes. Overal dook ze vanaf het eind van de jaren vijftig even adembenemend op, vaak begeleid door haar trotse vader. Bij een receptie voor de sjah van Perzië, een galadiner ter ere van de Belgische koning Boudewijn of een optreden van Maria Callas in het Amsterdamse Concertgebouw. In november 1959 begeleidde ze Bernhard in Wenen bij de uitreiking van de Erasmusprijs, om in die stad een maand later dansend te worden gefotografeerd in de armen van een zekere 'graaf von Herberstein'. In een witte zijden japon met oranje sjerp verscheen ze in het voorjaar van 1960 in het Koninklijk Paleis van Stockholm aan het diner naast prins Bertil van Zweden, terwijl ze de week daarvoor op een galadiner in Den Haag nog tafeldame was van de president van Peru. Voor de 'blonde Irene' was het volgens *de Volkskrant* 'bijzonder interessant' om naast de 'grijze president' te zitten en zo haar kennis van het Spaans in praktijk te brengen.[65] In het najaar van 1960 danste ze op het 'koningsbal' van Francesco Serra hertog van Cassano in Napels en in december verscheen ze op het bruiloftsfeest van koning Boudewijn van België aan de arm van de zoon van de Ethiopische keizer, Haile Selassie.

Voor meisjes was de vraag aan het begin van de jaren

zestig niet wat ze later gingen doen, maar met wie ze gingen trouwen. Wie niet de reputatie van oude vrijster wilde krijgen, moest rond haar 25ste zicht op een huwelijk hebben. Voor prinsessen kwam daar de moeilijkheid bij dat meer dan 99 procent van de mannen voor een huwelijk niet in aanmerking kwam. Met 'adellijk' als hoofdcriterium was de spoeling dun, en omdat in Nederland alleen onderdanen woonden, was dat voor Irene niet de vijver om in te vissen. Anders dan haar moeder destijds, was zij een gewilde partij. Een Zweedse prins had Juliana destijds afgewezen, maar in hoge ambtelijke kring was intussen bekend dat vanuit Stockholm 'heel wat moeite gedaan' werd om Irene te koppelen aan 'een lid van de Zweedse koninklijke familie'.[66] Toen ze in de zomer van 1960 met de Griekse prins Constantijn van Griekenland meedeed aan een zeilrace op het IJsselmeer, werd meteen gespeculeerd over een romance met hem, en tijdens een wintersportvakantie een jaar later viel haar vriendschap met Karel van Luxemburg op.

Maar de grootste blikvanger in het kleine vorstelijke 'datingcircuit' was zonder twijfel de Spaanse prins Juan Carlos van Bourbon (1938). In december 1959 had hij zijn opleiding aan de militaire academie van Zaragoza voltooid met de rang van luitenant in alle krijgsmachtonderdelen. Hoewel zijn familie in ballingschap in Portugal woonde, had hij als beschermeling van generaal Francisco Franco toekomstperspectief als koning.

Zijn grootvader, Alfonso XIII (1886-1941), was in 1931 gevlucht voor een republikeinse opstand. Na de Burgeroorlog had generaal Franco in 1939 in Spanje de macht gegrepen, maar omdat hij zijn positie mede dankte aan de steun van monarchisten, beloofde hij dat Spanje na zijn dood weer een koning zou krijgen. De vraag was alleen wélke. Juan van Bourbon (1913-1993), zoon van Alfonso XIII en vader van Juan Carlos, kwam het eerst in aanmerking. Maar Franco kon slecht met hem overweg en hij zag meer in de kneedbare zoon, Juan Carlos. Onder morrende toestemming van Juan had hij hem op zijn tiende uit Portugese ballingschap naar Spanje laten komen voor een staatsopvoeding. Nadat Juan Carlos zich onder auspiciën van het regime had ontwikkeld tot een voorbeeldige 'Zoon van Staat', werd het rond 1960 tijd om voor hem een echtgenote te zoeken.

Koningin Frederika van Griekenland, ook wel de 'koppelaarster van de Gotha' genoemd, had de Spaanse prins al een tijdje op het oog voor haar dochter, Sofía van Griekenland (1938). 'Hij heeft krulhaar wat hij vervelend vindt,' schreef ze verlekkerd in haar memoires, 'maar wat oudere vrouwen zoals ik erg leuk vinden. Hij heeft donkere ogen en lange wimpers. Hij is lang en atletisch en kan grote charme aan de dag leggen. Maar het belangrijkste is toch dat hij intelligent is, er moderne ideeën op na houdt en aardig is en sympathiek.'[67]

Frederika deed alles om het pad van haar dochter met dat van Juan Carlos te laten kruisen. Maar Irene kwam ook in beeld. Nadat ze hem ontmoet had op de cruise met de Agamemnon in 1954, zag ze hem op diverse (huwelijks-) feesten. Bernhard had dankzij zijn belangstelling voor de Spaanstalige wereld en zijn liefde voor de jacht met de Bourbons een goede band opgebouwd. Sinds Franco's samenwerking met Hitler waren de betrekkingen tussen Nederland en Spanje ijzig geworden, maar vanaf het midden van de jaren vijftig trad de dooi in. Door de oprichting van de NAVO en de EEG werd de behoefte aan militaire en economische toenadering tot Europa in Spanje sterker. En omdat Franco, ook in de ogen van Amerika, een belangrijke bondgenoot was tegen het communisme, werd diens vroegere vriendschap met Adolf Hitler graag vergeten. Spanje werd voor het zich ontwikkelende Nederland bovendien een aantrekkelijke toeristische bestemming. Terwijl aan de costa's grote hotels verrezen, schotelde de Spaanse staats-pr een romantisch beeld voor van authentieke kastelen, stierengevechten en flamencodansen.

Als in Nederland íémand de kloof met Spanje kon dichten, dan was het wel de Spaanssprekende prins Bernhard. In 1959 had hij de hand gehad in de oprichting van het Ibero-Amerikaanse Instituut in Utrecht en met de Nederlandse ambassadeur in Madrid, Willem Ernest van Panhuys, die al sinds de oorlog in Madrid zat, was hij goed bevriend. In september 1959 was prinses Irene het stralende middelpunt van Spaans-Hollandse verbroedering op Soestdijk. De Spaanse ambassadeur kwam naar het paleis om met enkele journalisten de ontvangst bij te wonen van Spaanse studenten, die te voet uit Madrid gekomen waren om haar een ezeltje aan te bieden. Ze hadden gehoord dat zij het boekje *Platero y yo* ('Platero en ik') van de Spaanse Nobelprijswinnaar Juan Ramón Jiménez over een Spaanse ezel mooi gevonden had, en hadden daarop besloten haar een ezel te gaan bezorgen. Nadat Irene het dier in ontvangst genomen had, converseerde ze tot ieders blije verrassing in perfect Spaans.

Twee maanden na die ceremonie kwam de vader van Juan Carlos, Juan van Bourbon, poolshoogte nemen in Nederland. Met Bernhard schoot hij eerst fazanten op domein Ruigenhoek bij Scheveningen, daarna groot wild op Het Loo.[68] Nadat Juan Carlos en Irene elkaar in de winter van 1960 ontmoetten op het bruiloftsfeest van de Belgische koning Boudewijn en de met Franco bevriende Fabiola, vloog Juan Carlos in de Fokker Friendship met Irene's familie mee terug naar Nederland, om een paar dagen te jagen met Bernhard. Een maand later reisde Bernhard weer naar Spanje, voor een jachtpartij met Juan Carlos in het Spaanse natuurgebied van Peralejos. In twee dagen schoten ze 1755 patrijzen.[69]

Terwijl iedereen zich afvroeg met welke Europese prinses Juan Carlos zou gaan trouwen, landden hij en zijn zuster, María del Pilar, in de zomer van 1961 op Schiphol voor een 'korte vakantie' in Nederland. Gekleed in 'palm Beach kostuum' en met een donkere hoed in de hand, werd de Spaanse prins door de assistent van Bernhard van Schiphol opgehaald, om de volgende dag met nog zeshonderd gasten diens vijftigste verjaardag te vieren.

Ondanks de goede vriendschap die zich tussen de huizen ontwikkelde, ontstond over een mogelijke relatie met Irene zelfs geen gerucht. De verschillen waren vermoedelijk te groot. Juan Carlos was katholiek, wat voor een prinses van Oranje op z'n zachtst gezegd ongemakkelijk was. Maar belangrijker was dat het leven van Juan Carlos helemaal in het teken stond van zijn dynastieke plicht. Streng gedisciplineerd door zijn vader, opgevoed door het regime en overal bespied door de geheim agenten van Franco, wist hij nauwelijks wat een 'privéleven' was. Vanaf het moment dat hij als tienjarige in Portugal op de trein naar Madrid gezet was voor zijn staatsopvoeding, had hij zich overgegeven aan zijn dynastieke opdracht.

Juan Carlos was regelmatig verliefd, maar in zijn wereld ging trouwen over iets anders. Vanwege zijn 'plicht tegenover Spanje en zijn vader', zo schreef hij aan een van zijn minnaressen, moest zijn huwelijkspartner 'iemand uit een regerend vorstenhuis' zijn.[70] Aangezien de spoeling van prinsessen in Europa dun was, kan het niet anders dan dat Irene als optie door hem werd overwogen. Maar zij deelde zijn opvatting over de betekenis van het huwelijk niet. Keuzevrijheid ging wat Irene betreft boven status. Haar moeder had van 'mijzelf zijn' een soort levensdoel gemaakt en haar vader was als zoon van een prinses die conventies aan haar paardrijlaars lapte, ook gewend om zijn eigen gang te gaan. Beiden gunden hun dochters die vrijheid ook. 'Het is een feit dat deze meisjes veel vrijer zijn dan de meeste andere prinsessen,' verklaarde Bernhard in 1963 in *Elsevier*. 'Zij hebben niet meer beperkingen dan meisjes uit gewone gezinnen.' Een 'mariage de convenance' was volgens hem voor hen uit den boze.[71]

Hoewel Bernhard een huwelijk tussen zijn dochter en Juan Carlos vast een goed idee vond en hij daar misschien ook wel op aanstuurde, was dynastieke politiek op Soestdijk toch niet de praktijk. Juliana had aan haar eigen rol in dat spel slechte herinneringen. Haar geregisseerde zoektocht naar een vorstelijke echtgenoot in Europa had niets dan fiasco's opgeleverd en eenmaal getrouwd met Bernhard, speelde ze liever potjes ganzenbord of scrabble met ouwe getrouwen, dan dat ze zich in het vorstencircuit begaf. Bernhard, kind uit een half-adellijk ouderpaar, was tussen de vorstenadel niet opgegroeid en hij voelde zich in die aan 'anciënniteit' gehechte kring ook niet per se op zijn gemak. In Duitsland had hij de vorstenadel bovendien met eigen ogen ten onder zien gaan. Zijn dochters zouden trouwen 'uit liefde', zei hij. Liever had hij als schoonzoon een 'hardwerkende jongen uit een algemeen geachte familie', dan een nietsnut met een titel.[72]

Juan Carlos zag in de vrij opgevoede Irene vermoedelijk niet het monarchale anker dat hij zocht. Omgekeerd was de in auto's en zeilboten geïnteresseerde, nogal sfinxachtige en zo nu en dan ook een beetje melancholieke prins, vermoedelijk ook niet háár type.

Een maand na het bezoek van Juan Carlos aan Nederland, zette koningin Frederika haar netten uit op het eiland Korfoe. In juli 1961 nodigde ze een aantal huwbare prinsen en prinsessen uit in haar zomerpaleis Mon Repos. Juan Carlos maakte boottochtjes met Sofía, terwijl haar zusje, de Griekse prinses Irene, werd gechaperonneerd door een neefje van de Britse prins Philip, Karel van Hessen.[73] Prinses Beatrix, die altijd genoot van Frederika's 'Gotha'-cirkel, was ook van de partij. Zij ging 's avonds de dansvloer op met de Griekse kroonprins Constantijn. Maar wie op het koninklijke matchmaking-festijn ontbrak, was Irene. Zij was eerder die maand naar Mexico vertrokken.

Coup de foudre

In de zomer van 1961 maakte Irene kennis met het zonnige universum dat haar vader in de jaren vijftig overzee ontdekt had: een wereld waar vorstelijk privilege en vrijheid hand in hand gingen. Waar van koninklijke rechten geprofiteerd kon worden, zonder dat daar al te veel plichten tegenover stonden en waar het rechtstatelijke keurslijf de eigen ontplooiing niet in de weg zat.

De met Bernhard intussen goed bevriend geraakte Mexicaanse president Adolfo López Mateos had eigenlijk koningin Juliana uitgenodigd, maar vanwege haar 'drukke werkzaamheden' was besloten dat Irene in haar plaats ging. Bernhard was al zo vaak naar Mexico geweest, dat de ministerraad hem in 1959 had moeten vertellen dat er geen 'bijzondere grond' was om dat binnenkort nog weer eens te doen. Sinds 1950 had hij al drie officiële bezoeken afgelegd. Wel stond het hem vrij om persoonlijke uitnodigingen aan te nemen, wat hij dan ook deed.[74]

Juist die privéreizen van de prins bezorgden de Nederlandse ambassadeur in Mexico, Reynier Flaes, als schrijver ook bekend onder het pseudoniem F.C. Terborgh, hoofdbrekens. In een brief aan de minister van Buitenlandse Zaken, Joseph Luns, klaagde hij in april 1961 dat het wel leek of Bernhard in Mexico zijn eigen koninkrijkje begonnen was.[75] Hij werd voortdurend uitgenodigd. Dat de prins op eigen titel naar Mexico reisde, was één ding. Maar dat hij ook zakelijke besprekingen voerde met de baas van de Mexicaanse petroleummaatschappij, de Mexicaanse chef van KLM en de president van het land zonder dat de ambassade daarover werd ingelicht, leidde volgens Flaes tot 'verwarring'. Na een onderhoud met president Mateos had Bernhard dat voorjaar in de pers verklaard dat hij 'economische vraagstukken' besproken had, terwijl de ambassade geen idee had wélke. Wie de prins allemaal ontmoette, moest Flaes ook uit de pers vernemen. Het aankomende verblijf van Irene, schreef hij aan minister Luns, zag hij 'met enige bezorgdheid' tegemoet. Ze zou enkele weken verblijven bij de president en diens gezin, maar daarover was met Flaes geen overleg gevoerd. Wel was een diplomaat van zijn ambassade door Bernhard telefonisch gesommeerd zijn echtgenote vóór 1 juli 'perfect Spaans' te laten spreken, zodat zij Irene kon begeleiden. Bernhards assistent, Mo de Mier, zou haar 'examineren', was hem verteld, en mocht het resultaat 'onbevredigend' zijn, dan zou Bernhard iemand anders naar Mexico sturen. Sinds wanneer bemoeide de prins zich met de werkzaamheden van Nederlandse diplomaten, en die van hun echtgenotes? Bij het volgende bezoek van Bernhard vreesde Flaes een 'stroevere gang van zaken'.[76]

Bernhard was zich van de frictie bewust, blijkt uit de geautoriseerde biografie van Alden Hatch, die een jaar later verscheen. Hij vond alleen dat het probleem aan de andere kant lag. Het feit dat hij in het buitenland 'zoveel initiatief' aan de dag legde, 'maakte die arme diplomaten wel eens onzeker', schreef Hatch, maar zoals Bernhards goede vriend, KLM-bestuurslid Ernst van der Beugel, zei: zij waren 'ook wel eens een beetje star' en dus was het 'misschien ook wel goed voor hen'.[77]

Vergezeld van presidentsdochter Avecita López Mateos reisde Irene die zomer door Mexico. Van Yucatán,

Cuernavaca en de ruïnes van Monte Albán, tot aan de stranden van Acapulco. Net als Bernhard genoot ze in het land van de warmte, de hartelijkheid en de vrijheid. Op haar 22ste verjaardag organiseerden president Mateos en zijn vrouw op het terras van hotel Las Brisas aan de baai van Acapulco een 'intiem verjaarsfeest' voor haar. Bernhard onderbrak zijn vakantie in Italië speciaal om erbij aanwezig te zijn. Onder een dertigtal 'in shorts' geklede verjaardagsgasten waren de directeur van de staatspetroleummaatschappij en diens gezin, en ook de bekende Mexicaanse ruiter en goede vriend van Bernhard, generaal Humberto Mariles. Gejuich ging op toen hotel- en nachtclubeigenaar Teddy Staufer – in het Duitsland van de jaren dertig beter bekend als de 'swing-king' – een 'geweldige verjaardagstaart' het terras op droeg. Van de president en zijn vrouw kreeg Irene een gouden halssnoer naar antiek Maya-model en een platte gouden armband cadeau.[78]

De dagen in Mexico met Irene waren voor Bernhard 'bijna zijn dood' geweest, verklaarde hij achteraf tegen Alden Hatch. 'Iedere avond een feest dat de hele nacht doorging, en dat ik tot het einde moest bijwonen omdat ik Irene chaperonneerde.'[79]

Toen in september 1961 uit Lausanne het bericht kwam dat Juan Carlos zich verloofd had met de Griekse prinses Sofía, was dat in vorstelijke kring nauwelijks nog een verrassing. Iedereen wist hoe de Spaanse prins door koppelaarster Frederika was ingepalmd. Irene was met haar hoofd intussen bij heel andere dingen. In Mexico was ze verliefd geworden op de zoon van een arts. Het contrast tussen deze 'coup de foudre' en het Spaans-Griekse dynastieke verbond had niet groter kunnen zijn. In Spanje werd een dynastieke deal gesloten, in Mexico had Irene haar hart gevolgd.

Jaren later verklaarde Bernhard in *de Volkskrant* dat het zou zijn gegaan om 'een aardige Mexicaan' uit 'een fantastische familie', die inmiddels een 'top international lawyer' was. Toen de relatie serieus leek te worden, was Bernhard op verzoek van Juliana naar Mexico gereisd, 'om te kijken of het wat is', vertelde hij aan *de Volkskrant*. Hij was enthousiast teruggekeerd. De kandidaat was afkomstig uit een vermogende familie en had als advocaat goede vooruitzichten. Hij werd ook op Soestdijk ontvangen. Maar juist toen Bernhard dacht: dit wordt echt wat, had Irene volgens hem besloten: 'Nee, toch niet.' Volgens Juliana's vriendin, Christine Wttewaall van Stoetwegen, had 'gebrek aan Ebenbürtigkeit' bij dat besluit toch een rol gespeeld.[80]

2

De belofte van het carlisme

Prins Hugo van Bourbon-Parma (1930-2010) kwam op 27 januari 1962 aan in Madrid met in iedere hand een gloednieuwe, zwarte koffer. Daarin zaten verse overhemden en op maat gemaakte pakken. Hij droeg ook een nieuwe jas. Toen hem gevraagd werd hoe hij daaraan kwam, vertelde hij dat hij van zijn vader een miljoen peseta's gekregen had 'om te werken aan de zaken voor de toekomst'.[1]

Als voortzetter van een lange historische lijn van Franse, Spaanse en Italiaanse koningen, hertogen en prinsen, was Hugo na zijn studie in Oxford al min of meer wie hij hoopte te gaan worden: de volgende koning van Spanje.

Binnen afzienbare tijd zou in het land een vacature ontstaan. Franco, al bijna zeventig, zou niet lang meer regeren en hij had beloofd dat er na hem weer een koning zou komen. De dictator moest alleen nog besluiten wie dat zou worden.

Met een door hem zelf bestuurd vliegtuigje had Hugo vanaf het eind van de jaren vijftig heel Spanje doorkruist. Hij had menigtes toegesproken en contacten gelegd. Hij had gezien en gevoeld hoe groot het verlangen naar een alternatief voor Franco's beoogde opvolger, Juan Carlos, was. Hoe de Spaanse regio's snakten naar een koning die hun hun eigenheid gunde. Die zou luisteren naar wat er leefde onder het volk, in plaats van alleen regels en belastingen op te leggen vanuit Madrid.

Hugo, die in Frankrijk, Engeland en Duitsland gewoond had, achtte de tijd rijp voor de sprong voorwaarts. Op de tweede verdieping van de Madrileense *calle* Hermanos Bécquer nummer 6, in een chique wijk vlak bij het Parque del Buen Retiro, had hij een appartement gevonden van waaruit hij een gooi naar de troon van Spanje wilde doen.

Voorouders

Hugo was opgegroeid in het vorstelijke decor dat zijn voorouders in Frankrijk, Italië en Oostenrijk hadden nagelaten. Hij had niet in huizen gewoond, maar in paleizen en kastelen: Bostz, Lignières, Puchheim, Pianore. Hij voelde zich thuis in Frankrijk, maar evengoed in Oostenrijk of Italië en de laatste tijd dus ook in Spanje.

Zijn voorouders hadden in Europa eeuwenlang niet anders gedaan dan regeren. Tussen de Vrede van Westfalen (1648) en de Franse Revolutie (1789) trok in Europa een tiental families aan de touwtjes. Om koning te worden moest je niet uit een bepaald land komen, maar van bepaalde ouders afstammen. Volkeren kozen niet hun leiders, families kozen huwelijkspartners en daarmee kregen zij vooruitzicht op land en volk. 'Anderen voeren oorlog, jij, gelukkig Oostenrijk, moet trouwen' was eeuwenlang het devies geweest van het Huis Habsburg. Aan de Europese hoven was iedereen op enig moment, op de een of andere manier familie van elkaar.

Vanaf schilderijen keken Hugo's voorouders trots de wereld in. Maar terwijl de familie van de andere Spaanse troonpretendent, Juan Carlos, nog tot 1931 in Spanje geregeerd had, had Hugo's tak van de familie in de negentiende-eeuwse tombola van natievorming achter het net gevist.

Met Juan Carlos deelde Hugo via de mannelijke lijn twee prominente voorouders: de Franse koning Lodewijk XIV (1638-1715) en diens kleinzoon, Filips V van Spanje (1683-1746). Tijdens een kaartspelletje in het Paleis van Versailles was het hem in het najaar van 1700 verteld. De Spaanse koning Karel van Habsburg was gestorven, en Filips, pas zeventien jaar oud, was aangewezen als diens opvolger. Met 'het gewicht en de koelte van een koning van tachtig jaar oud' was hij opgestaan, om daarna schijnbaar onbewogen weer terug in zijn stoel te zinken. 'Ik hoop dat Uwe Majesteit vannacht goed slaapt,' had zijn grootvader, de 'Zonnekoning' Lodewijk XIV, tegen hem gezegd.

Nadat de jonge Filips in november van 1700 per koets van Versailles naar Madrid gebracht was, had hij daar met twee echtgenotes en elf kinderen de Spaanse tak van het Franse huis van Bourbon gesticht. Toen twee van zijn zoons op oorlogspad naar Italië vertrokken, kreeg de jongste in 1748 het hertogdom van Parma aangeboden, waarna de Italiaanse tak van het Huis, Van Bourbon-Parma, was ontstaan. Na de Franse Revolutie had de familie het hertogdom verloren. Dat werd later weer teruggegeven, maar in 1860, na de eenwording van Italië, was de laatste hertog van Bourbon-Parma uit Parma verdreven. Hij, Robert, de overgrootvader van Hugo, was naar Spanje getrokken om een kans te wagen in het leger van zijn zwager, de koning der carlisten, Carlos Alfonso VII.

De carlisten voerden in Spanje al jaren oorlog tegen de centralistische liberalen. Zij werden vertegenwoordigd door twee rivaliserende takken van het huis van Bourbon. De strijd was begonnen toen Ferdinand VII van Bourbon zich in 1833 niet had laten opvolgen door zijn broer, Carlos, maar door zijn dochter, Isabel. Daarmee had hij de traditionele regel, die stelde dat vrouwen de troon niet konden erven, genegeerd.

Carlos en zijn traditionalistische volgelingen verlangden niet alleen naar een andere dynastie in Spanje, maar ook naar een ander soort bestuur. Zij wilden terug naar de maatschappij van vóór de aanstelling van Isabel, of liever nog, naar de tijd van vóór de Franse Revolutie. Toen de regionale rechten van de zogeheten *fueros*, de plaatselijke vertegenwoordigingen, nog niet afgeschaft waren, de Spaanse staat nog niet centralistisch bestuurd werd, de regio's hun eigen zaken regelden en de moraal niet liberaal, maar ouderwets katholiek was.

De carlisten hadden hard gevochten, maar weinig bereikt. Voor Hugo's grootvader Robert had er na de nederlaag van zijn zwager in Navarra niets anders op gezeten dan zich terug te trekken in de paleizen die hij als verzamelaar van erfenissen in Europa nog had. Het personeel had hem daar gekleed in de familiekleuren op staan wachten, maar de machtige rol die zijn familie in Europa eeuwenlang gespeeld had, leek ten einde.

Ontbinding

Wie wil begrijpen waarom de in 1930 in Frankrijk geboren Hugo van Bourbon-Parma vanaf het midden van de jaren vijftig van de twintigste eeuw op het idee kwam om de troon van Spanje weer te gaan claimen, moet niet alleen de geschiedenis van Spanje kennen, maar ook die van Hugo's vader, Xavier (1889-1977).

Xavier was het vijftiende kind van Robert, de laatste hertog van Parma, en het derde kind uit diens tweede huwelijk met de Portugese prinses Maria Antonia van Braganza. In 1889 geboren in het Toscaanse paleisje Pianore en gedoopt door de aartsbisschop van Florence, groeide hij op in het besef dat Europa twee soorten mensen kende: zij die wél en zij die níét geboren zijn om te besturen. De speciale klasse waartoe Xaviers familie behoorde, had materiële voorrechten maar werd ook met de door god gegeven last van verantwoordelijkheid geboren.

Xaviers vader, Robert, had dankzij testamenten overal in Europa kastelen en landgoederen, maar de macht om in die landen ook verantwoordelijkheid uit te oefenen was hem na de liberale revoluties in de negentiende eeuw ontnomen. In zijn ogen was dat een onrechtvaardigheid, die hopelijk nog hersteld zou worden. In het Toscaanse paleisje Pianore verbleef het grote gezin van Bourbon-Parma zes maanden per jaar, om de andere helft van het jaar met een familietrein naar Oostenrijk te reizen en de winter door te brengen in Schloss Schwarzau.

Xavier werd rond de eeuwwisseling opgeleid door de jezuïeten in het prestigieuze, streng katholieke internaat Stella Matutina in het Oostenrijkse Feldkirch. Na Roberts dood, in 1909, moest het familievermogen worden verdeeld onder 24 kinderen uit twee huwelijken. Halfbroer en familie-oudste Elias kreeg na een slepende rechtszaak het grootste deel.[2]

Xavier zag het dynastieke bouwwerk dat zijn familie eeuwenlang gehuisvest had, onder zijn ogen in elkaar storten. Bij het uitbreken van de Eerste Wereldoorlog werd hij gedwongen te kiezen tussen de loyaliteit aan zijn familie en aan de nieuwe nationale staten, die in de negentiende eeuw verrezen waren. Zijn zusje, Zita, was in 1911 op het Oostenrijkse familiekasteel Schwarzau getrouwd met Karel van Oostenrijk, die in 1916 nog keizer van Oostenrijk en koning van Hongarije werd. Xavier wilde dienst nemen in hun leger, maar toen Oostenrijk Frankrijk de oorlog

Prinses Juliana en prins Bernhard verloofd, 1936.

Prinses Irene en prins Bernhard in Canada, 1943.

Winston Churchill op bezoek, Paleis Soestdijk, 1948. V.l.n.r.: prins Bernhard, Winston Churchill, prinses Beatrix, prinses Juliana, prinses Margriet, prinses Irene, Clementina Churchill en Sarah Churchill.

Prinses Beatrix en prinses Irene aan de lunch op De Werkplaats in Bilthoven, 1946.

Prinses Irene lapt de ramen van De Werkplaats, 1948.

Theetijd op Paleis Soestdijk. Prins Bernhard, koningin Juliana en de prinsessen Beatrix, Irene, Margriet en Marijke, 1952.

De prinsessen op Paleis Soestdijk, 1952.

Prinses Irene (links) en prinses Beatrix in Sankt Anton, Oostenrijk, 1950.

Koningin Wilhelmina in Engeland, 1945.

Prinses Armgard op kasteel Warmelo, 1964.

Greet Hofmans op Paleis Soestdijk met prinses Beatrix en prinses Irene, 1950.

De passagiers van de Agamemnon, v.l.n.r.: prins Victor Emanuel van Savoye, prins Juan Carlos van Bourbon, koningin Frederika van Griekenland, prins Henri van Orléans, prins Simeon van Saksen-Coburg en Gotha, prinses Beatrix en prins Constantijn van Griekenland, 1954.

De bruiloftsstoet bij het huwelijk van prinses Marie Adelheid van Luxemburg en Karl Josef graaf Henckel von Donnersmarck. Midden: prinses Irene, in witte japon met bontstola, en prins Frans van Orléans. Achter hen: prins Hugo van Bourbon-Parma en de prinses van Waldburg-Zeil, 1958.

Prinses Irene op het paard Rocket tijdens het internationale concours hippique CHIO in Rotterdam, 1956.

Ladies' race op het IJsselmeer met prins Constantijn van Griekenland, 1960.

Prinses Irene danst met een onbekende op het 25-jarig huwelijksfeest van haar ouders, 1962.

Prinses Irene, 1960, geportretteerd door Max Koot.

Prinses Irene met prinses Armgard bij de paardenraces in Rotterdam, 1963.

Familieportret in de bibliotheek van Paleis Soestdijk, 1963. V.l.n.r.: prins Bernhard, prinses Marijke, koningin Juliana, prinses Margriet, prinses Irene en prinses Beatrix.

verklaarde, moest hij dat plan wijzigen, omdat een Bourbon natuurlijk niet tegen Frankrijk kon vechten. Toen hij zich vervolgens meldde bij het Franse leger, werd hij weer geweigerd, omdat hij de Franse nationaliteit niet had, het moderne bewijs van loyaliteit. Als neef van prinses Elisabeth, de vrouw van koning Albert van België, kon hij nog wel terecht in het Belgische leger, waar hij het bracht tot kapitein.[3]

Maar de Eerste Wereldoorlog leverde Xavier niets op. Het dynastieke systeem stortte alleen nog maar verder in elkaar. De Oostenrijkse schrijver Stefan Zweig was ooggetuige van het moment waarop de salontrein met daarin Xaviers zuster, Zita, en haar man, Karel, na de ontbinding van de Oostenrijk-Hongaarse dubbelmonarchie in 1918 het grensstation Feldkirch binnenreed. 'De locomotief stond stil. Een voelbare beweging ging door de rijen wachtende mensen,' schreef Zweig. 'Toen herkende ik achter de grote ruit van de salonwagen, hoog opgericht, keizer Karl, de laatste keizer van Oostenrijk en zijn in het zwart geklede gemalin, keizerin Zita. Ik kromp ineen van schrik: de laatste Oostenrijkse keizer, erfgenaam van de Habsburgse dynastie die zevenhonderd jaar het land had geregeerd, verliet zijn rijk!'[4]

De keizer van Duitsland vluchtte nadat hij door zijn generaals was afgezet naar Nederland en in Rusland werden de Romanovs vermoord. Europa zocht naar nieuwe vormen en het herstel van de macht van oude families stond duidelijk niet op de agenda.

Xavier ging landbouw en politicologie studeren in Parijs, maar het burgerlijke automatisme om een baan te zoeken, kende hij niet. Voor de planning van zijn toekomst lag het arrangeren van een goed huwelijk meer voor de hand. In zijn familie was dat eeuwenlang de manier geweest om in de wereld overeind te blijven. Madeleine van Bourbon-Busset, bewoonster van het Franse kasteel van Lignières, leek een goede kandidate. Ze stamde, net als hij, af van de oudste Franse koninklijke tak der Capets, maar de familie was in de vijftiende eeuw haar vorstelijke status na een niet door de koning erkend huwelijk verloren. Wat adellijke status betreft, deed Xavier met Madeleine een stapje terug, maar de ruil was redelijk, aangezien hij na de verloren rechtszaken om het familiekapitaal geld nodig had, en Madeleine naast landgoederen en kastelen óók dat had.

'Na de thee had ik een lange conversatie met haar alleen,' rapporteerde Xavier na het aanzoek in 1927 aan zijn moeder, 'die twee uur duurde. Ik heb de situatie helder uitgelegd, en zelfs met de harde aantekeningen. Zij accepteerde het allemaal, met groot verstand. Die ochtend, zondag, zijn we naar de mis gegaan en 's middags heb ik weer een gesprek met haar alleen gehad. Ik heb haar gevraagd of ze een maand wilde wachten om na te denken. Zij heeft me meegedeeld dat niet te zullen doen, zeggend dat ze vastbesloten was. Dus heb ik om haar hand gevraagd en hebben wij ons verloofd.' Xavier vond Madeleine 'bepaald geen schoonheid', schreef hij aan zijn moeder. Hij was niet verliefd op haar, maar vermoedde wel dat er een basis van 'gevoel en verstand' was, die zou leiden tot liefde en 'het vervullen van onze taken en gelukkig te zijn'.[5]

Met Madeleine kreeg Xavier vanaf 1930 zes kinderen, van wie Hugo de oudste zoon was. Hugo's jongere zusje, Marie-Thérèse, beschreef hun jeugd in Frankrijk als een idylle met daarin een hoofdrol voor hun 'preuts tedere' vader, Xavier. De tengere man met het 'elegante silhouet', maar 'de handen van een landarbeider', citeerde Homerus en las zijn kinderen Jules Vernes en Russische en Poolse gedichten voor. Hij leerde hun over sterren en planeten en vertelde tijdens wandeltochten over zijn liefde voor de natuur. Xavier kon het niet aanzien als een boom, 'bondgenoot van de mens', werd omgezaagd. Maar haast nog zaliger waren voor hem het katholieke geloof en de geschiedenis, ook in hun onderlinge 'heilige' verband. Eindeloos kon hij vertellen over zijn voorvaderen, de 'heilige' Lodewijk IX. En over Jezus, die de mensen had willen redden door het juiste voorbeeld te geven.[6]

Als beheerder van kastelen en landgoederen leidde Xavier met zijn vrouw en kinderen bijna tien jaar lang een rustig en onwerelds bestaan. Tot zijn oom, Alfonso Carlos van Bourbon (1849-1936), de laatste troonpretendent van de carlisten, hem in 1936 in zijn testament benoemde als 'regent' van zijn verloren Spaanse rijk. Omdat Alfonso zelf geen kinderen had, was die keuze begrijpelijk. Xaviers vader had met de laatste koning, Carlos VII, meegevochten in Spanje, en Alfonso was getrouwd met het zusje van zijn moeder. Het echtpaar had hun neefje vaak te logeren gehad. Onder de indruk van zijn intelligentie, zijn deugdzaamheid en zijn katholieke devotie, meenden ze dat het traditionalistische erfgoed én de toekomst van Spanje bij hem in goede handen zou zijn. De carlistische troon bestond weliswaar alleen nog in de verbeelding, maar het katholieke traditionalisme dat ermee samenhing, was in Spanje zeer levend, en de herinnering aan de carlistische strijd werd nog gekoesterd en bewaard door ceremonies, liederen en verhalen. Oude en nieuwe strijders, *requetés*, stonden nog altijd klaar om naar de wapens te grijpen, zodra dat weer van hen gevraagd zou worden.

De voorganger van Alfonso, Jaime, had in 1931 op het punt gestaan de strijdbijl te begraven, zijn claim op de Spaanse troon op te geven en de liberale Bourbon-tak te erkennen. Maar net voordat hij daarover met koning Alfonso XIII een akkoord had kunnen sluiten, was hij overleden, zodat zijn titel automatisch geërfd werd door de eerstvolgende mannelijke kandidaat, Alfonso. En van vrede met de liberale Bourbons had hij, traditionalist in hart en nieren, niets willen weten.

Toen Xavier hoorde dat Alfonso op 29 september 1936 in Wenen was omgekomen bij een verkeersongeval, raakte hij overweldigd door een diepreligieus gevoel. Twee maanden eerder was in Spanje een burgeroorlog uitgebroken. Voor de carlisten was dat het signaal geweest zich te hergroeperen. Met kruisen om de hals trokken ze met de leider van hun Comunión Tradicionalista, Manuel Fal Conde, in het kamp van generaal Franco op tegen de linkse Republikeinen. Volgens het testament van Alfonso was Xavier van dit offensief nu de monarchale leider. Een gewicht van eeuwen leek op zijn schouders neer te dalen. God reikte hem een historische kans aan. Meer dan tweehonderd jaar nadat zijn voorvader Filips in een koets van Versailles naar Madrid vertrokken was, en vijftig jaar nadat zijn grootvader Robert onverrichter zake uit de laatste carlistische oorlog was teruggekeerd, had Xavier de taak om de carlisten de katholieke troon te bezorgen die hun toekwam.

Maar eenmaal in Spanje wachtte een teleurstelling. Generaal Franco, intussen oppermachtig, stelde Xavier voor de keus: onderwerping aan 'unificatie' met zijn Movimiento Nacional die het rechtse kamp leidde, of het land verlaten. Vorstelijke eer en carlistische trots maakten onderwerping onmogelijk, zodat Xavier nog vóór de Spaanse Burgeroorlog goed en wel begonnen was, alweer terug naar Frankrijk keerde.

Zo langzamerhand vond Xavier dat Europa misschien maar beter bestuurd kon worden door de katholieke kerk. De liberale, socialistische en militaire leiders die in de nieuwe Europese natiestaten waren opgekomen, brachten volgens hem niets dan onheil. Niet dat de bestuurlijke kwaliteiten van zijn voorouders overigens nu zo uitmuntend geweest waren. Denkend dat hij een kikker was, had Filips v (1683-1746) de laatste jaren van zijn leven 's nachts geleefd in plaats van overdag en geplaagd door manisch-depressieve buien was hij liever geen koning geweest. Dat hij niettemin van 1700 tot aan zijn dood in 1746[7] in Spanje had geregeerd, was vooral te danken geweest aan zijn verstandige en ambitieuze echtgenotes, Marie-Louise van Savoie (1688-1744) en Elisabetta Farnese (1692-1766).[8] Die laatste had hem min of meer gedwongen om tot zijn dood op de troon te blijven. Daarmee had ze voorkomen dat haar stiefzoon aan de macht kwam vóór zij in Italië tronen geregeld had voor haar eigen zoons.

De macht van vrouwen liep als een rode draad door het geslacht Van Bourbon-Parma heen. Filips' gelijknamige zoon was als was geweest in de handen van zijn vrouw, de Franse koningsdochter Louise (1727-1759) en hun zoon, Ferdinand (1751-1802), had bij zijn vrouw, Maria Amalia van Oostenrijk, die een zuster was van de Franse koningin Marie-Antoinette, ook weinig in te brengen.

Godsdienstwaanzin vormde in het geslacht een constante. Uit zondebesef had Filips v zichzelf onophoudelijk gekastijd, hoe vaak zijn biechtvader ook tegen hem had gezegd dat God dat niet van hem vroeg. Ondanks de verlichte opvoeding die Filips' kleinzoon, Ferdinand hertog van Parma, gekregen had, hield hij zich vooral bezig met katholieke rituelen.[9] In zijn paleis in Colorno had hij daartoe een eigen kerk gebouwd, die verbonden was met zijn slaapkamer. Nadat zijn kleinzoon Karel Lodewijk (1799-1883) met Maria Theresia van Sardinië (1803-1879) twee kinderen had gekregen, had zij zich teruggetrokken in het Toscaanse paleisje Pianore, omringd door biechtvaders.

Bestuurlijk had de tak Van Bourbon-Parma geen uitblinkers. Ferdinand was meer een bidder dan een bestuurder, zijn zoon Lodewijk (1773-1803) werd beperkt door zijn zwakke gezondheid en zijn kleinzoon Karel Lodewijk had het bestuur van Parma overgelaten aan zijn ministers, om als biseksuele dandy door Europa te reizen en affaires te hebben.[10] Zijn zoon, Karel III (1823-1854) maakte zich als reactionaire tiran in Parma gehaat.

Slechte familieverhoudingen leken een vloek. Na de

dood van Filips v was Elisabetta door haar stiefzoon Madrid uit gejaagd. Haar kleinzoon, Ferdinand, haatte zijn zuster, de latere koningin van Spanje, Luisa, en zij had met Napoleon samengespannen tegen haar eigen dochter, Luisetta, die getrouwd was met Ferdinands zoon. Karel Lodewijk was rond het midden van de negentiende eeuw gebrouilleerd geraakt met zijn schoondochter, die naar verluidt opdracht had gegeven voor de moord op haar eigen man (en Karel Lodewijks zoon), Karel III.

Niettemin dacht Xavier met weemoed terug aan de tijd dat men in Europa nog echt katholiek was en zijn familie nog deel uitmaakte van het met dat geloof verbonden bestuurssysteem. De moderne wereld was volgens hem van God losgeraakt. Zijn vader, Robert, had na de nederlaag in de laatste carlistische oorlog ook al verzucht: 'Slechts weinigen willen zich openlijk bekennen tot het katholieke geloof. Dát is onze plaag.'[11]

De ellende was in zijn ogen begonnen met de Franse Revolutie en de daaropvolgende Napoleontische Oorlogen. Alle leden van de grote Europese familie Bourbon waren toen vermoord, beroofd of verdreven. In 1814, toen na de nederlaag van Napoleon besloten werd de oude verhoudingen in Europa te herstellen, had Luisetta van Bourbon-Parma als 'overlevende' alles wat er in de napoleontische tijd met haar en haar familie gebeurd was, gedetailleerd beschreven. Zo viel uit de eerste hand te lezen hoe de tot keizer opgeklommen zoon van een eenvoudige advocaat uit Corsica jarenlang sadistisch met haar en haar vorstelijke (schoon)ouders gespeeld had, als een kat met zijn muizen. Hoe Napoleon haar, een jonge weduwe, tegen haar eigen familie had opgezet en haar van alles wat ze bezat, beroofd had, om haar uiteindelijk moederziel alleen op te sluiten in een klooster. Dat zij en haar zoon, Karel Lodewijk, het overleefd hadden, mocht een wonder heten. Na Napoleons nederlaag had ze voor haar zoon met succes het hertogdom van Parma opgeëist, maar haar achterkleinzoon, Robert was aan regeren daar nooit toegekomen.[12]

Het idee dat Europa na de liberale revoluties in de negentiende eeuw was overgenomen door de duivel, zag Xavier bevestigd door de opkomst van het fascisme in Duitsland, dat hij even demonisch vond als het communisme. Anders dan zijn adellijke collega's in Duitsland vertrouwde hij er niet op dat Hitler de adellijke orde wel zou beschermen. Na het uitbreken van de Tweede Wereldoorlog verleende hij vanuit zijn Franse kasteel Bostz hulp aan leden van de maquis, het Franse verzet. Dat werd hem bijna fataal. 'De ss arriveert,' noteerde Marie-Thérèse, het jongere zusje van Hugo, in haar memoires. 'Ze ondervragen ons. Ik als tienjarige, verklaar dat ik geen enkele *maquisard* ken (we brachten hen iedere dag hun eten!). Ze gaan, maar komen terug en nemen mijn vader mee. Ze willen ook mijn moeder meenemen. Don Javier [Xavier] schreeuwt met buitengewone autoriteit: "Zij niet!" Ze nemen haar niet mee, maar hem wel.'[13]

Xavier leek in Europa alleen nog maar vijanden te hebben. Hij verachtte de goddeloze communisten, maar ook de nazi's. Hij hoorde in de Spaanse Burgeroorlog bij het rechtse kamp tegen de linkse Republikeinen, maar toen de Gestapo na zijn arrestatie bij Franco informeerde of hij Xavier soms kende, liet de generaal weten dat zijn lot hem niet interesseerde.[14] Xavier werd eerst naar het concentratiekamp Natzweiler afgevoerd en belandde daarna in Dachau. Na vier jaar gevangenschap werd hij, gemangeld door de geschiedenis en met een gewicht van nog maar 36 kilo, in 1945 op de trein naar Frankrijk gezet.

Hugo was vijftien jaar oud toen hij op het station stond waar de ex-gevangenen uit de trein stapten. 'Een van hen,' vertelde hij later aan zijn biograaf, 'zeer sympathiek, kwam naar me toe en stelde me allerlei vragen. Ik antwoordde nee, dat ik geen belangstelling had, dat ik alleen maar op mijn vader wachtte. Ik besefte niet dat die persoon mijn vader was. [...] Voor me stond een oude man, helemaal verwilderd.'

De barbaarse afslag die in Europa vanaf de jaren dertig genomen was, had de familie-eer van Bourbon-Parma diep geschonden. Zo diep, dat praten erover moeilijk was. Over wat Xavier was aangedaan in Dachau en Natzweiler kon hij anekdotes vertellen, maar het waren steeds dezelfde. De operatie aan zijn hoofd, die zonder verdoving was uitgevoerd door een medegevangene en hem aan één oor doof gemaakt had. Het Joodse jongetje dat in het kamp aan hem gevraagd had: 'Waarom haten ze ons zo?' waarop hij geantwoord had: 'Omdat ze vergeten zijn dat jij hun broeder bent. Maar jij, vergeet dat nooit.'[15] Hij had verteld over hoe hij anderen op hun sterfbed moed had ingesproken. Maar naar wat er met hém in die jaren gebeurd was, hoe hij overleefd had, moest men gissen. En toch was zijn geest niet gebroken, hoezeer hij ook mishandeld was. Wat hem betrof, stond zijn goddelijke opdracht in Spanje nog steeds. Historisch recht dat hem was ontnomen, moest hersteld.

In december 1945 deed carlistenleider Manuel Fal Conde een eerste vergeefse poging Xavier naar voren te schuiven als leider van de oppositie tegen Franco.[16] Maar het zou nog tot 1951 duren voor Xavier van zijn dynastieke claim serieus werk kon maken.

'Prins van Asturië'

De carlist Ramón Massó Tarruella (1928-2017) uit Barcelona was zijn tijd vooruit. In een periode dat politieke partijen in Spanje nog verboden waren, bedacht hij een methode die in het democratisch beter ontwikkelde deel van Europa nog ontdekt moest worden. Massó muntte de term 'politing', een samentrekking van 'politiek' en 'marketing'. Bestuurders, geloofde hij, kon je verkopen. Net zoals auto's of wasmachines.

De familie Massó was tijdens de Spaanse Burgeroorlog gevlucht voor de linkse Republikeinen naar het door Franco gecontroleerde noorden. In het rechtse kamp hadden ze zich met andere carlisten verzet tegen Franco's 'unificatie'. Opgegroeid in een ondernemersfamilie, was Ramón Massó lid van het orthodox-katholieke Opus Dei (letterlijk: 'Werk van God'), dat in de jaren vijftig een soort lanceerplatform was voor conservatieve jongeren. De carlisten waren traditionalistisch en dus 'rechts', maar ook tegen Franco. Als militair had Franco het heilige verbond tussen God en koning immers geschonden. Ze herinnerden zich de socialisten als hun vijand uit de Burgeroorlog, maar waren ook antikapitalistisch. Na twintig jaar dictatuur verlangden ze in ieder geval naar bevrijding van het juk van de militaire dictatuur. Na Franco hoopten ze op een katholiek en monarchaal bestuur, dat de Spaanse regio's meer autonomie zou geven.

Toen prins Xavier in 1951 een bezoek aan Barcelona bracht, ontving Ramóns vader, Juan Massó, eigenaar van een chemische fabriek, hem met open armen. Over de toekomst van Spanje waren de industrieel en de prins het snel eens: die moest monarchaal, katholiek en federaal zijn. Maar beslissend voor de onderneming was Juans zoon, Ramón. Met studenten uit Madrid en Bilbao was hij de drijvende kracht achter de carlistische jongerenbeweging Agrupación de Estudiantes Tradicionalistas (AET). Zij moedigden Xavier aan zijn historische rol op zich te nemen.

In zijn zoon Hugo herkende Ramón de prins die het carlisme een nieuw imago kon geven. Het moderne gezicht dat hij, politiek marketeer avant la lettre, zocht. Voor het politieke gevecht dat geleverd moest worden, was Xavier al te oud en ook te filosofisch. Hugo was jong en Europees, hij had rechten gestudeerd aan de Sorbonne en studeerde economie in Oxford en aan zijn stralende ogen kon je zien dat hij popelde om de toekomst naar zijn hand te zetten. En toch ademde hij ook het traditionalisme.

Tijdens een bezoek aan Madrid in 1955, had hij, 25 jaar oud, op carlistische studenten een verpletterende indruk gemaakt. In het Prado Museum had hij, staand voor het schilderij *Karel IV van Spanje en zijn familie* van Francisco Goya, een historische orkaan doen opsteken. Dat schilderij had ook wel 'De familie van Hugo' kunnen heten. Alle afgebeelde personen waren verwanten van hem, en sommigen via de mannelijke lijn zelfs rechtstreekse voorouders, zoals de baby op de arm van de dochter van Karel IV. Dat was Hugo's betovergrootvader! De studenten hadden paf gestaan. De hele negentiende-eeuwse geschiedenis van Spanje, van de Napoleontische Oorlogen en de Restauratie tot aan de laatste carlistische oorlog, werd door Carlos Hugo en zijn familie belichaamd. En dan stamde hij, net als Juan Carlos, in rechte lijn ook nog af van de Spaanse koning Filips V en de Franse Zonnekoning Lodewijk XIV. Hugo, zo leek het, was het verleden én de toekomst van Spanje. 'Hij is uit het hout van een groots koning gesneden,' hadden de studenten enthousiast naar Bilbao gerapporteerd. 'Wij hebben de prins van Asturië [in Spanje de titel van de kroonprins] gevonden.'[17]

Het probleem was alleen dat Hugo, die met zijn vier zusjes en broer was geboren en opgegroeid in Frankrijk, de Spaanse taal niet beheerste en ook vrijwel niets van het land af wist. Als zesjarige had hij zijn ouders in Frankrijk elke avond zien bidden voor 'de carlisten die vechten in Spanje'. Hun strijdliederen, waarvan zijn vader hem in de jaren veertig de bandopnamen had laten horen, kende hij uit zijn hoofd. Maar het land waar dit zich allemaal had afgespeeld, kende hij nauwelijks.[18]

Massó's carlistische collega Pedro Echevarría haalde Hugo in 1955 over om zijn economiestudie in Oxford af te breken en naar Bilbao te komen voor een spoedcursus 'Spanje'. Hugo had oren naar het avontuur. Hij vond Pedro, die hem in Engeland kwam opzoeken, 'een zeer levendige, intelligente man' en de ideeën van de carlisten bevielen hem.[19]

In het diepste geheim werd Hugo, 26 jaar oud, in het najaar van 1956 per trein van Parijs naar de grens bij Irún gebracht. Twee jonge leden van de beweging, Ignacio Ipiña en Ignacio Toca, pikten hem op. Ze brachten hem naar Bilbao, waar hij werd opgevangen in het huis van de Baskische carlistische oorlogsveteraan en vakbondsman Pedro Olaortúa. Door hem en zijn vrouw, Isabel Isequilla, werd Hugo verwelkomd als de zoon die ze zelf nooit hadden gehad.[20] Het huis aan de calle Iturribide lag midden in het oude centrum van Bilbao, tussen winkels en cafeetjes. De etage in het negentiende-eeuwse pand was klein maar schoon, en werd tot in de puntjes onderhouden door de ongeletterde, maar schrandere huisvrouw Isabel. Haar keuken, waar een bronzen crucifix aan de muur prijkte, was de vaste ontmoetingsplek voor de carlisten uit de omgeving. Door de vissoep, *bacalao*, *merluza* en slagroompudding die zij in haar keuken bereidde, kwam Hugo in korte tijd kilo's aan.[21]

Ignacio Ipiña, pas afgestudeerd als jurist en hoofd van de carlistische studentenvereniging in Biskaje, beschreef hoe hij Hugo de dag na zijn aankomst in Bilbao aantrof. Goed gekapt en gekleed in een perfect gesneden, 'warm beige' jasje, met een wit overhemd, donkerrode das en 'Engelse schoenen', zat hij 'bescheiden' in een stoel te wachten op zijn leraar. Ipiña begon met *De geschiedenis van Spanje, eenvoudig verteld* door schrijver José María Péman, omdat het makkelijk leesbaar was. De carlistische paramilitair Alfonso Lascuráin spijkerde Hugo bij over heden en verleden van het carlisme, Olaortúa vertelde hem over de geschiedenis van de vakbonden, het kapitalisme en de kerk, en Ramón Massó leerde hem de Spaanse taal.

Hugo was een voorbeeldige leerling. Door de winkels, de cafés en de bioscopen in de stad te bezoeken en overal praatjes aan te knopen, maakte hij zich zijn omgeving in korte tijd eigen. Hij hield van het zingen van gregoriaanse liederen en als actieve 'buitenman' kende hij de weg over de passen van Monte Avril en Monte Santa Maria binnen de kortste keren beter dan wie ook.

Hugo liep altijd voorop. Net als zijn vader was hij een snelle wandelaar. Massó drukte Hugo op het hart om langzamer te lopen, meer te slenteren, met de handen in de zakken van zijn jas, zodat hij op straat minder opviel. Katholieke en conservatieve activisten kregen van Franco meer ruimte dan de liberale en progressieve oppositie, maar officieel was het carlisme in Spanje verboden. Ter vermomming werd voor Hugo ook een bril aangeschaft, door hem zelf de 'imbecielenbril' genoemd.[22]

Nadat hij zich had verdiept in de Spaanse geschiedenis ('de Spaanse beschaving is de basis, de Arabische het vernis'), studie had gemaakt van het regionale syndicalisme en hij de grammofoonplaten van de talencursus Assimil grijsgedraaid had, was hij in mei 1957 klaar voor zijn vuurdoop: de jaarlijkse beklimming van de voor de carlisten historische, heilige Montejurra. Op deze berg, waar de carlistische militairen (de requetés) in 1835 en 1873 hun overwinningen hadden behaald, maar in 1876 ook verslagen werden, kwamen de carlisten sinds het einde van de Burgeroorlog ieder jaar bijeen. De beklimming van de berg had voor het eerst plaats op 3 mei 1939, toen duizend carlisten uit Navarra naar het dorp Ayegui getrokken waren in een eerbetoon aan de soldaten die waren gesneuveld tijdens de Burgeroorlog. Onder het luiden van kerkklokken en het afsteken van vuurwerk trokken de pelgrims, te voet en te paard en beladen met zware kruisen op hun rug, de berg op. De kruisen werden onderweg geplant, waarna schietgebeden werden opgezegd. Eenmaal boven werd een mis opgedragen.[23]

In de jaren daarna groeide 'Montejurra' uit tot een cultus. 'Opgetild' boven het aardse en 'dichter bij de hemel' ervoeren de carlisten op de berg een transcendentaal soort van saamhorigheid, zoals nergens anders. De herdenking bood een 'catharsisachtige', collectieve mogelijkheid om 'bloed weer vers te laten vloeien' en 'de pijn van het verlies opnieuw te beleven'.[24]

Massó nam Hugo, vermomd met zijn bril en onder de valse identiteit van 'ingenieur Charles Erik uit Duitsland', mee naar een kleermaker die hem een pak aanmat van donkergrijs flanel. Voor hem werd een traditionele carlistische rode baret aangeschaft waar monniken uit Guernica met gouddraad drie lelies op borduurden, het familiewapen van Bourbon. Met een megafoon oefende Hugo op de juiste toon voor zijn toespraak. Op het blaadje van zijn speech had hij met grote letters 'langzaam, langzaam' geschreven, want zijn woorden moesten zijn mond verlaten, 'als een kever uit zijn schuilplaats'.[25]

Prins 'Carlos' Hugo

Op de ochtend van 4 mei werd in het huis van Pedro Olaortúa een fles champagne geopend ter afscheid. Daarna vertrok Hugo met Massó naar Murieta, een dorp vlak bij de Montejurra, waar ze bij een priester de nacht doorbrachten. De volgende ochtend gingen ze vroeg naar de mis, waarna ze in de auto stapten voor een gecompliceerde tocht: auto's in en weer uit, om aan de aandacht van de politie te ontsnappen. Aan het eind van de rit stond een ezel klaar, die hen het laatste stuk te voet naar de berg begeleidde. Aan het zadel van de ezel was een tas bevestigd, met daarin Hugo's flanellen pak. Voordat ze de top van de berg bereikten, kleedde Hugo zich om, kamde zijn haar met gel en deed hij zijn nieuwe schoenen aan.

Eenmaal op de top van de berg zag Hugo voor het eerst wat het carlisme in Spanje behelsde. Veertigduizend mensen, getooid met traditionele rode baretten, hadden zich in de vallei verzameld. Spanjaarden uit alle klassen, van priesters tot studenten en van boeren en functionarissen tot industriëlen, afkomstig uit alle regio's, van Baskenland tot aan Andalusië, waren gekomen om hun prins te verwelkomen. Hugo voelde zijn bloed stromen en zijn hart bonken. Na de verdrijving, de verbanning en de kampen, was dit de revanche. Vanaf het moment dat hij de megafoon aan zijn mond zette, steeg hij volgens Massó boven zichzelf uit. Kalm, vastbesloten en met het gezag van iemand die niet anders gewend leek te zijn dan grote menigtes te leiden, deed hij die ochtend de belofte dat hij, trouw aan zijn 'verleden' en zijn 'vader', de 'plichten' zou vervullen die de titel van prins van Asturië hem oplegde.

Dictie, stijl, volume, alles was perfect volgens Massó. Na iedere zin volgde een ovatie. Toen hij zijn toespraak besloot met: '*Viva España*!' steeg vanuit de vallei een oorverdovend gejuich op. Na meer dan een eeuw van strijd voor regionale autonomie, katholiek geloof en carlistisch koningschap rolde die ochtend een golf van 'legitimistische honger' over de berg.

Toen ontstond bij Hugo het idee om zijn voornaam te veranderen. Carlistische koningen hadden altijd 'Carlos' geheten. Toen een klein meisje aan hem vroeg hoe hij heette, zei hij: 'Noem mij maar Carlos Hugo.'[26]

De benoeming van Carlos Hugo tot prins van Asturië was een overweldigend succes. In een theatrale brief bedankte José María Valiente, het hoofd van de Comunión Tradicionalista, Xavier voor 'de zoon, die hij aan het carlisme had gegeven'. Zelfs Otto van Habsburg, een neef van Xavier, die eigenlijk vond dat Carlos Hugo's rechten op de Spaanse troon er met de haren bij gesleept werden, complimenteerde hem met zijn toespraak. Javier Lubelza Roca, een carlistische activist uit Barcelona, memoreerde de 'formidabele' impact van Carlos Hugo's optreden op de beweging. Hij noemde het 'de eerste grote duw voor degenen die streden voor een zaak, maar de fysieke aanwezigheid van de koninklijke familie van Bourbon-Parma nog misten, om vooruit te komen'.[27]

Collaboratie

Franco stond de carlistische activiteiten oogluikend toe. Dat sterkte de carlisten in de gedachte dat een nieuwe fase was aangebroken. Al zag Franco niets in het regionalisme, het tradionalistische gedachtengoed van de carlisten stond toch niet zo ver af van dat van hem. Vanaf het midden van de jaren vijftig toonde hij voor de carlisten zelfs een zekere nieuwsgierigheid. Voor de gedachte dat zijn opvolger ook best een carlist kon zijn, leek hij open te staan. Bijeenkomsten en de publicatie van carlistische kranten stond hij vanaf het eind van de jaren vijftig toe. Zijn verhouding met de vroegere leider van de Comunión Tradicionalista, Manuel Fal Conde, was altijd gespannen geweest. Maar diens opvolger, José María Valiente, liet een nieuwe wind waaien. Omdat Franco de enige was die over de opvolging van Franco besloot, vond Valiente dat diens uitgestrekte hand moest worden aangepakt.

Carlos Hugo was intussen weer naar Duitsland vertrokken, waar hij een stage volgde bij de Vereniging van Industriëlen in Keulen. Daarna werkte hij bij Deutsche Bank in Frankfurt. Massó schreef hem in januari 1958 dat zijn toespraak op de Montejurra 'de redding' van het carlisme betekend had. Daarna ontmoetten ze elkaar weer bij de Frans-Spaanse grensplaats Hendaye. De animo voor het carlisme was in Spanje groter dan ooit. Carlos Hugo was volgens Massó de perfecte vertegenwoordiger van zowel de traditionalistische oud-strijders als van een nieuwe generatie die hoopte op een vrije federale toekomst. Door de Burgeroorlog en de dictatuur was Spanje geïsoleerd geraakt. Carlos Hugo, die familieconnecties had in heel Europa, kon de deur weer openen. Toen zijn zusje Marie-Thérèse op het hofbal van de Belgische koning Boudewijn in 1958 verscheen met een carlistische baret op haar hoofd, had heel Europa volgens Massó over de 'Spaanse infanta' gesproken.

Op 5 mei 1958 trad Carlos Hugo weer op de Montejurra op. Hij kondigde zijn komst dit keer keurig bij Franco aan, en stuurde hem zijn toespraak vooraf zelfs op ter goedkeuring. 'Als ik mij tussen deze mannen bevind, mijn geliefde generaal,' schreef hij aan hem, 'dan tekent zich de toekomst af met optimistisch profiel.' De carlisten wierpen zich dat jaar soms huilend aan zijn voeten.[28]

3

Een bruid voor Carlos Hugo van Bourbon-Parma

In het voorjaar van 1962 had Irene besloten te stoppen met haar studie Spaans in Utrecht. Vrijwel gelijktijdig brak ze door op het internationale vorstentoneel.

Juan Carlos en Sofía hadden haar gevraagd bij hun huwelijk een van de bruidsmeisjes te zijn. Met nog zeven prinsessen, Irene van Griekenland (zusje van Sofía), Alexandra van Kent (kleindochter van koning George v van Engeland), Tatiana Radziwiłł (dochter van de Poolse prins Reinier Radziwiłł), Benedikt en Anne-Marie van Denemarken (dochters van koning Frederik), Anne van Orléans (dochter van de Franse troonpretendent Henri van Orléans) en María Pilar van Bourbon (zusje van Juan Carlos) verscheen ze op 14 mei in een witte japon van de Grieks-Egyptische modeontwerper Jean Dessès, in de Grieks-orthodoxe Verkondiging aan de Moeder Gods-kathedraal.

Tijdens de sprookjesachtige Grieks-Spaanse bruiloft reikte de oude Europese vorstenadel de moderne tijd de hand. De meeste Europese landen waren intussen door gekozen leiders bestuurde, nationale staten. Maar in de hoofden van de burgers bestond het oude vorstensprookje nog en in het dynastieke theater dat in Athene werd opgevoerd, herkenden zij zichzelf.

Terwijl Irene door het middenschip van de kathedraal achter het Spaanse bruidspaar aan schreed, keken 47 leden van 27 Europese (ex)-monarchieën, onder wie de door prins Reinier van Monaco tot prinses gemaakte filmster Grace Kelly, staand voor de kerkbankjes toe, terwijl tweehonderd miljoen televisiekijkers van over de hele wereld aan de buis gekluisterd zaten.

Onder de kijkers thuis was ook Ramón Massó, die zich intussen als particulier secretaris van Carlos Hugo had gevestigd in Madrid. Massó zag het dynastieke schouwspel met een mengeling van bewondering en afgunst aan. De Grieks-Spaanse pr was smetteloos, dat moest hij toegeven. Maar voor de troon had hij een betere kandidaat. Carlos Hugo was dan misschien niet de lieveling van dictator Franco, zoals Juan Carlos, en in Spanje was hij minder bekend. Maar hij had wel een lange geschiedenis in Europa én hij had een oplossing voor het conflict tussen centrum en regio, dat Spanje al zo lang verdeelde.

Carlos Hugo had in de afgelopen jaren Spaans geleerd, hij had door het land gereisd, overal contacten gelegd en menigtes toegesproken. Dat hij in Spanje intussen een factor van betekenis geworden was, bleek wel uit het feit dat hij vlak voor de bruiloft van Juan Carlos en Sofía in Athene, bij Franco was uitgenodigd voor een audiëntie.

De vraag wie de dictator moest opvolgen, was een tikkende tijdbom. De vader van Juan Carlos, Juan van Bourbon, eiste op hoge toon zijn rechten op. Hij vond dat God hem had aangewezen om koning van Spanje te zijn en beschouwde Franco als een onbedoeld intermezzo. Maar op aarde was Franco de baas, en hij wilde Juan overslaan, om de schijnbaar meer volgzame Juan Carlos aan te wijzen. Een gecompliceerd machtspel tussen vader, zoon en dictator was daardoor ontkiemd. De bruiloft in Athene werd door Juan natuurlijk gebruikt om zich als hoofd van de dynastie te profileren. De verloving van Juan Carlos was door Juan ook zomaar, zonder waarschuwing aan Franco vooraf, aangekondigd. Als Juan zo'n grote mond bleef houden, als hij niet accepteerde dat Franco in Spanje de baas was en hij zélf zijn opvolger koos, zou de troon weleens aan de neus van het hele geslacht van Bourbon voorbij kunnen gaan. Dan zou Franco weleens heel iemand anders kunnen kiezen. Carlos Hugo van Bourbon-Parma, bijvoorbeeld.

Terwijl de bruiloftsgasten zich opmaakten om naar Athene te vertrekken, verwelkomde Franco de alternatieve troonpretendent triomfantelijk in zijn werkpaleis. Toen de uitnodiging voor de audiëntie op de deurmat gevallen was, had Massó vliegensvlug een jacquet en een auto voor Carlos Hugo gehuurd. Franco, gekleed in zijn uniform en gedecoreerd met het Kruis van San Fernando en alle andere onderscheidingen die hij bezat, ontving hem met een brede glimlach. Tijdens het gesprek dat een halfuur duurde, werd Carlos Hugo naar eigen zeggen met 'zeer veel respect' behandeld. Na afloop maakten de staatsmedia melding van zijn bezoek.[1]

Met een kantoor in Madrid en een voet tussen de deur in Franco's Paleis, El Pardo, leek het spel van Carlos Hugo dat voorjaar op de wagen. Maar iets essentieels in zijn leven ontbrak nog, en dat was een echtgenote. Zeker nu zijn concurrent, Juan Carlos, voor het oog van de wereld zijn sprookjesbruiloft vierde. Massó had er al vaak op aangedrongen een geschikte vrouw te zoeken. Zonder huwelijk zou er geen dynastie zijn, en daarmee ook geen carlisme in Spanje. Medewerker Ángel Romera, specialist op het gebied van de adel, had eind jaren vijftig een lijst gemaakt van kandidaten: zeventien jonge meisjes uit katholieke vorstenhuizen had hij geïdentificeerd. Van sommigen wist hij zeker dat ze 'knap' of 'rijk' waren, van anderen was dat onbekend.[2]

Adel-technisch vond je in Europa niet snel een betere kandidaat dan Carlos Hugo. Hij had het blauwst mogelijke bloed. Via de mannelijke lijn was hij een nazaat van de eerste koning van Frankrijk, de middeleeuwse Hugo Capet. De koningen en hertogen daarna waren rechtstreekse voorvaders van hem, en vrouwelijke lijnen verbonden hem met de Oostenrijkse Habsburgers en de Italiaanse Farneses. Hoewel zijn moeder uit een wat minder hoog aangeschreven illegitieme lijn van de Bourbons stamde, had zij wel een flink vermogen. Het probleem was eerder Carlos Hugo's houding. Hij was nogal rusteloos. Dat kwam goed uit, aangezien hij in Spanje van hot naar her moest reizen. Maar het vinden van een vrouw vroeg honkvastheid. Hij had een vriendin in Parijs, die Massó kende als 'Guillermine', maar zij had niets vorstelijks. Trouwen met haar kwam niet in Carlos Hugo op, maar met wie dan wel was een vraag die hij liever uit de weg ging.

Dynastiek spel

Na de bruiloft van Juan Carlos in Athene zette Massó de criteria voor de ideale carlistische prinses nog maar eens op papier: 1. Katholiek. 2. Koninklijke familie. 3. Mooi. 4. Vermogend en 5. Spaans of sympathiserend met Spanje. Aan de hand van die criteria bestudeerd hij gedurende enkele dagen met behulp van knipsels uit kranten en tijdschriften zorgvuldig alle opties. Irene van Oranje, die in Athene de sleep van Sofía gedragen had, kwam als nummer één uit de bus. Zij was weliswaar niet katholiek, maar wel mooi, rijk en afkomstig uit een regerende familie. En ze scheen nog Spaans te spreken ook. Haar zuster, Margriet, had op eerdere lijstjes ook gefigureerd, maar was om niet nader genoemde redenen daarvan weer afgevoerd. Van Irene, concludeerde Massó, moest werk gemaakt worden.[3]

Om de zaak in beweging te krijgen, schakelde hij de Oostenrijks-Amerikaanse bankier prins Edward van Lobkowicz in. Deze *well connected* kleinzoon van de hofkanselier van de vroegere Oostenrijkse keizer Frans Jozef, was in 1959 getrouwd met Carlos Hugo's zusje, Françoise. Hij bleek graag bereid voor het Spaanse project van zijn zwager zijn Europese contacten aan te spreken. In 'juni of eind mei' 1962, nam hij Carlos Hugo volgens Massó mee op reis naar Nederland, om kennis te maken met koningin Juliana. Carlos Hugo nam het plan niet zo serieus. Hij wist vaag wie Irene was. Op huwelijksfeesten hadden hun wegen elkaar al eens gekruist. Maar het leven als ongetrouwde prins beviel hem voorlopig prima. Het oriënterende bezoek werd ook geen succes. Juliana maakte volgens Massó een 'slechte indruk', bleek 'geen enkel idee' te hebben van 'zaken die verband houden met het katholicisme' en ze duidde Carlos Hugo's vader, de hoogadellijke prins Xavier, tegenover Lobkowicz aan als 'koster'.[4]

Terwijl Carlos Hugo die zomer een cursus parachutespringen deed in Sevilla, probeerde zijn zwager vanuit Londen opnieuw hem met Irene in contact te brengen. Dit keer nodigde hij hem uit voor een dinertje in Londen, met de Britse Alicia gravin van Athlone. Zij was een kleindochter van de Britse koningin Victoria en een tante van Juliana. In de jaren dertig was ze betrokken geweest bij de pogingen om háár te verloven. Bemiddeling voor de charmante Irene, die ze nog kende uit Canada,[5] leek een stuk gemakkelijker, maar dit keer was Carlos Hugo de obstinate partij. Hij had wel wat beters te doen, zei hij tegen Massó. Wilde Lobkowicz soms dat hij zich in de nesten werkte? Hij liet zich overhalen naar Londen te gaan, maar na terugkeer leek hij nog steeds niet overtuigd. Al eerder had hij tijdens het bekijken van foto's van Irene en Beatrix gezegd dat hij de Hollandse prinsessen te 'dik' vond. 'Ach, die dikkerdjes,' zei hij volgens Massó ook nu weer, 'sympathiek zoals altijd, maar verder niks.'

Carlos Hugo's vriendin in Parijs stond de operatie in de weg, vermoedde Massó. Al zo vaak had hij erop aangedrongen die relatie te beëindigen. Hij had zelfs een privédetective ingehuurd om erachter te komen of en wanneer ze elkaar ontmoetten. Maar Carlos Hugo liet zich de les niet lezen. Hij zei niet tegen Massó dat hij níét met haar zou breken, hij wilde daartoe alleen niet gedwongen worden.

Die zomer reisden Massó en Ángel Romera voor overleg naar het Franse kasteel Bostz van Carlos Hugo's ouders. Zijn zussen, bij de campagne in Spanje nauw betrokken, vonden het ook hoog tijd dat Carlos Hugo, de dertig intussen gepasseerd, trouwde. Massó beschouwde Irene nog steeds als de ideale partij: lid van een regerend huis en wonend in een land dat lid was van de EEG en de NAVO. Carlos Hugo's zussen waren het met hem eens. Maar voor Xavier woog afkomst uit een oude adellijke, en vooral katholieke familie zwaarder. Hem leek een prinses van Löwenstein de beste kandidate. Hij bleef maar de draak steken met het Hollandse plan: 'Irene is helemaal geen optie, want Carlos Hugo zal nooit trouwen met een dikkerd.'[6]

In werkelijkheid was de belangstelling voor Irene groter dan Carlos Hugo en zijn vader die middag aan Massó lieten blijken. Volgens de aantekeningen van de secretaris-generaal van het ministerie van Algemene Zaken, Buurt van Nispen tot Pannerden, werd diezelfde zomer nog formeel contact gelegd tussen de familie van Bourbon-Parma en de ouders van Irene. In augustus kreeg de benedictijnse pater Cornelis Tholens uit Nijmegen een telefoontje van Xavier, met de vraag of hij hem in contact wilde brengen met het Nederlandse hof. Zijn oudste zoon had namelijk 'een oogje' op Irene, vertelde hij.[7] Tholens, die zowel Xavier als Juliana kende en een warm pleitbezorger van oecumene was, belde Soestdijk. Daar leefden geen bezwaren, en met het akkoord van de beide ouders konden ontmoetingen voortaan makkelijker georganiseerd worden.

Nervositeitsverschijnselen

Irene had al veel prinsen ontmoet, maar Carlos Hugo was speciaal. Zijn hoffelijkheid verried een adellijke opvoeding, maar hij had ook iets eigens en avontuurlijks. Die zomer had hij gewerkt in een mijn in Asturië, de eerste grote pr-operatie die Massó voor hem in Spanje op touw zette. Onder de schuilnaam Javier Ipiña was hij geïnfiltreerd onder de mijnwerkers van de Pozo del Sotón, waar eerder een grote staking was uitgebroken. Eind juli had Massó, die een hotel in de buurt betrokken had, de persbureaus ingeseind. Toen Carlos Hugo met zwartgeblakerd gezicht uit de mijn tevoorschijn kwam, stonden de fotografen klaar. Het moment waarop Carlos Hugo met een rode zakdoek de transpiratie van zijn gezicht veegde, was volgens boulevardjournalist Jaime Peñafiel het afgesproken teken geweest voor journalisten om te roepen: 'Ach, hoogheid, u hier! Wat een verrassing!'

Het regisseren van campagnes, schreef Peñafiel later in zijn memoires, was Massó's specialiteit. Hij had zich vaak 'willig' door hem laten gebruiken, bekende hij. Had Massó zich destijds toegelegd op het verkopen van 'elektronische apparaten of wasmiddelen', schreef hij, dan zou Massó 'miljonair' geworden zijn.[8]

De camera's hadden geklikt en de volgende dag was in de krant een brief verschenen van Carlos Hugo aan de mijnwerkers. 'Als jullie tegen mij praten, weet ik waarover jullie het hebben. Ik heb jullie risico's gezien, het stof, de ongelukken, de ellende, het vocht, de huidkloven en de silicose. [...] Ik ben trots met jullie gewerkt te hebben, en altijd zal ik me die maand herinneren waarin ik mijnwerker was.'

Of Irene de foto's ook te zien kreeg, is niet bekend, maar dit was wel het soort prins dat zij zocht: ondernemend, sociaal betrokken en niet bang om buiten de lijntjes te kleuren. Na de zomer meldde een communiqué van de Rijksvoorlichtingsdienst dat Irene wegens 'nervositeitverschijnselen' naar het Spaanse eiland Palma de Mallorca vertrokken was voor een 'rustkuur'. De 'vermoeienissen' van de reis naar Curaçao die ze in juli met Margriet gemaakt had, waren daar volgens het persbericht de oorzaak van. Maar misschien had de ontluikende relatie met Carlos Hugo met het reisje ook wel iets te maken. Hij kwam regelmatig op Mallorca, waar de carlisten een grote afdeling hadden. Na aankomst op het vliegveld begeleidde de Nederlandse consul Irene naar hotel Son Vida in Palma, waarna ze een Seat 600 huurde en op een rustige plek aan de noordwestkant van het eiland een bungalow betrok. De politie hield 'ongewenste bezoekers' op afstand.[9]

Diezelfde maand besloot Carlos Hugo zijn naam officieel te laten wijzigen. De parochie van de Notre-Dame in Parijs, waar hij gedoopt was, werd verzocht in zijn geboortecertificaat de voornaam 'Hugo' te veranderen in 'Charles'. Zo was zijn naam voortaan officieel 'Carlos', de naam van alle traditionele carlistische vorsten.

Moraal

In november vertrok Irene naar Engeland om te logeren bij Alicia van Athlone, die als een van de weinigen op de hoogte was van haar connectie met Carlos Hugo. Maar die logeerpartij was nog maar net begonnen, toen op 28 november 1962 Irene's grootmoeder, Wilhelmina, overleed, zodat ze halsoverkop terug naar Nederland moest.

Met een streng oordeel over zichzelf en anderen, had Wilhelmina haar laatste jaren teruggetrokken doorgebracht in een sober vertrek op Het Loo. Na de oorlog had ze op het verbetene af het goede van het verkeerde willen scheiden. Het oordeel over personen was door haar gereduceerd tot de vraag of mensen voldoende 'vernieuwd' waren. Hoewel Wilhelmina nooit precies onder woorden bracht wat ze daarmee bedoelde, kwam het criterium neer op de vraag of personen tijdens de oorlog al dan niet moed getoond hadden. Of er offers gebracht waren en lijf en leden op het spel gezet waren om verzet te plegen tegen het kwaad, of dat er voor de slappe, comfortabele weg gekozen was.[10]

Het 'vernieuwde' huis van Oranje vertegenwoordigde sinds de oorlog niet alleen maar een status, maar ook een moraal. Het verschil tussen hoog en laag werd, wat Wilhelmina betreft, in de eerste plaats bepaald door gedrag. Met de oorlog als ultieme testcase. Hoewel de bezetting haar, dankzij tijdig vertrek naar Engeland, persoonlijk nooit voor morele dilemma's geplaatst had, was haar oordeel scherp en genadeloos. Met gewezen collaborateurs, of wie daarop leken, wilde zij niets te maken hebben. Veel van haar eigen familieleden hadden zich bij de nazi's aangesloten, inclusief haar eigen schoonzoon, Bernhard. Na de machtsovername van Hitler in 1933 was hij lid geworden van de NSDAP om dat tot januari 1937, de maand van zijn huwelijk met Juliana, te blijven.Maar in de jaren zestig was dat nog niet bekend. Voor het sprookje van de 'chef van het verzet' dat na de oorlog rond Bernhard werd opgetuigd, moesten de feiten wijken. Pas in 1996 achterhaalden onderzoekers in Amerikaanse archieven Bernhards inschrijving bij de nazipartij, maar door Bernhard zelf werd dit tot aan zijn dood hardnekkig ontkend.[11]

Voor Bernhard was de scheidslijn tussen werkelijkheid en fantasie, feit en fictie dun, of afwezig. Met zijn creatieve constructies van de werkelijkheid had hij bij Nederlanders die hunkerden naar een 'nationaal' gevoel succes. De sprookjes bracht hij ook over op zijn dochters. In haar memoires schreef Irene dat haar vader 'een Duitse Nederlander' was, die 'vanuit een vliegtuig bommen op Duitsland gooide'. In werkelijkheid had Bernhard nooit aan gevechtshandelingen deelgenomen.[12]

Wilhelmina, die haar schoonzoon na de oorlog steeds beter had leren kennen, had zich na haar abdicatie vastgeklampt aan haar geloof. De persoonlijke 'heilsboodschap met autobiografische elementen'[13] die ze in 1955 liet optekenen, eindigde in een religieuze apotheose waarin de hele mensheid de schuld kreeg. 'Christus heeft mij leren peilen de nood, de wanhoop en de schuld waarin de mensheid zich gestort heeft, door het niet volgen van Zijn leiding,' schreef ze. Alleen 'strakke leiding' door Christus kon de mens volgens haar nog 'bevrijden uit de marteling van de zwarte nacht der ziel'.[14]

Voor Juliana was Wilhelmina volgens biografe Withuis tot op het laatst een 'onwankelbare steunpilaar'. Maar Irene werd van haar grootmoeders prediking onzeker. Zij worstelde met de vraag of een God die zo streng was en een zo diep besef van zonde in de ziel plantte, de hare wel was. Irene was volgens haar goede vriendin Arendsen Hein 'zeer vroom', maar ze koesterde het ideaal van een meer ruimhartige God, eentje 'die niet oordeelde, maar genade gaf'. Rond haar achttiende verdiepte ze zich in de oecumenische beweging, die streefde naar verzoening tussen katholieken en protestanten. 'Wij dachten dat we de schotten tussen alle christelijke kerken in de wereld wel even weg zouden halen,' vertelt Arendsen Hein, die hierin ook actief was. 'Dat was natuurlijk wel heel naïef van ons.'

Wilhelmina's dood markeerde in het leven van Irene een kruispunt. De tegenstellingen tussen haar vader, haar moeder en haar grootmoeders hadden haar jeugd overschaduwd. De ruzies in haar familie hadden haar angstig gemaakt. Voorstelling en praktijk hadden haar verward. Wat was echt, wat was schijn en wie was zij te midden daarvan zelf? Hoorde zij in de calvinistische traditie van haar voorouders wel thuis? De kilheid en de nadruk op de erfzonde had ze altijd vervreemdend gevonden. Altijd had ze het gevoel gehad haar geloof 'onwaardig' te zijn. Vaak voelde ze zich gekweld door de vraag: 'Ben ik misschien helemaal fout?' Van nature was ze toch al zo ernstig. Ze moest altijd zo lang nadenken voordat ze iets durfde te zeggen of te doen. Geloofde zij wel in de schuld die bij geboorte vastlag en waaruit bevrijding niet mogelijk was? Waren het de scheidslijnen tússen de kerken die haar dwarszaten, of hoorde zij misschien thuis in een ándere kerk? Er was bij haar altijd zoveel twijfel. Was er maar een uitweg. Kon ze over haar fouten maar praten. Zeggen: 'Ik kan het niet alleen.' Was verlichting door de biecht maar een optie.[15]

Chalet

Zoals ieder jaar vertrok de koninklijke familie begin februari 1963 voor een wintersportvakantie naar het Oostenrijkse Lech. Iedereen was mee, behalve prinses Marijke, die volgens de RVD naar school moest. Journalisten stonden de familie bij aankomst al op te wachten. In de kranten verschenen foto's van de prinsessen Beatrix, Irene en Margriet die 'Eskimo'-jasjes droegen van zeehondenbont. Op de skipistes zou dat nu wel de trend worden, vermoedde *De Telegraaf*. Bernhard greep roddels over een verloving van Beatrix die in Franse bladen verschenen waren, aan om ook meteen mogelijke geruchten over Irene de kop in te drukken. Met een glas campari in de hand vertelde hij losjes poserend voor journalisten op het besneeuwde zonneterras van Hotel Post dat 'noch bij mijn dochter Trix noch bij mijn dochter Irene sprake is van een romance of een huwelijkskandidaat'.[16]

Op dat moment maakte Carlos Hugo zich juist op om in een grijze sportauto richting de Zwitserse Alpen te rijden voor een nieuwe ontmoeting met Irene.[17] Zodra haar ouders en zusjes uit Lech vertrokken waren, reisde zij door naar Sankt Moritz om, zoals *De Telegraaf* meldde, op de ski's nog een 'straf trainingsschema' af te werken.[18]

Met Massó daar ook aangekomen, belde Carlos Hugo vanuit het Grand Hôtel naar het adres dat Irene hem gegeven had. Maar daar bleek ze niet te zijn. Zich opnieuw beklagend over 'die Hollandse dikkerdjes', weigerde hij haar nog een keer te bellen, waarna Massó hem overhaalde dan maar een briefje te schrijven. Met dat briefje ging Massó naar het chalet. Toevallig stond Irene daar net voor de deur. Toen ze het briefje openmaakte, lachte ze, wat Massó 'een goed teken' vond. Kort daarna belde ze Carlos Hugo in het Grand Hôtel, en spraken ze af om de volgende dag samen te skiën.

Vanaf die dag was Carlos Hugo 'om'. Hij vond Irene geen 'dikkerdje' meer. Ze kon 'sensationeel' goed skiën, vertelde hij bij terugkeer uitgelaten aan Massó. Hij had haar niet bij kunnen houden.[19] Ze dineerden samen en Carlos Hugo stelde Irene voor aan Massó, die ook verrast was door haar 'levendigheid'. Toen Hugo na een paar dagen vroeg of Massó in zijn plaats met haar zou trouwen, antwoordde hij: 'Nu meteen.' In het dorp zochten ze samen een fles champagne en een gouden sieraad met rood koraal voor haar uit, waarna hij afscheid van haar nam met de afspraak elkaar die zomer weer te ontmoeten.[20]

Voor Irene ging een wereld open. En toch voelde het vertrouwd. Toen ze Carlos Hugo ontmoette, zo zou ze jaren later vertellen, 'herkende' ze hem. 'Ik bedoel: voor je elkaar kent, ken je elkaar al. Dat is wel zeldzaam, maar het komt voor.'[21] Sinds haar geboorte had het verleden Irene's toekomst bepaald. Ze was wie ze was, omdat anderen vóór haar iemand geweest waren. Anderen bepaalden voor haar ook wie ze moest worden. Haar was een rol toebedeeld in een scenario, maar nooit was haar gevraagd wie ze zelf wilde zijn. Ze had niet geweten hoe ze van het 'prinsesje' iemand moest maken die zij zelf ook was. 'Niemand had mij verteld dat ik zelf ook een heleboel wist, door gewoon naar mijn intuïtie te luisteren,' noteerde ze later in haar memoires.[22]

Carlos Hugo zag wie zij was. Iemand vol twijfel, maar met de ambitie om op háár manier te leven. Hoe zwaar geschiedenis woog, hoefde zij hem niet uit te leggen. Als afstammeling van Lodewijk XIV had hij langere koninklijke wortels dan zij. Maar aan zijn snelle gedachten merkte ze dat het verleden voor hem geen last was. Geen rem, maar een motor. Hugo was in evenwicht omdat hij vrij was. Uiterlijk tenger en frêle, maar innerlijk sterk. Een intellectueel, maar een man van het volk. Vriendelijk maar fel, geraffineerd maar natuurlijk, kosmopoliet maar geworteld in tradities. Iemand van de oude stempel, maar een idealist.

Hij had kastelen en paleizen in Frankrijk, Italië en Oostenrijk, maar als politiek strijder in Madrid bewoonde hij een eenvoudig appartement. De twijfel die Irene altijd gevoeld had: niet zijn wie je lijkt, niet lijken wie je bent, verdween in zijn bijzijn als sneeuw voor de zon. Verleden en toekomst werden één. Irene wist nu wat ze wilde, of liever gezegd, ze vóélde het. Als kind had ze geroepen: 'Ik wil geen prinses zijn! Ik wil vrij zijn![23] Maar misschien kon het ook wel allebei.

Hevig verliefd vertelde Irene dat voorjaar in ieder geval aan haar vader, maar waarschijnlijk ook aan haar moeder, dat ze wist met wie ze wilde trouwen. Bernhard wees het plan niet af, zo blijkt uit een aantekening van de katholieke premier Jan de Quay, die begin april vertrouwelijk door Bernhard om raad gevraagd werd. Dat Carlos Hugo katholiek was, werd herkend als een probleem, maar onoplosbaar achtte KVP'er De Quay dit niet. Op 8 april 1963 noteerde hij in zijn dagboek: 'Naar kardinaal Alfrink om te praten over zeer vertrouwelijke vraag van ZKH over huwelijk prinses Irene met RK. Kardinaal eventueel bereid naar Rome te gaan.'[24]

In Nederland deed Irene intussen wat er van haar verwacht werd. Ze lunchte op Huis ten Bosch met de Franse generaal Charles De Gaulle, en was met nog 1600 anderen te gast op de bruiloft van Alexandra van Kent, een nichtje van koningin Elizabeth, die in het voorjaar van 1963 trouwde met de Britse ondernemer Angus Ogilvy.[25]

Voor zover het vorstelijke theater in Europa nog bestond, werd dat in de jaren zestig weer volop opgevoerd. Tijdens het 'huwelijk van het jaar' op Windsor Castle dineerde de vorstenadel op 'het grootste vloerkleed uit één stuk in Europa,' dat aan elkaar geknoopt was door Indiase gevangenen. In het diner werden 400 pond zalm, 100 pond kaviaar, 36 kalkoenen, 50 eenden, 200 kippen, 24 hammen en 14 varkenspoten verwerkt en daarbij werden 1600 flessen champagne en 200 flessen whisky gedronken.[26]

Maar de wereld was veranderd. Terwijl de eerste naoorlogse jaren in het teken hadden gestaan van het bijeenrapen van de scherven van de oorlog, begonnen eind jaren vijftig de onderliggende structuren te kraken. Een generatie kwam op die nazidictatuur, maar ook anarchie en chaos had meegemaakt. Die niet alleen wist dat autoriteit gevaarlijk was, maar ook dat gezag niet van beton was en dat alles ánders kon. De vrijheidsdrang die in de jaren twintig al opkwam, maar door de oorlog gesmoord was, spoelde in een nieuwe golf over Europa. Voor sociale en religieuze conventies kwam individuele vrijheid in de plaats.

De bruiloft van Alexandra van Kent was het eerste koninklijke bal waar de twist gedanst werd. Een maand erna werd de Griekse koningin en de schoonmoeder van Juan Carlos, Frederika, tijdens een bezoek aan Londen op straat geslagen door Griekse demonstranten, die vrijlating van politiek gevangenen eisten. De doodsbange koningin had lukraak bij huizen aangebeld, waarna een Amerikaanse actrice, Marti Stevens, open had gedaan en haar in veiligheid had gebracht.[27] Filmsterren waren de nieuwe iconen geworden van een wereld die geen klassen kende. Amerika, dat thuis geen oorlog had meegemaakt, spiegelde een hemel op aarde voor van kansen en welvaart voor iedereen. The Beatles braken door. Mannen liet hun haar groeien. Vrouwen braken los uit traditionele rolpatronen. Seks had niet meer alleen tot doel om kinderen te krijgen en trouwen kon je doen met wie je zelf wilde. Het Vaticaan ging in conclaaf over de vraag hoe de kerk zich aan de moderne tijd kon aanpassen. Zelfs het geloof werd een persoonlijke keuze.

Nederland werd na overzeese oorlogen gedwongen

om zijn koloniën op te geven, zwarte Amerikanen gingen in Amerika de straat op voor hun burgerrechten, de Vietnamoorlog leidde tot een militair fiasco en tot een binnenlandse opstand, die de macht van jonge mensen toonde. In Nederland werd de aanval ingezet op het door zuilen bijeengehouden oude politieke bestel. Links werd 'nieuw', rechts werd liberaal, protestant en katholiek gingen op in één partij, en de nieuwe partij D'66 wilde het oude systeem, dat 'ziek en moe' was, 'doorbreken'.

Het oude elitaire maakte plaats voor het nieuwe, eigene en authentieke. De jeugd wees de weg naar een meer rechtvaardige en menslievende toekomst. Ouderen moesten voortaan naar de jongeren luisteren. In Nederland vuurde het poptijdschrift *Hitweek* in april 1966 de troepen aan met de oproep om van het leven 'een groot spel, een geweldig feest' te maken.[28] 'We leven in een wereld,' zei prinses Beatrix in 1961 tijdens een jongerencongres van de Fondation Européenne de la culture in Toulouse, 'waar alles kookt.'

Reconquista

Irene bekommerde zich in deze periode niet om politiek. 'Wij waren jonge meisjes,' vertelt haar jeugdvriendin Marijke Arendsen Hein. 'Daar bemoeiden wij ons niet mee.' Maar religie hield haar wel bezig. Ze vond het jammer dat haar moeder zich over het katholieke geloof, dat haar zoveel vrijer, menselijker en warmer leek dan het protestantse, vaak negatief uitliet.[29] In de zomer van 1963 vertrok ze een maand naar Barcelona, als gast van de Nederlandse directeur van het textielbedrijf Seda de Barcelona, J.F. Schreuder en diens gezin. Prins Bernhard had kort daarvoor nog de opening bijgewoond van een nieuwe vestiging van zijn bedrijf in Mexico.

Terwijl Irene met de drie dochters van Schreuder door het centrum van Barcelona dwaalde, werkte Massó aan een plan om de romance tussen haar en Carlos Hugo naar een volgende fase te brengen. Via de Club Marítim de Barcelona, waar zijn vader lid van was, huurde hij een boot op Ibiza. De carlist José Ignacio Olazábal, die de adellijke titel 'markies van de Vallei van Santiago' droeg, was bereid het reisje te organiseren. Namens hem nodigde Carlos Hugo's zusje, Cécile, Irene in juni uit om met haar en haar broer rond Ibiza te varen. Irene wilde haar vriendin, Petra Brussaart, die met haar mee uit Nederland gekomen was, meenemen. Maar op de boot, zo werd haar verteld, was nog maar één plaats.

Na veel mitsen en maren besloot Irene dan maar in haar eentje te gaan. Olazábal haalde haar op bij de Schreuders met de vage uitleg dat ze was uitgenodigd door een familie op de Balearen. Na de Nederlandse beveiliging van zich afgeschud te hebben, vloog ze met haar paspoort op naam van 'Elizabeth van Buuren' met Cécile en José Ignacio naar Ibiza. Hugo, Ramón Massó en zijn medewerkers, José María ('Pepe') Zavala en José Antonio Parilla, waren daar intussen ook aangekomen.

Het was een oud, maar groot en comfortabel zeilschip. Irene deelde een slaapkamer met Cécile. De eigenaar van de boot noemde zich 'Jorge', maar was een Deen, van wie Massó vermoedde dat hij 'een gevluchte nazi' was.

De bemanning wist niet wie Irene was. Ze had een schuilnaam, 'Isabel', en haar koffers met het initiaal 'I' met een kroontje erboven, werden verstopt. Als ze ergens aanmeerden, deed Irene een donkere zonnebril op en een shawl om. Tijdens een uitstapje naar een zoutmeer maakte Carlos Hugo een ongelukkige sprong, zodat hij de zeiltocht in het gips moest voortzetten.

Dagenlang voeren ze rond, etend, drinkend, luierend en pratend. Zittend op een trapje, las José Antonio Irene voor uit het werk van de Spaanse dichter Antonio Machado. Omdat hij vermoedde dat ze Hugo 'wel leuk' vond, maar dacht dat hij 'een soort extreemrechtse gangster' was, declameerde hij op het zonnedek uit carlistische geschriften en toespraken waarin Carlos Hugo zich uitsprak tegen het kapitalistische, goddeloze liberale systeem dat de belangen van volk en regio's veronachtzaamde.

Irene was een en al oor. Monarchie en vrijheid, natie en regio, moderniteit en christelijk geloof sloten elkaar niet uit, zij versterkten elkaar juist. Spanje had iets wat in de rest van Europa ontbrak: het katholicisme als overkoepelend ideaal.

Zonder dát zou de Europese gemeenschap 'slechts materieel' zijn, meende Carlos Hugo, en niet opgewassen tegen het communisme. De tijd was voorbij, zei hij ook, dat mensen koning werden 'simpelweg omdat zij zonen zijn van hun vaders'. Een prins die zijn titel alleen maar droeg, was deze niet waard. Prinsen moesten 'voorop' gaan bij de vorming van christelijke koninkrijken. De koninklijke erfenis van Spanje vergde een reconquista.[30]

Tijdens (nachtelijke) waterskisessies maakte Irene diepe indruk met haar techniek en haar stijl. Volgens José Antonio Parilla werd op film gezet hoe ze met z'n allen roepend en lachend flessenpost in zee gooiden. Maar qua hofmakerij nam Hugo intussen weinig initiatief. Toen het einde van het reisje in zicht kwam, durfde niemand aan hem te vragen hoe de zaken ervoor stonden. Tot zijn zusje, Cécile, de koe bij de horens vatte en tegen haar broer zei: 'Je doet haar nu een aanzoek of anders kunnen we dit verhaal beter afronden,' waarna ze een gouden armbandje met turquoise steentjes in zijn hand stopte.

De boot was alweer bijna terug in de haven van Ibiza, toen Carlos Hugo voor Irene neerknielde op het dek. Cécile, José Antonio, Pepe en Ignacio konden vanuit de cabine van de boot niet horen wat ze zeiden, maar van achter het glas konden ze zien hoe hij het armbandje om haar pols deed. Nadat ze aangelegd hadden, sprong José Antonio van boord en riep tegen Ramón Massó, die het reisgezelschap in de haven opwachtte: 'Het is zover!'[31]

San Fermín

'Laat de relatie nu niet afkoelen,' adviseerde Cécile haar broer. Toen duidelijk werd dat Irene de feesten van San Fermín in Pamplona wilde bezoeken die tussen 6 en 14 juli gehouden werden, spoorde ze Carlos Hugo aan om ook te gaan. Hoewel hij in Italië 'andere belangrijke dingen' te doen had – een deel van de familiebezittingen moest in verband met de carlistische activiteiten verkocht worden – liet hij zich overhalen om naar Spanje te komen.[32]

Massó's pr-campagne draaide nu op volle toeren. De feesten van San Fermín waren volgens hem het perfecte decor om de 'eerste ontmoeting' van de Hollandse prinses met de carlistische kroonprins te situeren. Vanaf het begin moest bewerkstelligd worden, schreef hij in zijn memoires, 'dat de romance leek op iets wat geworteld was in Spanje, en in wat hij (Hugo) en zijn familie daar voorstelden'.[33]

Irene en Carlos Hugo, zoals hij in Noord-Spanje al overal was gaan heten, werden tijdens het stierengevecht vlak bij elkaar geplaatst en na afloop gelijktijdig naar de uitgang gedirigeerd. Daar doken bij de poort aan alle kanten carlisten op, die Carlos Hugo toejuichten. Irene was volgens Massó 'zeer onder de indruk'. Ze had hard moeten lachen, vertelde ze later, toen een lokale bestuurder zichtbaar geïrriteerd tegen haar zei: 'Ziet u nou wat een vrijheid er is in Spanje, dat het deze gekken wordt toegestaan om zich te manifesteren.'[34]

4

Al tijden katholiek

De hoofdrolspelers van Massó's politiek-dynastieke theaterstuk stonden opgelijnd. Maar hoewel achter de schermen van alles geregisseerd werd, waren Irene's gevoelens echt. Volgens Marijke Arendsen Hein was ze tot over haar oren verliefd op Carlos Hugo. 'Ze bewonderde hem. Hij was voor haar de poort naar de vrijheid,' zegt ze.

Irene kon niet wachten om mee te doen aan het avontuur dat hij in Spanje was begonnen, maar wat het precies behelsde, wist ze als 23-jarige niet. Ze was het pionnetje in een spel waar een heleboel mensen aan meededen. Maar zij voelde iets wat boven alles uitging, en dat was liefde. De afstand die ze altijd tot alles en iedereen gevoeld had, was opgelost. Zoals dat bij haar naar eigen zeggen altijd ging als ze verliefd was, wilde ze nog maar één ding: 'déél zijn van dit alles'.[1] Irene's overgave was volledig. 'Ze wist niet precies wat Carlos Hugo in Spanje van plan was,' zegt Arendsen Hein. 'Maar ze viel als een blok voor zijn bevlogenheid. Ze sprong in het diepe, uit vertrouwen in hem.'

Irene wilde onderzoeken wie ze in het diepst van haar ziel was, ook als zou blijken dat dit niet strookte met het geloof dat haar voorouders altijd hadden aangehangen. Haar eigen geloof, vond ze, ging 'boven alle menselijke en historische belangen uit'.[2] Tijdens een interview met het weekblad *Elsevier* dat voor de zomer van 1963 op Soestdijk werd afgenomen, had Bernhard haar daarin aangemoedigd. 'Dit is belangrijk voor je, Irene,' had hij gezegd toen ze aarzelde om een vraag over haar geloof te beantwoorden. 'Jouw gezichtspunten als jongere kunnen voor anderen een wegwijzer zijn. Wil je er niet meer over zeggen?' Irene had vervolgens verteld over haar belangstelling voor oecumene, haar missie om verdeeldheid uit de wereld te helpen en daar 'verdraagzaamheid' voor in de plaats te brengen.[3]

Voor het plan om van prins Carlos Hugo en prinses Irene de nieuwe koning en koningin van Spanje te maken, bestonden twee obstakels: Hugo was een Fransman en Irene was protestant. Cultureel, economisch en politiek was Spanje een lappendeken, maar de lijm der natie was het katholieke geloof. Dat gegeven had een reden kunnen zijn om van het dynastieke project met Irene en Carlos Hugo – de een niet katholiek en geen van beiden Spaans – af te zien. Maar Massó zag mogelijkheden. Al was Carlos Hugo's nationaliteit formeel dan de Franse, zijn wortels waren (ook) Spaans, en Irene was formeel dan wel protestant, zelf voelde zij zich al een tijdje min of meer katholiek. Aan het Nederlandse hof lag dat laatste alleen 'zeer moeilijk', wist Massó. Voor een prinses uit een familie die aan het verzet tegen de Spaanse katholieke hertog van Alva haar unieke nationale positie dankte, zou bekering pijnlijk zijn.[4]

Maar Irene sprak vloeiend Spaans, ze hield van Spanje en ze was verliefd op een prins die uit een lange katholieke traditie kwam. Overstappen naar het katholicisme leek een logische stap. Die zomer liet Massó de jurist en priester Jesús Martínez Costa uit Valencia komen om met haar te praten. Martínez Costa was lid van Opus Dei, de katholieke mantelorganisatie die was opgericht door priester Josemaría Escrivá. Hij had in de Burgeroorlog moeten vluchten voor het geweld van antiklerikale Republikeinen, maar inspireerde in de jaren vijftig miljoenen mensen met katholieke toespraken en geschriften in Spanje en in Latijns-Amerika. In zijn spirituele handleiding *Camino* ('De weg') die in 1939 verscheen, schreef hij zachtaardig maar dwingend: 'Lees deze raadgevingen langzaam. Overweeg deze beschouwingen op je gemak. Het zijn dingen die ik je in vertrouwen in het oor fluister, als een vriend, als een broer, als een vader. Bij deze vertrouwelijke gesprekken luistert God mee. Ik wil alleen maar herinneringen in je wakker roepen en gedachten opwekken die je treffen, opdat je je leven betert en wegen inslaat van gebed en liefde. Zo zul je een mens worden met een gezond oordeel.'

Escrivá voorzag zijn 'Werk van God' van een academische basis door de oprichting van universiteiten in onder meer Navarra. Goed opgeleide Opus Dei-leden waaierden in de loop van de jaren vijftig uit over heel Spanje. Invloed krijgen op de maatschappelijke praktijk was het doel, de geest het middel. De organisatie werd een motor achter de modernisering in Spanje en was bij de strijd om de opvolging van Franco ook nauw betrokken. Aanvankelijk werd gegokt op meerdere kandidaten. Een van Franco's belangrijkste adviseurs, Laureano López Rodó, die achter de kandidatuur van Juan Carlos stond, was lid van Opus Dei, maar Massó en veel andere carlisten ook. De broer van Massó, die in 1965 tot priester gewijd werd, werd later hoofd van Opus Dei in Australië. Martínez Costa had na afloop van het gesprek met Irene, dat wel drie uur duurde, over haar religieuze aard geen enkele twijfel. 'Deze mevrouw heeft het zelf nog niet in de gaten,' zei hij tegen Massó, 'maar zij is al tijden katholiek. Ze zou nu meteen gedoopt kunnen worden.'[5]

In augustus 1963 logeerden Hugo en zijn zusje Cécile enkele dagen bij Irene en haar ouders in hun Italiaanse vakantiehuis De gelukkige olifant in Porte Ercole. Toen Cécile het onderwerp van Irene's toenadering tot de katholieke kerk daar voorzichtig ter sprake bracht, werd volgens Massó 'behoorlijk negatief' gereageerd.

Maar toen Carlos Hugo dat najaar Soestdijk bezocht, toonde Bernhard zich ineens een stuk toeschietelijker. Hij en zijn moeder Armgard wilden de verbintenis een kans geven. Armgard, die zelf een zware strijd geleverd had om tot de adel te worden toegelaten, zal wel onder de indruk geweest zijn van Hugo's dynastieke verleden. Filips v van Spanje was toch een andere categorie dan de prinsen van

Nassau. Carlos Hugo was bovendien rijk, goed opgeleid, werelds, hoffelijk en intelligent en Irene was verliefd, dus wat wilde je nou nog meer? Dat hij katholiek was, zag zij niet als een nadeel, want ze was dat zelf ook.

Bernhard had Carlos Hugo ook al eens mee uit jagen gevraagd, maar zoals vaker als het om reputaties ging, had hij zijn goede vriend, de Britse journalist Sefton Delmer, wel eerst gevraagd onderzoek te doen naar de kandidaat-verloofde. In september 1963 bedankte Armgard Delmer per brief voor 'alle moeite die hij gedaan had' om 'Carlos te onderzoeken'. De uitkomst van het onderzoek moet positief geweest zijn, want er leek groen licht te zijn. 'Irene is zo gelukkig,' schreef Armgard vertederd aan Delmer, 'alhoewel een klein beetje te dun. Ze heeft een Jaguar gekregen, de snelle. En ze is gewoonweg verrukt.'[6]

In het najaar van 1963 was Bernhard volgens Massó degene die vaart in de zaak bracht. Als hij het met Irene serieus meende, zei hij tegen Carlos Hugo, moest actie ondernomen worden. 'We moeten gaan bewegen,' zei hij. Het leek hem verstandig als Irene zich meer in het katholicisme verdiepte, vóór zij zich liet bekeren. Massó stelde voor om Opus Dei-priester Martínez Costa als tutor aan te stellen. Daarmee ging Bernhard akkoord. Op Soestdijk kon het onderricht niet plaatsvinden, maar Armgards koninklijke dependance, kasteel Warmelo, bood wel mogelijkheden.[7]

Uit een brief blijkt dat Bernhards hoofd rond dezelfde tijd overliep van de problemen, vermoedelijk veroorzaakt door de relatie van Irene met Carlos Hugo. Op 18 oktober bedankte hij zijn vriend Delmer voor diens telex en de pogingen te helpen 'in deze zaak', maar wees hij hem ook op de 'complicaties', die hem intussen deden vrezen dat Delmer hem misschien wel niet kón helpen. Hoewel hij in de brief Carlos Hugo's naam niet noemde, lijkt het over hem te gaan. Bernhard had de energie niet om Delmer alles te vertellen, schreef hij, maar 'geloof me, dit keer is het anders dan in 1936 [het jaar dat Bernhard en Juliana zich verloofden] en zo vol van complicaties, dat ik letterlijk mijn eigen keel af zou snijden door nu – of zelfs later – te praten, bovendien heb ik al mijn arme hersenen nodig, en het zou me nooit lukken om zowel te praten met jou, als tegelijkertijd te werken om een onmogelijke situatie te redden.'[8]

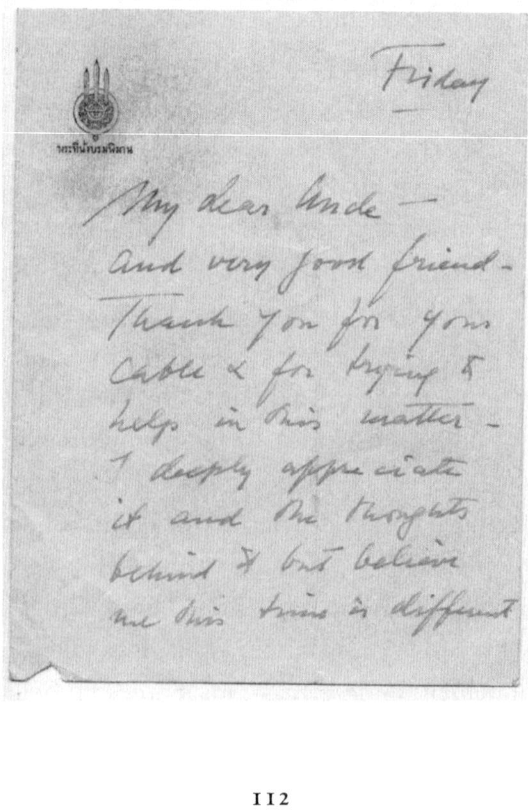

Friday

My dear Uncle –
And very good friend –
Thank you for your
cable & for trying to
help in this matter –
I deeply appreciate
it and the thoughts
behind it but believe
me this time is different

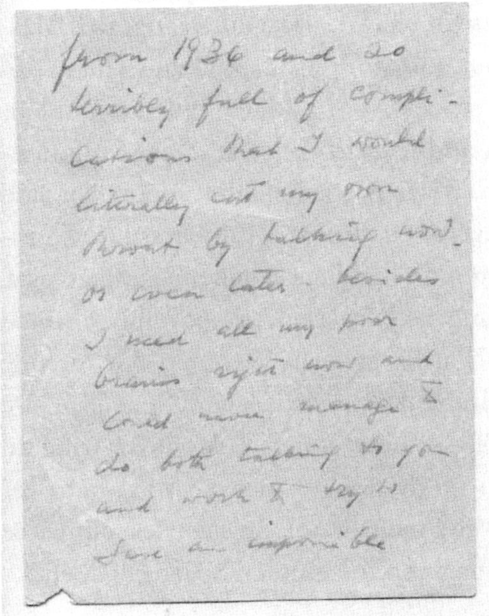

from 1936 and so
terribly full of compli-
cations that I would
literally cut my own
throat by talking now-
or even later. Besides
I need all my poor
brains right now and
could never manage to
do both talking to you
and work to try to
save an impossible

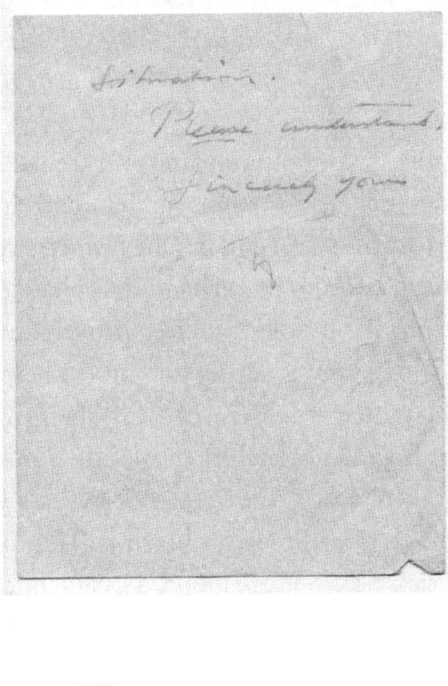

situation.
Please understand.
Sincerely yours
[illegible]

Ondanks de problemen bleef de vaart erin, aangezien Massó intussen ook niet stilzat. Priester Martínez Costa had aanvankelijk niets gevoeld voor het idee om vermomd als burger naar Nederland te gaan en Irene in het katholicisme te onderwijzen. Maar na bemiddeling door niemand minder dan de directeur en oprichter van Opus Dei, Escrivá zelf, stemde hij toe. In het diepste geheim reisde Costa, gekleed in een 'lichtgrijs burgerpak', in november samen met José Antonio Parilla af naar Warmelo. Gedurende twee weken werd Irene daar door Costa onderwezen. De sfeer was volgens Massó ontspannen, ook omdat Armgard volgens hem 'goed op de hoogte was van waar het over ging'. Parilla gaf Irene meteen ook Spaanse les, omdat ze besloten had in januari een tolkexamen Spaans te doen.[9]

Woorden van genegenheid

Juist in diezelfde maand werkte de Nederlandse regering aan het aanknopen van handelsrelaties met Spanje. Op 21 november 1963 bracht Franco's rechterhand, Laureano López Rodó, in verband daarmee een bezoek aan Nederland. Als hoofd van het programma voor Economische Ontwikkeling dat Spanje moest helpen voortstuwen in de vaart der volkeren, had hij afgesproken met Nederlandse hoge ambtenaren en met de minister van Economische Zaken, Koos Andriessen. 's Avonds was hij te gast op een diner met directeur Marinus Damme van de machinefabriek Stork-Werkspoor, de volgende dag werd hij ontvangen door prins Bernhard op Paleis Soestdijk.[10]

Rodó hoorde tot de belangrijke macht van 'bureaucraten' in Spanje. Zij probeerden Franco er al een tijdje toe te bewegen de voorkeur voor Juan Carlos als zijn opvolger openbaar te maken. Rodó en Franco's andere ambtelijke steunpilaar, Luis Carrero Blanco, meenden dat hun conservatieve politiek en economische modernisering in de handen van Juan Carlos het veiligst zouden zijn. Dat Bernhards dochter, Irene, intussen op het punt stond om in de strijd een rol te gaan spelen, zal Rodó niet geweten hebben. En dat zij daartoe enkele tientallen kilometers verderop in het kasteeltje van Bernards moeder door een priester van Opus Dei in het katholicisme werd onderwezen, al helemaal niet. In zijn memoires schreef Rodó dat hij genoot van het bezoek aan Soestdijk 'in een zaal met uitzicht op het magnifieke park van het paleis' en dat hij werd getroffen door de 'woorden van genegenheid' die Bernhard sprak over prins Juan Carlos. Het zal voor Bernhard wel een opluchting geweest zijn toen Rodó eenmaal weer in het vliegtuig terug naar Spanje zat.[11]

Eind november sloot Martínez Costa zijn cursus in Nederland tevreden af. Irene, zo meldde hij aan Massó, beschikte nu over alle kennis die voor een entree in de katholieke kerk noodzakelijk was. Geloof, vond Irene, was een privézaak, en Juliana en Bernhard vonden dat kennelijk ook, want de regering werd over de stap die hun dochter zou gaan zetten, nog niet ingelicht. Vanaf dat moment ging alles razendsnel. Xavier en Carlos Hugo's zus Cécile, die door Massó 'het grijze brein' genoemd werd omdat ze altijd drie stappen vooruitdacht, spraken het katholieke netwerk aan, waarbinnen de familie Van Bourbon-Parma in Europa al eeuwen opereerde. De Franse abt Jean-Marie de Floris, die Xavier goed kende, was ook een kennis van de Utrechtse Bernard kardinaal Alfrink. Cécile arrangeerde een telefoongesprek tussen beiden, waarna een ontmoeting plaatsvond. De Floris legde aan Alfrink uit dat Irene zich diep vanbinnen katholiek voelde, waarna de kardinaal verklaarde dat hij 'tot alles bereid' was en dat hij een eventuele bekering van de prinses 'discreet' uit kon voeren.[12]

Groot geluk

Eind december werd voor het hofpersoneel in de marechausseekazerne van Soestdijk het jaarlijkse kerstspel opgevoerd. Mimespeelster Nora Kretz was dit keer door Juliana gevraagd om samen met haar jongste dochter, prinses Christina, een mimespel in te studeren. Weken waren ze ermee bezig geweest. Christina beeldde een joodse vrouw uit, die stenen aandroeg voor de piramidebouw te midden van 'een groep die in woord en gebaar de slavernij en joodse uittocht uit Egypte in herinnering bracht'. Terwijl Irene van achter een scherm de Bijbelfragmenten voorlas die het lijden van de joden moesten illustreren, kon het publiek niet vermoeden dat zij op het punt stond zich te bekeren tot de kerk die de joden de moord op Christus nooit vergeven had.

Een paar dagen later stapte ze op het vliegtuig naar Rome. Carlos Hugo en zijn familie waren daar al. Xavier had voor Irene en Carlos Hugo een kennismakingsgesprek georganiseerd met Opus Dei-directeur Escrivá, die in Rome woonde. De bevlogen spreker met vlinderbril en schelle stem, die van Spanje tot Italië en Latijns-Amerika grote menigtes betoverde, vroeg aan haar hoe haar katholieke opleiding in Nederland verlopen was, en drukte haar volgens Massó op het hart: 'Wat er ook gebeurt, ouders moet men altijd liefhebben.'[13]

Xavier ontving Irene met de gebruikelijke hartelijkheid. Hij was 'een van de liefste mensen' die ze ooit ontmoet had, zou ze jaren later aan *Vrij Nederland* vertellen. Hij gaf haar 'ruimte', zei ze, 'net als mijn grootmoeder'. De magere prins, fysiek fragiel maar geestelijk schijnbaar van ijzer, en door zijn eigen kinderen 'heer van de wereld' genoemd, vond dat haar bekering zo snel mogelijk moest plaatsvinden. 'Luister, mijn kind,' zei hij tegen haar, 'overmorgen moet je de stap zetten.'

Intussen was de situatie chaotisch. Irene's familie was van de aanstaande bekering op de hoogte, maar regie ontbrak. Margriet was met Irene mee naar Rome gekomen, maar volgens Massó keerde zij vlak voor de ceremonie terug naar Nederland, terwijl Bernhard, die beloofd had te zullen komen, verstek liet gaan. Kennelijk hadden zij op het allerlaatste moment bedenkingen gekregen. Irene was ook 'bang', volgens Massó, maar inmiddels vastbesloten.[14]

Op de ochtend van 2 januari 1964 stapte kardinaal Alfrink op het vliegtuig naar Rome. Het geheime verzoek om de prinses op te nemen in de katholieke kerk, had hij vlak daarvoor gekregen. Mgr. Jo Damen, rector van het Pauselijk Nederlands College in Rome, had van secretaris Paul

Geurts van het Utrechts bisdom een dag eerder de opdracht gekregen Alfrink op te halen van het vliegveld Fiumicino, maar hij had er niet bij gezegd wat hij kwam doen. Eenmaal bij Damen in de auto zei Alfrink: 'Nu heb ik een nieuwtje voor je, waarbij je je handen wel stevig aan het stuur mag houden.'[15]

Alfrink dacht dat Margriet en Bernhard ook in Rome zouden zijn, zoals hem verteld was. Maar aangekomen bij Irene's hotel hoorde hij dat Bernhard 'vanwege allerlei complicaties' niet gekomen, en Margriet alweer vertrokken was. De kardinaal moest even slikken. Hij had erop gerekend dat het ritueel zou worden bijgewoond door leden van Irene's familie. Zij hadden hem kunnen vertellen hoe het er destijds bij haar doop in Engeland aan toegegaan was. Als Irene destijds met water gedoopt was, zou een herdoop namelijk niet nodig, en voor de protestanten onnodig grievend zijn. Omdat Alfrink niet wist of bij de doop in Engeland water gevloeid had, kwam hij voor het dilemma te staan of hij een voorwaardelijke herdoop moest uitvoeren, of moest riskeren dat Irene's bekeringsritueel volgens de katholieke kerk niet zou gelden. Dat laatste wilde hij voorkomen, maar in het eerste geval zou hij de protestanten meer schofferen dan nodig. Damen spoorde hem aan Soestdijk te bellen voor advies, maar omdat Alfrinks contact met de koninklijke familie tot dan toe slechts 'formeel' en 'afstandelijk' geweest was, durfde hij dat niet. Intussen meldde Xavier zich voor een gesprek. Er was haast bij, zei hij. De doop moest de volgende dag plaatsvinden.[16]

De familie van Bourbon-Parma had voor de ceremonie het baptisterium van de basilica San Paolo uitgekozen.

Maar op aandringen van Damen werd op het laatst gekozen voor de vanbuiten iets minder zichtbare benedictijnenabdij van de basilica San Paolo fuori le Mura (Sint Paulus buiten de Muren).

In die basiliek, gebouwd drie eeuwen na Christus voor de eerste christelijke keizer Constantijn, stond Irene op de ochtend van 3 januari 1964 in haar eentje tegenover kardinaal Alfrink. Haar ouders en zusjes waren er niet bij toen hij tegenover haar de heilige formule uitsprak: 'Indien gij niet gedoopt zijt, dan doop ik u nu in de naam van de Vader, de Zoon en de Heilige Geest.' Voor het eerst in haar leven nam ze een belangrijke beslissing zonder haar familie. Na overleg met de secretaris-generaal van Opus Dei, Álvaro del Portillo, en de secretaris van de Heilige Stoel, Alfredo Ottaviani, had Alfrink besloten het zekere voor het onzekere te nemen en Irene te herdopen. Carlos Hugo's ouders, zijn zusje, Cécile, abt Jean-Marie de Floris, priester Martínez Costa en Ramón Massó keken toe, terwijl Alfrink Irene's voorhoofd met water besprenkelde. Daarna diende de kardinaal haar nog twee sacramenten toe: het vormsel en de eucharistie, met de eerste communie. Na afloop werd in de abdij met alle aanwezigen ontbeten, waarna Irene vertrok voor een audiëntie bij paus Paulus VI. Ze was bang geweest en had lang geaarzeld, vertelde ze aan hem, maar toen de doop eenmaal plaats had gehad, had ze 'groot geluk' ervaren, 'buitengewone zelfverzekerdheid' en 'grote innerlijke kracht'.

Irene voelde zich bevrijd omdat ze voor zichzelf gekozen had. Maar ze was zich ook bewust van de ernst van het moment, en de last die eraan vastzat. Ze was 'klaar voor alles wat ging komen', zei ze tegen de paus. Alfrink vond Irene een 'dappere vrouw', omdat ze 'niet wist wat haar te wachten stond', zei hij tegen Massó. Of misschien, zei hij, wist ze het wel, maar 'kon het haar niets schelen'.[17]

Geheim

Toen Bernhard in de zomer van 1962 door pater Tholens met Carlos Hugo's ouders in contact gebracht was omdat Carlos Hugo 'een oogje' op zijn dochter had, had Bernhard drie eisen gesteld: 1. Hij moet van Irene houden. 2. Hij moet van onbesproken gedrag zijn en 3. Hij moet een métier serieus uitoefenen.[18] Achter die derde voorwaarde was een vraagteken komen te staan. Bernhard had tot dan toe aangenomen dat Carlos Hugo's troonpretentie in Spanje een bijkomstigheid was. Een vorstelijke hobby die, afhankelijk van hoe de wind waaide, misschien nog eens reëel zou worden. Hij verwachtte dat Hugo in de tussentijd een beroep zou kiezen dat paste bij iemand met een goede opleiding zoals hij.

Maar zo zat de vork niet in de steel. Carlos Hugo was niet alleen een troonpretendent, hij was ook een idealist met ideeën en plannen voor Spanje. In Oxford had hij de theorie bestudeerd en nu lag een land voor hem klaar waar hij die in de praktijk kon gaan brengen. Van de successiestrijd in Spanje wilde hij zijn dagelijkse werk gaan maken, en Irene zou hem daarbij helpen.

Die vastbeslotenheid moet Bernhard verrast hebben.

Waarschijnlijk net zoals het feit dat Carlos Hugo wel in Madrid woonde, maar de Spaanse nationaliteit niet had en dus geen formele verblijfsstatus had. Daarom moest de verloving met Irene ook nog geheim blijven. Als hij aan het publiek werd voorgesteld als Fransman, zou het publicitaire moment voor het Spaanse carlisme verloren gaan. Volgens Carlos Hugo was het niet meer dan een formaliteit. Een voorvader van hem was koning van Spanje geweest, Goya had zijn hele familie geschilderd. In zijn aderen wás hij Spaans. Dat paspoort was een kleinigheid. Zodra hij met Franco gesproken had, zou het in een handomdraai geregeld zijn.

Alfrink, die bekend was met Juliana's argwaan tegen het katholicisme, had al vermoed dat de doop van Irene als puntje bij paaltje kwam, een bittere pil zou worden. Hij had haar aangeraden om bij terugkeer uit Rome niet te zeer te hameren op het naleven van katholieke voorschriften, zoals het vasten op vrijdag. Maar dat de sfeer op Soestdijk na terugkeer zo radicaal om zou slaan, had niemand verwacht. Welwillendheid en voorzichtige medewerking maakten plaats voor cynisme. Irene werd volgens Massó geconfronteerd met een 'gesloten' en 'vijandige' omgeving, waar opmerkingen gemaakt werden in de trant van: 'Wij wisten niet dat iemand zó moest veranderen om katholiek te worden.'[19] Zo 'moeilijk en onaangenaam' werd het volgens Massó, dat Irene besloot naar Madrid te vertrekken zodra ze haar tolkexamen had afgelegd.[20]

Op 9 januari 1964 nam Irene haar intrek in de residentie van de Nederlandse ambassadeur, Willem Ernest van Panhuys, en zijn vrouw in Madrid. Of zij op de hoogte waren van de precaire situatie waarin de prinses zich intussen bevond, is de vraag, maar iets ervan zullen ze wel vernomen hebben, aangezien Van Panhuys met Bernhard goed bevriend was. Massó beschouwde Irene's komst als een publicitair buitenkansje. De toekomstige echtgenote van Carlos Hugo zou in Spanje alvast bekend kunnen komen te staan als een prinses die van Spanje hield, de tradities kende, 'modern, sportief, intellectueel en sympathiek' was en 'dicht bij het katholieke' stond.[21] Om het moderne, Europese Spanje te gaan vertegenwoordigen waar steeds meer Spanjaarden naar uitkeken, had zij de ideale papieren. Zelfs betere dan de echtgenote van Juan Carlos, Sofía, die uit het arme, door revoluties getergde Griekenland kwam. Het besef dat de verloofde van Carlos Hugo in Europa deuren zou kunnen openen, zou Franco uit zijn stoel moeten doen opveren. 'Maak je populair, kom in het nieuws, wees verliefd op Spanje,' drukte Massó haar op het hart.[22]

Dat was niet aan dovenmansoren gezegd. Irene vond het heerlijk om Madrid te ontdekken zónder de gebruikelijke begeleiding van veiligheidsbeambten, rijksvoorlichters of andere functionarissen. In alle kranten en bladen verschenen in de loop van januari foto's van '*la princesa Holandesa*', die zich voor de bijzondere cultuur en de natuurlijke schoonheid van Spanje interesseerde. Nu eens in het theater, dan weer in het Prado Museum of reizend door het land. Iedereen raakte in de ban van haar charme. Massó had de medewerkster van een modehuis, Rosario de Andrade, gevraagd haar terzijde te staan, maar hij zag al snel dat zij, als het om pr ging, weinig hoefde te leren. Irene had 'meteen begrepen', constateerde ook Carlos Hugo's zusje Marie-Thérèse, wat het 'carlistische engagement' betekende.[23] Overal verscheen ze, perfect gekleed en met een bedachtzame, maar ontwapenende glimlach. Tijdens een bezoek aan Barcelona hadden journalisten haar, gekleed in een nauwe groene rok met bijpassende bolero, gevolgd tot bij de kapper, waar ze haar nagels liet lakken 'in een zachtroze kleur', terwijl een 'geanimeerd' gesprek was gevoerd over 'de mooie haren van de koningsdochter'. Irene, schreef een Spaanse krant, had 'el corazón de una catedral' ('het hart van een kathedraal').[24]

Voor het eerst kreeg zij de kans om zelf op ontdekking uit te gaan. In een gehuurde auto toerde ze door Spanje. Niet als marionet van haar familie of de Nederlandse staat, maar als een moderne, vrije vrouw die de wereld verkende. Ze doorkruiste het hele schiereiland. Aangezien Nederlandse journalisten zich afvroegen wat Irene in Spanje toch aan het doen was, kwamen speculaties over 'markiezen' en 'dons' met 'grote landgoederen' op gang. Om daar een einde aan te maken, besloot Irene een interview te geven aan correspondent Joost C. de Ruiter van *De Telegraaf*. Bernhard, er vermoedelijk op gespitst om uit de impasse van de geheime verloving te komen, was er ook bij betrokken. Het gesprek vond plaats op 26 januari in de ambtswoning van Van Panhuys. Al sinds de Tweede Wereldoorlog diplomaat in Spanje, betreurde hij dat in Nederland over het regime van Franco zo negatief gedacht werd. Het interview met

Irene zag hij als een kans om dat te veranderen. Voor haar zou de toenadering ook gunstig zijn, misschien zou Franco daardoor eerder geneigd zijn om het 'detail' van Carlos Hugo's nationaliteit in orde te maken.

Het gesprek begon met Irene's verklaring dat alle geruchten over verlovingskandidaten in Nederland 'volkomen ongegrond' waren. De 'ongelovige en verbaasde glimlach' waarmee ze aanhoorde hoe de ambassadeur de nieuwste geruchten nog maar weer eens opsomde, was volgens De Ruiter toch wel 'het beste bewijs' dat van enige verloving 'helemaal geen sprake' was. Irene wilde over iets heel anders praten. Zij wilde de 'misverstanden' uit de weg ruimen die in Nederland over het Spanje van Franco bestonden.

Eenvoudig gekleed in een 'zwarte wollen japon', met 'als enig sieraad een broche in de vorm van een sober insect', stak ze vervolgens de loftrompet over het land dat de meeste Nederlanders nog associeerden met het fascisme en de wurgpaal, waarmee Franco politieke tegenstanders uitschakelde. Maar de Spaanse dictatuur, zo had Irene ontdekt, was vooruitstrevender dan menigeen in Nederland dacht. Neem het opleidingsinstituut voor verpleegsters van de Sección Femenina van de Falange Española (de falangistische partij) geleid door Pilar Primo de Rivera. Boerenmeisjes werden door haar opgeleid tot verpleegsters, waarna ze gediplomeerd naar hun dorpen terugkeerden. Pilar Primo de Rivera was de zuster van José Antonio Primo de Rivera, de grondlegger van het falangisme, de Spaanse variant van het fascisme, en een groot bewonderaarster van nazi-Duitsland.

Irene wist van de politiek in het land waar ze terechtgekomen was, weinig af. Ze besefte dat Franco een dictator was, maar wist ook dat Carlos Hugo hem nodig had om zijn doelen in Spanje te bereiken. 'Franco was nu eenmaal degene met wie we moesten leven,' zou hij later verklaren tegen zijn biograaf.[25] De kamers van de studentes in het instituut van Primo de Rivera waren 'werkelijk beeldig', zei Irene tegen De Ruiter. 'Heel eenvoudig, maar toch comfortabel, dat je er eigenlijk best zelf zou willen wonen.' In Sevilla was een kolonisatieplan voor boeren opgezet. Terwijl huisjes vroeger verspreid stonden, verrezen nu overal dorpen met gezondheidsvoorzieningen, parkjes en scholen. De commissaris van het nieuwe Plan voor Economische Ontwikkeling die dit mogelijk maakte, Laureano López Rodó, was volgens Irene 'een bijzonder intelligent mens en een harde werker'.[26]

Meteen na het verschijnen van het interview barstte in Nederland de bom. Vooral in linkse kring brak verontwaardiging los over het feit dat Irene vergoelijkend gesproken had over Franco's dictatoriale regime. Volgens oud-verzetskrant *Het Parool* kon een lid van het Koninklijk Huis zich niet permitteren 'over een zo dubieus en omstreden regime als dat van generaal Franco, zulke eenzijdige en naieve verklaringen af te leggen'. Kamerlid Anne Vondeling (PvdA) eiste het hoofd van ambassadeur Van Panhuys, die erbij gezeten en ernaar gekeken had, en nog had geholpen om het interview via het ANP te verspreiden ook.

Tijdens een bijzondere kabinetsvergadering stelde premier Victor Marijnen vast dat Irene zich sinds haar vertrek naar Spanje 'opmerkelijk gedragen' had, met 'maatschappelijk geprononceerde' bezoeken. De afspraak met de *Telegraaf*-journalist was gemaakt op initiatief van Irene zelf, zei hij, maar Bernhard was erbij betrokken geweest, terwijl met de Rijksvoorlichtingsdienst niet was overlegd. Toen Van Panhuys om opheldering gevraagd werd, zei hij niet te begrijpen 'welke politieke aspecten bedoeld' werden. Na jaren in Madrid was hij met Franco's bewind zo vergroeid geraakt, dat hij de antenne voor het Nederlandse onbehagen daarmee verloren was.[27]

Marijnen vroeg zich af of Van Panhuys wel op zijn post kon blijven, maar minister Joseph Luns van Buitenlandse Zaken waarschuwde dat aangezien hij 'in verbinding staat' met het Koninklijk Huis, zijn ontslag als een 'rechtstreekse actie tegen het Koninklijk Huis' zou kunnen worden opgevat. Minister Gerard Veldkamp (KVP) van Sociale Zaken en Volksgezondheid beaamde dat aangezien het Koninklijk Huis 'erin gemoeid' was, de kwestie 'heel moeilijk' lag.[28]

Twee dagen later werd de kwestie vertrouwelijk behandeld met de vaste Kamercommissie voor Buitenlandse Zaken. Luns (KVP) meldde dat het hof toestemming gegeven had voor het interview, dat Van Panhuys 'er niet aan gedacht had' de minister in te lichten, en dat hij had gedacht dat het interview 'juist ten goede' zou werken. Luns meende dat het niet op de weg van een prinses lag 'om politieke opvattingen in het Nederlandse volk te corrigeren' en had Van Panhuys een 'berisping' gegeven. Hij gaf toe dat het nogal eens voorkwam dat ambassadeurs door leden van de koninklijke familie ingezet werden. Dat was onjuist, vond hij. Het hof mocht ambassadeurs niet als 'persoonlijke dienaren' beschouwen. Hij beloofde een 'rondschrijven' te richten aan alle posten, met de vraag hem voortaan over alle contacten met de koninklijke familie in te lichten, 'ook over verblijf'.

Kamerlid Marga Klompé (KVP) vroeg zich af of een ambassadeur die zijn minister niet inlichtte en van 'gebrekkig inzicht' getuigde, wel aan kon blijven. 'Hoe komt zo iemand in Madrid?' wilde Kamerlid Connie Patijn (PvdA) weten. Kamerlid Wttewaall van Stoetewegen (CHU) vond het 'treurig' dat de ambassadeur 'de opvattingen van prinses Irene over Spanje deelde' en noemde hem 'reeds in de oorlog zeer dom'.[29]

De intensieve bemoeienis van zowel pers als parlement met de koninklijke kwestie was nieuw in Nederland. Voorheen had de Tweede Kamer nooit vragen gesteld over het Koninklijk Huis. Tijdens de Greet Hofmans-affaire was verslaggeving overgelaten aan buurland Duitsland, en die hele kwestie had het parlement pas bereikt tegen de tijd dat ministers al een crisiscommissie gevormd hadden. De 'affaire-Irene' die op het punt stond los te barsten, zou aan die terughoudendheid een einde maken.[30]

'Oecumenische toenadering'

Op 27 januari, dezelfde dag dat *De Telegraaf* Irene's lofzang op het Spanje van Franco publiceerde, overhandigde de voorzitter van de carlistische Comunión Tradicionalista, José María Valiente, twee brieven aan generaal Franco: een van Irene, waarin ze meldde dat ze spoedig bekend zou maken dat ze zich tot het katholicisme bekeerd had, en een van Carlos Hugo, alias 'Carlos de Borbón', waarin hij Franco vertrouwelijk liet weten dat hij zich verloofd had met de prinses.[31]

De eerste brief kon niet achterhaald worden, maar de tweede bevindt zich in het archief van de Fundación Nacional Francisco Franco te Madrid. Al in november, schreef Carlos Hugo daarin, had hij om een audiëntie gevraagd om zijn relatie met Irene te melden. Door 'omstandigheden' was dat plan vertraagd, maar nu wilde hij toch niet langer wachten met te zeggen dat de verloving een feit was.

Koningin Juliana, prins Bernhard en zijn ouders wilden de officiële aankondiging voorlopig nog geheimhouden, maar hij wilde Franco graag alvast ontmoeten om hem het nieuws mondeling te kunnen vertellen en hem een brief te overhandigen van zijn vader.[32]

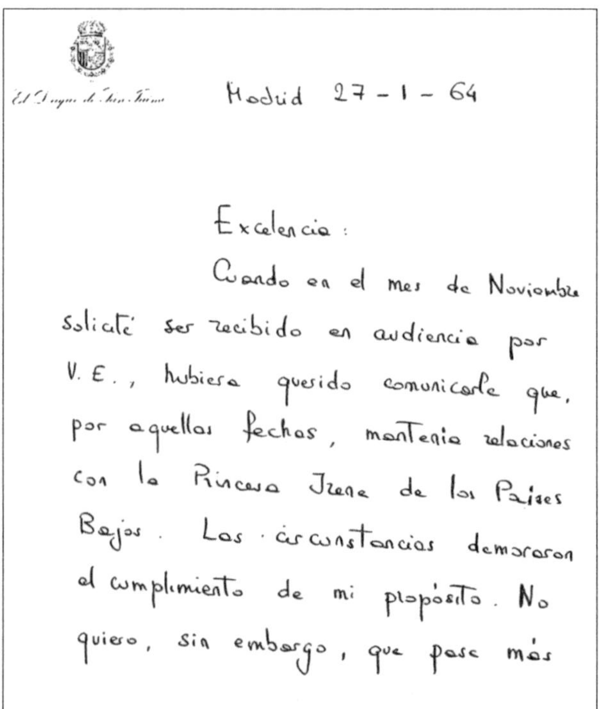
Madrid 27 - 1 - 64

Excelencia:

Cuando en el mes de Noviembre solicité ser recibido en audiencia por V. E., hubiera querido comunicarle que, por aquellas fechas, mantenía relaciones con la Princesa Irene de los Países Bajos. Las circunstancias demoraron el cumplimiento de mi propósito. No quiero, sin embargo, que pase más

Prins Hugo van Bourbon-Parma, medio jaren veertig.

Prins Xavier van Bourbon-Parma, datum onbekend.

De bruiloft van Xavier en Madeleine, 1927. V.l.n.r.: de moeder van Xavier, prinses Maria Antonia van Braganza, prins Xavier, zijn zuster, ex-keizerin van Oostenrijk Zita, en de bruid prinses Madeleine van Bourbon-Busset.

Prinses Madeleine van Bourbon-Busset.

Karel IV van Spanje en zijn familie, geschilderd door Francisco Goya (linksachter). Midden: koning Karel IV en echtgenote María Luisa. Uiterst rechts: prinses Luisetta en Lodewijk van Bourbon-Parma, voorouders in de mannelijke lijn van Carlos Hugo. De baby werd de grootvader van Robert I, hertog van Parma (1849-1907), grootvader van Carlos Hugo. Links: de latere koning Ferdinand VII (1784-1833). Links achter hem, zijn broer, Carlos María Isidro, de latere aanvoerder der carlisten.

Ferdinand VII (1784-1833), die zich in 1833 liet opvolgen door zijn dochter Isabel in plaats van door zijn broer Carlos, waarna de eerste carlistische oorlog uitbrak.

Carlos María Isidro van Bourbon (1788-1855), de broer van Ferdinand VII.

Karel IV van Habsburg, zijn vrouw, koningin Zita en kroonprins Otto, tijdens hun kroning tot apostolisch koning en koningin van Hongarije in Boedapest, 30 december 1916.

Op de voorgrond: Carlos VII van Bourbon; achter hem v.l.n.r.: de graaf van Caserte, Henri van Bourbon-Parma en zijn broer Robert, hertog van Bourbon-Parma, 1872.

Robert, hertog van Bourbon-Parma, met zijn familie, circa 1907.
Rechts van het midden: Xavier, naast zijn moeder, María Antonia van Braganza.

Drie van de vier zusters van prins Carlos Hugo: prinses Marie-Thérèse, prinses Cécile en prinses Marie des Neiges.

Prins Xavier (links) voor het kasteel van Lignières, met prinses Madeleine (rechts), prinses Marie-Thérèse, prins Sixtus, prinses Marie des Neiges en prinses Cécile.

Prins Juan Carlos van Bourbon voor de Militaire Academie van Zaragoza, 1957.

Ramón Massó Tarruella (1928-2017), de particulier secretaris van prins Carlos Hugo.

Generaal Francisco Franco (1892-1975).

Prins Carlos Hugo maakt zijn debuut op de Montejurra als erfprins van het carlisme, 1957.

Prins Juan Carlos van Bourbon en prinses Sofía van Griekenland met hun bruidsmeisjes. Links: prinses Alexandra van Kent, prinses Tatiana Radziwiłł, prinses Benedikte van Denemarken, prinses Irene van Griekenland. Rechts: prinses Anna Maria van Denemarken, prinses Anna van Frankrijk, prinses Irene van Holland en prinses Pilar van Spanje.

Prins Juan Carlos en prinses Sofía.

Prins Juan Carlos van Bourbon (links) met zijn vader, prins Juan, tijdens een zeiltocht, april 1960.

Prins Carlos Hugo als mijnwerker in de Pozo del Sotón, 1962.

Prins Carlos Hugo en prinses Irene, die een symbool van trouw aan de christelijke kerk om haar hals draagt, 1966.

Terwijl ambassadeur Van Panhuys bungelde en in Nederland links en rechts geruzied werd over de vraag of constitutionele grenzen overschreden waren, beschikte Franco nu over informatie die bij de Nederlandse regering nog niet bekend was: namelijk dat Irene, prinses der Nederlanden, zich bekeerd had tot het katholicisme en verloofd was met Carlos Hugo van Bourbon-Parma.

Irene was zich van geen kwaad bewust. Zij wilde voor haar echtgenoot doen wat ze kon en hoopte dat haar verloving met hem zo snel mogelijk bekendgemaakt kon worden. Ze had laten zien dat ze voor Spanje een rol als ambassadrice kon vervullen. Maar over haar geloof had ze zich nog niet uitgelaten. Uit het huwelijk van Sofía en Juan Carlos had Massó een les getrokken. De van huis uit Grieks-orthodoxe Sofía had zich pas ná haar huwelijk met Juan Carlos tot het katholicisme bekeerd, en dat was bij veel Spanjaarden verkeerd gevallen. Massó vond dat Irene beter zo snel mogelijk kon laten zien dat zij het katholicisme uit zichzelf omarmde. Misschien zou Franco dan ook niet langer aarzelen om Carlos Hugo te ontvangen.

Voor Irene wás het geloof een eigen keuze. Zelf voelen en vinden, was de kern van haar hele Spaanse missie. 'Ik wist bij het katholiek worden met absolute zekerheid dat het zo moest zijn,' zou ze jaren later zeggen, 'dat het boven alle menselijke en historische belangen uit ging.'[33] Op de middag van 29 januari, twee dagen na de publicatie van het interview in *De Telegraaf*, ontving de Spaanse societyjournalist Jaime Peñafiel, die eerder Carlos Hugo's optreden in de mijn van Asturië 'onthuld' had, weer een telefoontje, dit keer anoniem. Een mannenstem meldde nu dat hij zich onmiddellijk naar de San Jerónimo el Real in Madrid moest begeven voor een scoop. Aangekomen bij die kerk, trof hij Irene, samen met Rosario de Andrade, knielend voor het altaar.

De hoofddirecteur van de Rijksvoorlichtingsdienst, Gerrit Jan Lammers, kon zich de haren wel uit het hoofd trekken. Een dag eerder, op 28 januari, had hij zich op het Binnenhof gemeld bij de secretaris-generaal van het ministerie van Algemene Zaken, Buurt van Nispen, om hem te vertellen over een 'moeizaam' gesprek met koningin Juliana dat 'wel twee uur' geduurd had. 'Doodmoe' achterover leunend, had hij aan Van Nispen verteld dat Juliana een 'sensationeel' bericht wilde uitgeven, waar het kabinet niets van af wist. Over de inhoud van dat bericht had hij niets kunnen zeggen, maar hij meende het wel 'zo geplooid' te hebben dat de ministers 'erbuiten' bleven.[34]

De volgende ochtend, op 29 januari, was Lammers opnieuw bij Van Nispen 'binnen geploft'. Maar nu met meer alarmerende woorden: 'Zet licht op rood, ik móét met je praten.'[35] Daarop had hij een concepttekst uit zijn tas gehaald, waarin namens de koninklijke familie gemeld werd dat prinses Irene katholiek geworden was.[36]

Omdat de ministers hierover niet ingelicht waren, had Lammers Juliana gevraagd het bericht uit te brengen in Irene's eigen naam. Zij bevond zich toch twee stappen verder van de troon dan de koningin. Irene had daarop tot 's avonds 'om bedenktijd' gevraagd, maar in afwachting van haar antwoord waren de foto's van Peñafiel verschenen.[37]

Een mediastorm volgde. Wanneer was de prinses katholiek geworden? Wanneer was het kabinet ingelicht?

Ging Irene zich met iemand verloven? Welke staatsrechtelijke consequenties zou dat hebben? Een officieel bericht kon niet uitblijven. De volgende dag meldde Irene's particuliere secretariaat dat zij 'na lang en rijp beraad' tot de rooms-katholieke kerk was toegetreden. Ze was 'sterk geïnteresseerd in oecumenische toenadering' en erkende 'een sterk gemeenschappelijke basis in alle christelijke kerken', maar haar voorkeur ging uit naar 'het rooms-katholieke christendom in oecumenisch licht gezien'.

De poging de bekering 'in het licht van de oecumene' voor het streng protestante volksdeel minder donker te maken, was tevergeefs. In het gereformeerde en meest koningsgezinde deel van Nederland barstte de verontwaardiging over het 'verraad' van Oranje los. Volgens de protestanten lag de Hollandse identiteit verankerd in de bevrijding van katholieke overheersers. De overstap van Irene betekende verraad aan dat verleden, en aan de heilige band tussen volk en Oranje, die zij koesterden. De oecumene was een vals argument: toenadering zoeken tot een ander geloof was iets anders dan ertoe overgaan.

Piet Jongeling, voorman van het Gereformeerd Politiek Verbond (GPV), noemde het een 'zwarte dag'. Keuze van godsdienst was weliswaar persoonlijk, maar Irene was een publiek persoon die hoorde tot het Oranjehuis, dat 'een reformatorische grondslag' had. Ook de Staatkundig Gereformeerde Partij (SGP) ontving het bericht dat Irene 'de reformatorische traditie van het Oranjehuis had prijsgegeven om naar Rome terug te keren' met 'grote droefheid'. Het *Gereformeerd Gezinsblad* schreef dat het beste dat men voor de prinses nu kon doen, 'bidden' was. Maar daarmee kon toch niet voorkomen worden dat op een protestants-christelijke school in het gereformeerde dorp Tholen haar naam van de gevel gerukt werd.[38]

De bekering van Irene legde de vinger op een zweer die juist genezende was. De katholieken waren in Nederland geen marginale groep meer. Sinds 1853 was de bisschoppelijke hiërarchie hersteld. Met eigen scholen, een eigen omroep en een succesvolle politieke partij, die sinds 1918 regelmatig een premier leverde, hadden zij hun achterstelling ingehaald. De gemeenschappelijke Duitse vijand had de verschillen tussen religies verzacht en door ontkerkelijking losten harde scheidslijnen langzamerhand op. Maar de vraag waarom een potentiële troonopvolger in Nederland dan eigenlijk niet katholiek kon zijn, bracht oud zeer naar boven. In de Grondwet stond niet dat het niet kon, en nu de kwestie op tafel lag, kwam aan het licht hoe diep de kloof nog was.

5

De aankondiging

Nadat premier Victor Marijnen (KVP) op zijn vakantieadres gebeld was over de foto van een biddende Irene in de San Jerónimo el Real, wilde hij weten wat er in Spanje in godsnaam aan de hand was. Minister van Staat Willem Drees, aartsvader van het naoorlogse Nederland, wees tijdens een gesprek met vicepremier Barend Biesheuvel (ARP), die Marijnen tijdens zijn vakantie verving, op de 'onrust' die binnen de PvdA ontstaan was over Irene's kennelijke banden met het Franco-regime. Als zij daar kinderen krijgt, vroeg hij zich af, zouden zij dan op de Nederlandse troon komen? De koningin moest ‘deze dingen niet als louter privéaangelegenheden’ behandelen, vond hij.[1]

Omdat Marijnen nog een lange reis over bergpassen voor de boeg had, belde Biesheuvel de koningin op 31 januari alvast op. Maar heen en weer geslingerd tussen haar moederlijke en haar constitutionele wezen, wilde de koningin op zijn vragen geen antwoord geven. Toen Biesheuvel vroeg of nu toch niet ‘iets naders over de toekomst gezegd’ kon worden, antwoordde ze dat ze eerst ‘een kwartier wilde wandelen’. Even later belde haar particulier secretaris, Jan van der Hoeven, terug met de mededeling dat Irene pas in maart bekend kon maken wat haar plannen waren. ‘Het paar,’ zei ze, had ‘onoverkomelijke bezwaren’ om de verloving al eerder bekend te maken.[2]

‘Eindelijk die woorden eruit!’ noteerde Van Nispen in zijn dagboek achter deze zin. Terwijl Franco al wist met wie Irene ging trouwen, had de Nederlandse regering namelijk nog altijd niet vernomen dat zij überhaupt met iemand een ‘paar’ vormde.

Op zaterdag 1 februari ging Marijnen na zijn terugkeer meteen naar de koningin, die eindelijk wat meer losliet. Van Nispen noteerde: ‘Het blijkt nu dat de verkozene van Irene een 33-jarige Spanjaard is. Is hij vrij van Franco-smet? Hij wil enkele weken hebben om zich anti-Franco te gedragen! Het schijnt een grote optimist te zijn.’ Juliana had volgens Van Nispen moeite ‘om als koningin te beslissen, anders dan zij als moeder van haar gezin zou doen’.[3] Tijdens de bijzondere kabinetsvergadering die op 3 februari belegd werd, maakte Marijnen meer details vertrouwelijk bekend. Het ging om ‘Hugo de Bourbon-Parma’. Hij, zo noteerden de ministers Edzo Toxopeus en Veltkamp in hun aantekeningen, 'behoort tot een extreemrechts milieu' dat uit een 'democratische benadering ons minder ligt'. Maar de koningin was 'zeer op de verloofde gesteld' en meende dat hij 'niet representeert wat men aan zijn familie toeschrijft'.[4]

Infarct

Terwijl in Nederland driftig gediscussieerd werd over geloofsrichtingen, de Staat, het Koninklijk Huis en Franco, werd de pr-campagne in Spanje voortgezet. Om de traditionalistische achterban te overtuigen van haar katholieke gezindheid, reisde Irene naar Virgen del Pilar, een populair pelgrimsoord in Zaragoza. Carlos Hugo had dat oer-Spaanse katholieke heiligdom ook bezocht toen hij als 'prins van Asturië' voor het eerst naar Spanje kwam. Irene werd ontvangen door aartsbisschop don Casimiro Morcillo. Na een door hem opgedragen mis kuste ze de hand van de Virgen del Pilar (Maagd van de Pilaar) waarna ze in het 'gouden boek' van de kerk verklaarde erop te vertrouwen dat de Maagd haar 'onder haar mantel' zou nemen. Een foto van het bezoek verscheen op 2 februari in de Spaanse krant ABC, precies zoals bedoeld. Maar ook in Nederland, en daar was dat weer olie op het vuur.

Premier Marijnen besefte intussen dat hij op een staatsrechtelijk infarct afstevende. Aan alle kanten werd informatie verspreid, niet in de laatste plaats door Irene en Carlos Hugo zelf, terwijl het kabinet en vooral de Rijksvoorlichtingsdienst van alle geheimzinnigheid de schuld kregen. Aan het 'politieke motief' van het paar om de verloving voorlopig geheim te houden, had Marijnen onderhand geen boodschap meer. Van hem mocht Irene in Spanje doen wat zij wilde, hij wilde daarvoor alleen niet verantwoordelijk zijn. Als zij weigerde om te zeggen dat ze zich verloofd had, moest de koningin 'afstand' van haar nemen, zei hij.[5]

In een poging om prinses, familie en Staat toch bij elkaar te houden, reisde Juliana's particulier secretaris, Van der Hoeven, op 2 februari naar Madrid. Hij moest Irene aan het verstand brengen dat 'de constitutionele positie van het vorstenhuis primair' is, dat 'de belangen van de a.s. echtgenoot daaraan ondergeschikt zijn' en dat als een troonopvolgster zich verloofde, het Nederlandse volk het recht had dat te weten.[6] Van Nispen noteerde intussen: 'Hij [Carlos Hugo] wil alvorens verloving bekend te maken, zijn politieke aspiraties wat verder verwezenlijken. Bovendien moet er afstand zijn – aldus Hugo waarschijnlijk – tussen het katholiek worden van Irene en de huwelijksaankondiging om de indruk te minderen dat zij om hem katholiek werd.'[7]

Omdat de sfeer in de ambtswoning van Van Panhuys intussen om te snijden was, had Irene besloten de stad te verlaten. Medewerkster Carmen Soler had het vakantiehuis van haar familie in het Catalaanse dorp Sant Quirze Safaja aangeboden om op adem te komen. Nadat Irene die zondag een mis bijgewoond had van priester Martínez Costa bij de vrouwelijke afdeling van Opus Dei, wachtte een van Carlos Hugo's secretarissen, Pepe Zavala, haar op om naar Catalonië te rijden. Tot zijn verrassing zag hij een oudere heer in haar auto zitten. 'Dat is de privésecretaris van mijn moeder,' zei Irene. 'Hij moet mee, want hij wil praten met mij en Hugo.' Ze gingen met vier auto's: Irene, Carmen Soler en Van der Hoeven in de ene, Carlos Hugo en zijn zusje Cécile in de andere, en Pepe Zavala, Ramón Massó en de medewerksters Guadalupe Ferchen en Conchita Zuazola in nog twee auto's.

Het gesprek met Van der Hoeven, dat een dag later plaatshad in Barcelona, ontaardde al snel in 'getouwtrek'. Carlos Hugo bleek niet alleen het recht op de Spaanse troon te claimen, hij accepteerde ook niet dat Irene háár rechten in Nederland zou verliezen als zij met hem trouwde. Van der Hoeven rapporteerde aan Den Haag dat hij bij Irene 'wel begrip' ontmoette en zelfs de indruk had dat zij naar Nederland wilde komen, maar dat ze 'min of meer in de ban' verkeerde van haar verloofde.[8]

In een gesprek met Carlos Hugo alleen stelde Van der Hoeven de volgende dag een harde eis: als hij wilde dat Irene haar rechten op de Nederlandse troon behield, moest hij afzien van zijn claim op de Spaanse troon. Hij verliet daarop de ruimte om met Irene te overleggen. Even later verscheen Irene met de mededeling dat de verloving in dat geval verbroken zou worden. Daarop werden de besprekingen gestaakt. Van der Hoeven, door Carmen Soler teruggebracht naar het Ritz Hotel, zei dat het 'de droevigste dag' van zijn leven was.[9]

De ogenschijnlijk onschuldige privékwestie van de verliefde prinses was politiek dynamiet geworden. 'Ik heb een van mijn moeilijkste missies te doen,' zei Marijnen tegen Van Nispen. Hij vroeg drie ministers om met hem het zogenaamde 'Irene-kwartet' te vormen, waarin alle vier de partijen van zijn centrumrechtse kabinet vertegenwoordigd waren, van hervormd en gereformeerd tot katholiek en liberaal: Ynso Scholten (CHU), Barend Biesheuvel (ARP), Edzo Toxopeus (VVD) en hijzelf (KVP). De katholieke vicepresident van de Raad van State, Louis Beel (KVP), en secretaris-generaal Van Nispen adviseerden op de achtergrond. Tijdens hun middagpauze bespraken Beel en Van Nispen op 3 februari 'wat verder te doen'. Beel aarzelde over het afstand doen van rechten door Irene. Nergens stond dat katholieken in Nederland geen koning konden worden. Maar hij vond, net als Van Nispen, dat als Hugo zijn strijd om de troon in Spanje doorzette, Irene haar troon moest opgeven.[10] Twee tronen tegelijk dienen mocht eeuwenlang dan koninklijk gebruik geweest zijn, in een moderne natie werkte dat zo niet.

Van Nispen vond Carlos Hugo's politieke plannen 'naief'. 'Wil hij daarom Irene?' vroeg hij zich af. 'Offert hij I. daaraan op?' Hij 'moest toegeven' dat Irene afstand van haar rechten moest doen als Carlos Hugo koning van Spanje wilde worden. Het hinderde hem alleen dat 'toch een verband wordt gelegd met het katholiek worden'. Hij begreep de 'pijn van de protestanten', maar ook was er 'de pijn van de katholieken, indien gesteld wordt dat er geen katholieke koningin mag zijn'.[11]

In Nederland groeide de opwinding intussen met de dag. Een vlaggenfabriek in Vlaardingen meldde alles intussen klaar te hebben om 'binnen vijf minuten op grote schaal Spaanse vlaggen te produceren'.[12] Franco, intussen, had nog altijd niks van zich laten horen.

Moeilijke tijd

Bernhard en Juliana waren op 4 februari vervroegd teruggekeerd uit Innsbruck, waar Juliana een gouden medaille had uitgedeeld aan ijsdanseres Sjoukje Dijkstra. Het kon niet anders dan dat er een verlovingsaankondiging kwam, schreven de kranten. Maar die middag zagen verslaggevers op de achterbank van de hofauto die het vliegveld van Soesterberg verliet alleen een sombere Van der Hoeven zitten.

Hij reed rechtstreeks door naar Soestdijk, voor een gesprek met Juliana, Bernhard en premier Marijnen. Carlos Hugo was 'charmant', vertelde hij, maar had 'geen begrip voor de Nederlandse situatie'. Tussen Bernhard en Juliana was het die avond volgens Van Nispen 'weer helemaal verkeerd'.[13] Juliana wilde haar dochter terwille zijn. Maar Bernhard had genoeg van de spelletjes van Carlos Hugo. Had hij zelf niet tegen Van der Hoeven gezegd dat hij de verloving zou verbreken? Dan was dat nu toch een feit? Marijnen was het met hem eens. 'Constitutionele kroon bijeenhouden' had Van Nispen die ochtend al genoteerd. En die avond: 'Periculum in mora!' (In getreuzel schuilt gevaar!)[14] Rond halfelf ging er een nieuwe schok door het land, toen Juliana via de radio meldde dat de verloving van Irene verbroken was. 'U zult meevoelen dat onze dochter dus een bijzonder moeilijke tijd doormaakt,' zei ze. 'Het drama – voorlopig – ten einde,' schreef Van Nispen. 'Zo ik vreesde: Irene het slachtoffer. Van wie? Van Hugo en zijn ambities? Of omdat hij "eraf" wilde? Van Nederland dat te zeer op openheid aandrong?'[15]

De volgende dag, 5 februari, wist niemand waar Irene

was. Correspondent Joost de Ruiter van *De Telegraaf* wist te vertellen dat zij zich in een 'jezuïtisch klooster in Pamplona' bevond.[16] In werkelijkheid was zij met Carlos Hugo en zijn medewerkers in het Catalaanse Sant Quirze. Zij wisten nog van niets en dachten dat de bal wel spoedig hun kant op zou rollen. Nu Carlos Hugo zijn spierballen getoond had, was het wachten op water bij de wijn en tot die tijd leek onder de radar blijven het verstandigst. Omdat Irene zich intussen zorgen maakte om haar moeder, besloten ze 's middags naar het naburige stadje Granollers te rijden om vanuit daar een telefonisch teken van leven te geven. Irene lachte zich volgens Massó een 'deuk' omdat Carlos Hugo zó hard reed, dat zijn medewerkers verstijfd van angst op de achterbank zaten.

Zodra verbinding gemaakt was met Juliana, sprak Irene een paar korte zinnen in de hoorn: 'Niet nerveus worden,' zei ze tegen haar, 'niets doen en niets zeggen, anders verbreekt Hugo de verloving.' Daarna hing ze op. Pas die avond hoorden ze tot hun verrassing op de Spaanse radio dat Juliana de breuk van hun verloving had aangekondigd. Dát was niet de bedoeling. Het afblazen van het huwelijk was voor hen helemaal nooit een optie geweest, ze hadden er alleen mee willen dreigen. Ze besloten nog dezelfde avond terug naar Madrid te rijden. Toen ze onderweg neerstreken in een restaurant bij Zaragoza, vertoonde de televisie daar juist beelden van Paleis Soestdijk met de mededeling dat de Hollandse prinses 'verdwenen' was. Hugo nam alles schijnbaar kalmpjes op. De wijn in het restaurant vond hij zo lekker, schreef Massó, dat hij een aantal flessen kocht en in zijn auto laadde.[17]

Juliana kon de spanning intussen niet meer aan. Zij wilde haar dochter zelf op gaan halen. Dat mocht alleen, zei Marijnen, als ze zeker wist dat zij ook met haar terug zou keren. Op 6 februari vlogen Bernhard en Juliana naar Parijs om met de ouders van Carlos Hugo te praten. Als tijdens dat gesprek zou blijken dat Irene bereid was om naar huis te komen, zouden ze doorvliegen naar Barcelona om haar op te halen.[18] Maar in Parijs ontstond met Xavier en Madeleine volgens Massó een 'heftige discussie' en verslaggevers noteerden hoe het koninklijke vliegtuig dat die middag in Parijs geland was, 's avonds alweer terugkeerde in Amsterdam. Zónder prinses. Dit, meende Van Nispen, 'veroorzaakte een crisissfeer in het land'.[19]

Op weg van Catalonië naar Madrid, hadden Carlos Hugo en Irene intussen besloten van strategie te veranderen. Op Franco zou de vermeende breuk een slechte indruk maken. Het moest zo snel mogelijk rechtgezet worden. Dán maar op de voorwaarden van de Nederlandse regering en zónder dat Franco vooraf de Spaanse nationaliteit beloofde. Op de ochtend van 7 februari meldde Carlos Hugo telefonisch aan Juliana dat Irene toch bereid was afstand te doen van haar rechten op de troon en dat 'snel gehandeld' zou worden.[20]

Marijnen had die ochtend met de koningin gesproken. Dat was 'weer bijzonder moeilijk' geweest, meldde hij op 7 februari aan de ministerraad. Juliana had Marijnen verteld 'dolgelukkig' te zijn met het feit dat het paar zich weer verzoend had. Zij had het gevoel dat de aankondiging van de breuk 'als een shocktherapie had gewerkt, waardoor de twee gelieven elkaar weer gevonden hadden'.[21] Vervolgens was gebleken dat zij en Bernhard weer niet op één lijn zaten. Hij had de hoorn van zijn vrouw overgepakt, om te zeggen dat Irene nog enkele dagen 'in retraite' in Spanje zou blijven. Daarop had Marijnen gezegd dat hij met Juliana juist besproken had dat ze terugkwam. Dit gaf 'commotie' in de huiskamer, waarna Bernhard de hoorn weer teruggaf aan zijn vrouw met de opmerking dat hij het dan maar aan haar overliet. De ministerraad moet zich ervan bewust zijn, zei Marijnen, 'dat men te maken heeft met een familie die niet begrijpt wat democratie is'. Minister Toxopeus vroeg zich af 'of wij in Nederland nog een constitutionele monarchie hebben' en minister De Jong sprak zelfs van een mogelijk 'einde van de monarchie'.[22]

Dat van een definitief verblijf van Irene in een klooster in ieder geval geen sprake was, vernam Van Nispen die ochtend: '9.05 Irene toch verloofd,' noteerde hij. 'Zij wil afstand doen van rechten op de troon.' Vanaf nu noteerde hij per minuut hoe de gebeurtenissen zich ontrolden. Zijn voorganger op Algemene Zaken, C. Fock, die de Greet Hofmans-crisis had meegemaakt, had hem eerder al op het hart gebonden: 'Maak aantekeningen, anders gaat het Koninklijk Huis je straks verwijten maken.'[23]

Massó was in Madrid begonnen met het regelen van de logistiek en het maken van persdossiers over Carlos Hugo. Toen hij Irene's thuiskomst in verband daarmee een dag uitstelde, raakte het geduld in Den Haag op. Marijnen sprak 's middags op 'dringende' toon met de koningin. 'U moet weten, Majesteit, dat alles van Irene op u terugslaat.'

Het contact met Irene verliep volgens Van Nispen via een zusje van Carlos Hugo in Parijs, dat weer een zusje belde in Madrid, dat op haar beurt 'onder vermomming' Irene bereikte. Dit begon haast op een ontvoering te lijken. Van der Hoeven stelde voor een 'dwangbevel' uit te vaardigen, of anders 'opsporing' door de Spaanse politie. 'Hugo,' meende hij, 'durft toch niet een blamage aan?' Van Nispen noteerde: 'Schaper sturen?' Heije Schaper, de chef van het Militaire Huis van de Koningin, was een Friese ex-oorlogsvlieger, die in oktober 1940 krijgsgevangen gemaakt was nadat hij met een watervliegtuig verzetsstrijders had proberen op te pikken uit het Tjeukemeer.[24]

Rond drie uur kwam er goed nieuws: er was 'kans' dat Irene de volgende dag in de loop van de middag zou komen. Om 15.41 uur werd dit door de koningin aan Marijnen bevestigd: 'Irene komt!' Om 17.20 uur noteerde Van Nispen dat Irene de volgende dag om twee uur klaar zou staan op het vliegveld. Bernhard had volgens Juliana 'dreigende taal' tegen haar gesproken. 'Als je niet thuiskomt, kun je wel opkrassen en ben je bij ons een outcast.' Carlos Hugo's zusje Marie-Thérèse vloog naar Nederland, begeleid door de Poolse baron Kniacioluski die een goede vriend en adviseur was van Xavier. Zijn andere zusje, Cécile, zou met Bernhard, Carlos Hugo en Irene meereizen. De ouders van Carlos Hugo zouden vanuit Parijs naar het vliegveld van Madrid komen. Daar had Massó journalisten uitgenodigd. Carlos Hugo zou de stad namelijk niet verlaten vóór zijn verloving op Spaanse bodem publiekelijk was aangekondigd.

Maar een familieaankondiging op het vliegveld was niet waar Bernhard voor naar Madrid kwam. Hij ging zijn dochter ophalen, niet Carlos Hugo. En of de verloving doorging, viel wat hem betreft nog te bezien. 'Laat hij maar meekomen,' had Juliana tijdens het laatste overleg daarentegen gezegd. De 'felle' Nederlands-hervormde Ynso Scholten en de liberale Edzo Toxopeus hadden daarop nee geschud. 'Hij gaat hier carlistisch doen,' vreesde Toxopeus. Marijnen was het daarmee eens. Carlos Hugo moest in Madrid blijven. Aan de afspraak met Bernhard moest vastgehouden, vond hij. 'Anders verwarring.'[25]

Bij Carlos Hugo bestond intussen helemaal geen twijfel. Natuurlijk ging hij met Irene mee naar Nederland. En zijn zussen ook. Zijn ouders waren vanuit Parijs al op weg naar Madrid om bij het historische moment van de aankondiging aanwezig te zijn.

Endspiel op Barajas

Het vliegveld van Barajas werd op zaterdag 8 februari 1964 het toneel van twee haaks op elkaar staande dynastieke pr-scenario's. Bernhard kwam om zijn dochter op te halen, Carlos Hugo om zijn verloving met haar aan te kondigen.

Massó reed met Cécile en zijn medewerkers Pepe Zavala en Conchita Zuazola in een Renault 8 naar de vertrekhal, waarna een KLM-busje hen naar het koninklijke vliegtuig bracht. Bernhard was om kwart voor een op Barajas geland met de Fokker Friendship. Daar ontving hij eerst ambassadeur Van Panhuys. Een halfuur later beklom het zusje van Carlos Hugo, Cécile, de vliegtuigtrap. Van

Panhuys, door de verlovingsaffaire zelf zwaar beschadigd, keek haar bij het verlaten van het vliegtuig volgens Massó 'triomfantelijk' aan, met een blik van: 'Dit spelletje is uit.'

Cécile – door Van Nispen later omschreven als 'de felste, maar ook geschikt voor een Theresa van Ávila-rol'[26] – stelde een harde eis: de verloving moest aangekondigd worden op Barajas. Toen Bernhard weigerde, verliet ze het vliegtuig. Met Massó begaf ze zich daarop naar het kantoor van KLM om een telefoongesprek met Paleis Soestdijk aan te vragen. Juliana en Bernhard waren het met elkaar wel vaker oneens, wisten zij. Misschien wilde de koningin de verloving wél bekendmaken. Maar toen het telefoontje geweigerd werd, zat er niets anders op dan Carlos Hugo het nieuws te melden: 'Bernhard wil niet in Madrid annonceren.'

'Nou,' zei hij, 'dan komen we niet.'

Massó besefte dat een precair moment was aangebroken. Als Bernhard zijn dochter niet mee naar huis kreeg, zou Van Panhuys de Spaanse autoriteiten inschakelen en zou een diplomatiek schandaal losbarsten, dat de reputatie van Carlos Hugo en de carlisten zwaar zou beschadigen. Massó nam de telefoon van Cécile over en beval Carlos Hugo zo snel mogelijk met Irene naar Barajas te komen. Tegen Cécile zei hij: 'In de politiek moet je soms van strategie veranderen.'

Om tien voor drie kwamen Irene en Hugo in een grijze Alfa Romeo de landingsbaan op rijden. Omdat de deur van de auto aan de bijrijderskant kapot was en in- en uitstappen daar alleen mogelijk was door over de stoel naar de achterbank te kruipen, werd de auto bestuurd door Irene.

Bernhard was verbaasd om Carlos Hugo naast zijn dochter in de auto te zien zitten. 'Wat doet híj hier?' vroeg hij volgens Massó. Irene parkeerde de auto vlak bij het koninklijke vliegtuig. Zij stapte, en Carlos Hugo kroop uit de auto. Samen liepen ze naar Bernhard, die op de landingsbaan voor het vliegtuig stond. Toen Irene omringd door journalisten haar vader omhelsde, 'lachte en huilde' ze. Bernhard, zelf ook geëmotioneerd, begroette nu ook Carlos Hugo. '*Bravo, muchachos*' (Bravo, jongens), zei hij.

Irene verklaarde 'erg gelukkig' te zijn, en Carlos Hugo zei dat hij de afgelopen dagen met haar 'in de bergen rond Barcelona' geweest was 'om de drukte te ontlopen'. Intussen was de spanning om te snijden. Wie deed voor het oog van de camera's de eerste stap? Cécile, volgens Massó begiftigd met een 'snelle en briljante intuïtie', spoedde zich naar de transithal, waar haar ouders, intussen aangekomen uit Parijs met als zogenaamde eindbestemming Lissabon,[27] zaten te wachten. In de chaos van het moment ('die dag was op Barajas alles mogelijk,' volgens Massó) lukte het haar Xavier zonder paspoort langs alle controles te voeren en weer bij het vliegtuig te komen. Nadat ze zich een weg door de persmenigte gebaand hadden, stelden Xavier en Madeleine zich op naast hun zoon en Irene en Bernhard. Toen de fotocamera's klikten, was de verbintenis tussen de huizen van Bourbon- Parma en van Oranje in Spanje, althans visueel, een feit. Massó juichte vanbinnen. Carlos Hugo had zijn rivaal Juan Carlos, die zijn verloving destijds vanuit Lausanne had moeten aankondigen, overtroefd.[28]

Om 15.22 uur noteerde Van Nispen in zijn dagboek: 'Irene & Carlos in het vliegtuig aan het praten.' Om 15.38 uur: 'Vliegtuig opgestegen met prins, prinses en De Bourbon,' en om 16.00 uur: 'Prinses Cécile ook aan boord.'[29]

De tonelen die zich die zaterdagavond rond acht uur afspeelden rond Paleis Soestdijk, waren volgens het *Algemeen Handelsblad* 'waarschijnlijk uniek in de gehele Nederlandse historie'.[30] Honderden mensen, die zich 'letterlijk langs politie en marechaussee vochten', hadden zich in afwachting van de thuiskomst van Irene verzameld rond Soestdijk.

Volgens Massó had de Poolse baron Kniacioluski in het verzamelen van die menigte de hand gehad. Hij was met Marie-Thérèse vooruit gereisd naar Soestdijk, waar zij in een nogal gespannen sfeer samen met koningin Juliana de thuiskomst van Irene hadden afgewacht. Toen Juliana telefonisch had doorgekregen dat niet alleen zij, maar ook Carlos Hugo en Cécile aan boord van het vliegtuig waren, had zij, 'nerveus' geworden, opdracht gegeven niet op Schiphol, maar op Soesterberg te landen. Baron Kniacioluski, die vreesde dat het publicitaire moment op het kleinere vliegveld verloren zou gaan, had zich daarop het paleis uit gespoed om 'onder alle journalisten' die hij tegenkwam en 'in alle cafés en cafetaria's van Baarn' het nieuws van de aanstaande landing op Soesterberg te verspreiden. Zodra de radio melding maakte van het nieuws, bewoog een mensenmassa zich richting vliegveld en paleis.[31]

Toen de auto met daarin de verloofden in de vroege avond bij Soest stilhield voor een spoorwegovergang, wierp een menigte zich erbovenop. In een 'massale ren door struiken, rozenperken en over gazons' ontlaadden zich in de tuin van Soestdijk even later 'alle gevoelens van sympathie, pathetiek, dramatiek en ergernis' van de afgelopen week. Terwijl Bernhard, Juliana, Irene, Carlos Hugo en Cécile uit de auto stapten, zei Bernhard: 'Wacht u toch even, we gaan wel op het bordes staan.' Even later verscheen Irene met een 'triomfantelijk glimlachje' naast Carlos Hugo en haar ouders op het bordes. 'Hijgend, vals en ongelijk,' maar 'toch zo indrukwekkend dat prinses Juliana tranen in haar ogen kreeg', zong de menigte in de tuin het Wilhelmus.[32]

Hertog van Madrid

De ministers van het 'Irene-kwartet' waren in een wat minder uitgelaten stemming. Zij moesten die avond in het paleis de officiële verklaringen nog opstellen. Dat deze verloving doorging, leed intussen geen twijfel, maar nu moest nog besloten worden hoe de verloofde genoemd werd. In de administratieve werkelijkheid was hij een Fransman en had zijn titel geen betekenis, aangezien de republiek Frankrijk geen adel kende. Maar zelf dacht hij daar anders over. 'Carlos werd heden hertog van Madrid,' noteerde Van Nispen om 22.30 uur. Dat was de titel van de eerste en de laatste carlistische koning, Carlos VII (1848-1909), die in 1867 getrouwd was met Margarita, de oudtante van Carlos Hugo.

Minister Scholten van Justitie, die de teksten voor de verklaring moest opstellen, meldde dat hij onder zware druk stond. 'Zusje Carlos,' noteerde Van Nispen in zijn dagboek, 'keek mee over Scholtens schouder en verordonneerde: Parma eraf, Hugo eruit, u van Bourbon eruit, hertog van Madrid erbij.'[33] Alles wat aan Carlos Hugo niet Spaans was, wilde hij uit zijn naam verwijderd hebben, en uit een hoge hoed toverde hij een Spaanse titel. Met 'hertog van Madrid' stemde de regering in. Misschien ontbrak de kennis of de tijd om stambomen en adelboeken erop na te slaan. Zijn voornaam mocht Carlos Hugo ook zelf kiezen. Aan het verzoek om 'Parma' uit zijn achternaam weg te laten, werd eveneens voldaan en voor zijn naam werd het woordje 'don' geplaatst. Dat refereert in Spanje niet aan adel, maar wel aan eerbiedwaardigheid. Alleen 'Borbón' in plaats van 'Bourbon', werd niet geaccepteerd. Waarschijnlijk vreesde de regering daarmee te veel in het vaarwater van de Spaanse familie de Borbón te komen.

Carlos Hugo onderging die nacht een ware gedaanteverandering. In de verklaring die rond drie uur aan de pers verstrekt zou worden heette hij: 'Don Carlos Hugo de Bourbon, hertog van Madrid'. Hoewel hij een Franse achternaam had, werd hij een Spaanse hertog. Het Italiaanse verleden verdween uit zijn achternaam en zijn nationaliteit kwam in de lucht te hangen.

Maar dit viel nog in het niet bij de metamorfose van Irene. Zij zou die nacht haar erfelijke positie verliezen. In de ministerraad was hiertoe al besloten, maar Juliana was op het laatst gaan twijfelen. Staatsrechtelijk zou het nu net zijn, zei ze, alsof haar dochter 'dood' was. Bij nader inzien vond Irene dat zelf ook moeilijk. Zou ze het verzoek om goedkeuring niet gewoon in kunnen dienen? Dan moest het parlement het maar afwijzen. Maar Marijnen, die als premier geacht werd om dat soort confrontaties te voorkomen, zag daar niets in. Nog gecompliceerder dreigde alles te worden, toen Carlos Hugo zich die nacht af begon te vragen waarom hij in Nederland eigenlijk niet een rol kon vervullen zoals prins Bernhard. Biesheuvel moest hem toen wijzen op zijn 'carlistische achterban'.[34]

Na lang heen en weer praten was Carlos Hugo degene die de knoop doorhakte. 'Oké,' zei hij volgens Massó, 'het is genoeg geweest.' Irene zou afstand doen van haar rechten. De verloving moest aangekondigd, zonder slag om de arm. Uitgeput besloot Irene die nacht haar historische band met de Staat der Nederlanden definitief door te snijden.[35]

6

Onderhandelingen

Het verloofde paar maakte een ontspannen indruk, en hun families leken verenigd. De maandag na de veelbewogen avond op Soestdijk haalden Bernhard, Juliana, Irene en Carlos Hugo de ouders van Carlos Hugo op van Schiphol. Daarna werd op initiatief van Bernhard een bezoek aan Amsterdam gebracht.

In de open Fiat van Irene sjeesden Carlos Hugo en Irene, gevolgd door twee zwarte hofauto's met daarin hun ouders, via het Rokin naar het Paleis op de Dam, waar zich rond de auto een enthousiaste menigte verzamelde. Na een korte stop bij het paleis werd de tocht voortgezet naar het Amstel Hotel. Carlos Hugo, die 'alles uit de auto probeerde te halen wat erin zat', maakte bij het Frederiksplein 'uit louter automobilistenvreugde' een complete cirkel, zodat hij achter de Rolls-Royce van de koningin kwam te rijden, waarna hij haar op de Sarphatistraat weer inhaalde en met één arm uit het raam wuivend naar omstanders, langs de door de politie inderhaast geplaatste wegafzetting reed. Na een tussenstop in het Amstel Hotel werd met de rondvaartboot Pax onaangekondigd een tocht door de grachten gemaakt. Burgemeester Gijs van Hall haastte zich naar het eindpunt om Carlos Hugo een fotoboek van Amsterdam aan te bieden.[1]

Ramon Massó en Ángel Romera, die intussen ook in Nederland waren gearriveerd, kwamen na het bliksembezoek aan de hoofdstad uitgelaten terug op Paleis Soestdijk. Zij hadden niet geweten dat in het calvinistische Holland zoveel enthousiaste mensen woonden en ook niet dat de familie van Oranje er zo populair was. Eerder waren ze op Soestdijk voorgesteld aan prinses Beatrix. Haar 'houding en gezicht', schreef Massó, getuigden van aanmerkelijk geringer enthousiasme. Het hofpersoneel toonde zich ook niet erg gastvrij. Volgens Massó hadden zij, noch de koninklijke familie of de leden van de Nederlandse regering, 'enig idee' wie prins Carlos Hugo, de leden van de familie van Bourbon-Parma en de adviseurs van Carlos Hugo waren, en hadden ze ook 'geen enkel benul' van wie de carlisten waren. Hoffunctionarissen verzochten Massó en Romera na afloop van het verlovingsdiner zelfs een hotel in Baarn te gaan zoeken. Maar dat weigerden ze. 'Wij sliepen in het Koninklijk Paleis.'[2]

Na de aankondiging van de verloving in Nederland leverde Massó bij Franco's minister van Voorlichting, Manuel Fraga Iribarne, drie brieven af: een van Carlos Hugo, een van Xavier en een van prins Bernhard. Alle drie brachten zij Franco officieel op de hoogte van het aanstaande huwelijk.[3] De status van Bernhards brief was schimmig. Aangezien Irene geen goedkeuring aanvroeg, was de Nederlandse regering bij haar huwelijk niet betrokken en aangezien Carlos Hugo geen Spanjaard was, Franco evenmin. Wat Franco met deze verbintenis van de familie Oranje dan te maken had, was de vraag, maar vermoedelijk wilde Bernhard het huwelijk toch dynastiek gewicht geven.

De Nederlandse regering had in de dagen na de bekendmaking van de verloving de handen vol aan het helen van constitutionele wonden en het smoren van oplaaiende religieuze twisten in Nederland. Terwijl het protestantse volksdeel kardinaal Alfrink de oorlog verklaarde, barstten in gemeenteraden debatten los over de vraag of aan Irene wel of geen gelukstelegram verstuurd moest worden.

De secretaris van de synode van de Nederlands Hervormde kerk, Koeno Gravemeyer, opende in Voorburg de aanval op kardinaal Alfrink, die 'als rooms prelaat' volgens hem 'precies gedaan' had wat hij moest doen: 'In het geniep een prinses van Oranje van haar voorvaderlijk geloof losmaken.' Over de geheimzinnigheid van katholieken moest men niet vallen, zei hij, 'Zo zijn ze. Zo doen ze.'[4]

Juliana was na het Kamerdebat volgens Van Nispen 'in peccavi-stemming': 'Zweeg te lang,' noteerde hij. 'Dankbaar voor redden van de Kroon. Bereid tot gesprek over Voorlichting.'[5] Maar de samenwerking tussen Bernhard en Juliana verliep nog altijd moeizaam. Van der Hoeven rapporteerde over 'complicaties die ontstaan als de koningin als hoofd van haar Huis, en de Prins als pater familias wil handelen'.[6]

Tragikomedie

Voor Carlos Hugo was de belangrijkste vraag intussen of en zo ja wanneer, hij zich een Spanjaard mocht noemen. In de woordvoering was zijn nationaliteit in het midden gelaten, maar vóór de bruiloft plaatshad, moest het wel geregeld zijn. Een dik dossier was Franco ter hand gesteld waarin werd uitgelegd hoe het zat. Het was een lang verhaal, waarvan de bottomline was dat Carlos Hugo's oom, Elias, in 1920 de Spaanse nationaliteit gekregen had, zodat die Carlos Hugo ook gegund moest worden. Marijnen was intussen opgehouden zich te verdiepen in deze zaak, waarin heden, verleden, fantasie en werkelijkheid nog moeilijk van elkaar waren te onderscheiden. Na het huwelijk zou het toch zijn verantwoordelijkheid niet meer zijn.

Op 11 februari vertrok Carlos Hugo naar Madrid. Officieel om 'het terrein te verkennen voor zijn toekomstige activiteiten', maar in werkelijkheid in de hoop Franco van zijn Spaanse origine te overtuigen. De kaarten lagen niet gunstig. Op dezelfde dag dat hij in het vliegtuig naar Madrid stapte, had de Spaanse zaakgelastigde in Den Haag, Emilio Pan de Soraluce, de bekendmaking van de verloving in een brief aan de Spaanse minister van Buitenlandse Zaken, betiteld als een 'tragikomedie'.[7]

De in Wenen wonende Frans Jozef Karel van Habsburg-Lotharingen en Bourbon, had zich intussen woedend tot Franco gericht. Hij had zich al jaren niet meer met de Spaanse politiek bemoeid. Maar toen hij in de krant las dat Carlos Hugo zich uitgaf voor 'hertog van Madrid', de titel van zíjn grootvader, kon hij dat niet over zijn kant laten gaan. Niet alleen had Carlos Hugo geen recht op de Spaanse troon, schreef hij aan Franco, maar als íémand zich 'hertog van Madrid' mocht noemen, dan was hij dat, en niet het mijlenverre familielid Hugo.[8] In Frankrijk was intussen ook de 88-jarige prinses Alice van Bourbon, dochter van Carlos VII, uit haar ballingslaap ontwaakt. Tegenover journalisten verklaarde zij dat Carlos Hugo nog 'geen druppel' bloed had van het geslacht van haar vader.[9]

Maar marinierszoon Franco, de minst koninklijke van allemaal, was intussen de enige die erover ging. Carlos Hugo meldde zich op 12 februari in zijn paleis. Om zijn missie gewicht te geven, had hij José Ignacio Olazábal, de markies van de Vallei van Santiago en ingenieur Clemente Sáenz y Ramón, lid van de Koninklijke Academie van Wetenschappen, meegenomen. Massó was er ook bij. Toen Carlos Hugo na een privégesprek van 'ten minste 35 minuten' (Massó had op de gang op zijn horloge gekeken, beweerde hij) naar buiten kwam, verklaarde hij dat Franco hem gefeliciteerd had met zijn verloving en dat hij hem beloofd had dat met de nationaliteit 'alles in beweging' was.[10]

Aanhangers van Juan van Bourbon beweerden iets anders: Hugo zou niet langer dan vijf minuten binnen zijn geweest en hij zou het gesprek met de baas van Spanje 'staand' hebben moeten voeren.[11]

Wat er binnen ook gebeurd mag zijn, de verwachting dat Franco Carlos Hugo de Spaanse nationaliteit zou geven, kwam in ieder geval niet uit. Franco vond Hugo (hij noemde hem nooit Carlos) een nuttige acteur in het dynastieke spel dat hij speelde met Juan Carlos en diens vader, Juan, maar hij peinsde er niet over van hem een Spanjaard te maken. 'Franco heeft nooit overwogen hem [Carlos Hugo] als opvolger aan te wijzen en heeft bij meer dan een gelegenheid onderstreept dat hij een Fransman was, en geen enkel recht had op de troon van Spanje,' schreef López Rodó in zijn memoires.[12]

Hoe Franco over Carlos Hugo dacht, werd vijf dagen na het onderhoud met hem ook genoteerd door Franco's neef, Francisco Franco Salgado-Araujo ('Pacón'). 'Hugo' mocht zich 'noemen hoe hij wil', had Franco volgens hem gezegd, dit deed niets af aan het feit dat hij 'natuurlijk Frans' was en dat het een slecht idee zou zijn om dat te veranderen. Niet alleen zou het de 'opvolging van het regime bemoeilijken', ook was de 'enige legitieme tak' in Spanje volgens hem 'die van Alfonso XIII en diens nazaten'.[13]

Dat Franco bereid zou zijn tot het 'bereiken van een zeker akkoord' zoals Carlos Hugo steeds gedacht had – en ook nog een tijdje zou blijven denken –, was een misrekening. In het openbaar zei Franco ja noch nee tegen zijn kandidatuur en moedigde hij Carlos Hugo's ambitie aanvankelijk zelfs aan. Maar een serieuze kans wilde hij hem niet geven.

In de weken na de aankondiging van de verloving werd Carlos Hugo in de Spaanse pers vernederd. Vlak na de verlovingsaankondiging onthulde de conservatieve, door Franco gecontroleerde krant ABC dat 'Carlos' in werkelijkheid 'Hugo' heette. Zijn ouders hadden hem in 1930 vernoemd naar de eerste koning van Frankrijk, Hugo Capet. Pas toen voor hem de Spaanse troon in beeld gekomen was, had hij daar in 1962 zelf 'Charles' voor laten zetten.

Toen het secretariaat van Carlos Hugo in reactie een geboortebewijs toonde waarin de naam 'Charles' wel vóór de naam 'Hugues' stond, publiceerde ABC het originele geboortebewijs, dat door de krant was opgediept uit de archieven van de parochie van de Notre-Dame in Parijs. Handgeschreven stond daarin bij de kantlijn aangetekend dat 'op verzoek van de betrokkene' de voornaam 'Hugues' op 20 september 1962 was veranderd in 'Charles'.[14]

'Voor de naam van Carlos zullen we op de burgerlijke stand af moeten gaan,' noteerde Van Nispen. 'De Spaanse nationaliteit schijnt hij niet te hebben. Carlos (eigenlijk heet hij Hugo) knoeit op veel fronten.'[15]

Eind maart maakte de Nederlandse regering officieel bekend dat Irene's verloofde niet de Spaanse, maar de Franse nationaliteit had en dat zijn titel, 'hertog van Madrid', die in het communiqué over de verloving gestaan had, 'geen betekenis' had. Ook besloot Marijnen de voornaam 'Carlos' voortaan maar te vermijden, aangezien die controversieel was.[16] Volgens Irene's vriendin Marijke Arendsen Hein was uit het gebruik van de naam 'Carlos' of 'Hugo' op te maken hoe je over hem dacht. 'Omdat ik aan de kant van Irene stond, noemde ik hem Carlos,' zegt ze.

Carlos Hugo en Irene voelden zich onbegrepen in Nederland. De regering, zei Carlos Hugo later tegen zijn biograaf, had hem ieder contact met de pers verboden, zodat, 'als men spreekt van vrijheid van meningsuiting, alles relatief is'. Het enige wat premier Marijnen volgens hem wilde, was zélf geen problemen krijgen, 'waardoor hij problemen creëerde met de hele wereld en weggleed in moeilijkheden'. Irene sprak later in *Vrij Nederland* van een 'campagne tegen ons'. Ze had het 'nooit begrepen', zei ze.[17]

Waardige huwelijkssluiting

Bernhard had de eigen koninklijke agenda inmiddels losgelaten en werkte zo goed mogelijk samen met Marijnen. Hij was erop gespitst de schade in Nederland tot een minimum te beperken. Als het huwelijk in Spanje plaatshad, zullen 'wij ouders' niet komen, had hij aan Carlos Hugo geschreven, en als het in Nederland werd gehouden, waren carlistische activiteiten taboe. 'De eerste rode baret' zou al 'herrie' geven, waarschuwde hij. Carlos Hugo had teruggeschreven dat hij voor 'niets bang' was en dat Bernhard zich met zijn eigen zaken moest bemoeien. Na het lezen van die brief was Bernhard twee uur lang 'razend' geweest, waarna hij Carlos Hugo had opgebeld met de mededeling dat ze maar 'op de vuist' moesten.[18]

Op de vraag: 'Weet u dat Irene katholiek geworden is?'

antwoordde intussen honderd procent van de Nederlandse bevolking met 'ja', iets wat volgens het NIPO nog nooit eerder was voorgekomen. Omdat Xavier pater Cornelis Tholens goed kende, had Marijnen op instigatie van Van Nispen aan hem gevraagd om, voor de onderhandelingen over de bruiloft van start zouden gaan, tussen de families te bemiddelen. Op 26 februari was Tholens afgereisd naar Parijs om met zijn oude vriend Xavier 'alles nog eens goed door te praten' en 'aan te dringen op alles wat van hun kant kan worden gedaan om een waardige huwelijkssluiting in Nederland te bewerken'.[19]

Volgens Massó had de pater bij Xavier aangedrongen op een 'eenvoudige, oecumenische' bruiloft, die de Nederlandse regering niet in problemen zou brengen. Maar dat was niet in het belang van de carlisten. De 'strijd' met Oranje waarvan volgen Massó inmiddels sprake was, vergde volgens hem een keiharde opstelling. De Nederlandse regering speelde onder één hoedje met Bernhard én de Spaanse Bourbons, vermoedde hij. Het werd tijd de vijand in de bek te kijken. Nu Irene's familie zich zo duidelijk tegen het carlistische belang keerde, mochten geen concessies meer gedaan worden. Het huwelijk moest plaatsvinden in de Spaanse stad San Sebastián, in de Catedral del Buen Pastor, zei hij, onder leiding van bisschop Lorenzo Bereciartua. Dát, of helemaal geen huwelijk.[20]

Begin maart passeerde een zeegroene, Amerikaanse auto met daarin Carlos Hugo, zijn ouders en zijn zus Marie-Thérèse, het hek van Paleis Soestdijk. De sfeer was ijzig. Toen Bernhard voorstelde het huwelijk te vieren op Soestdijk, met niet meer dan vijftig persoonlijke genodigden, en 'heel weinig Spanjaarden', schudde Xavier het hoofd. Nederland had het recht niet een katholieke bruiloft te 'verstoppen', zei hij. Zonder akkoord gingen de families uiteen.[21]

Een winstpunt van de crisis was volgens Van Nispen dat Juliana haar 'driekringentheorie' op gaf. Deze behelsde haar geloof dat in de verhouding tussen vorst en gekozen ministers naast de twee categorieën 'privé' en 'staatkundig', nog een derde 'kring' bestond: 'gemengd'. Volgens Juliana was dat een ruimte die de ministers wel aanging, maar die toch zo privé was, dat democratische controle erover niet gevraagd kon worden. Dat zij deze 'kring' opgaf, beloofde volgens Van Nispen 'een wezenlijk nieuw begin', al leek haar voorstel om een twaalfkoppige 'hofraad' samen te stellen die 'de grenzen en soorten van ministeriële verantwoordelijkheid' moest 'onderzoeken', hem dan weer een 'slechte gedachte'.[22]

Ter oriëntatie bezochten Irene en Carlos Hugo in Nederland alvast enkele kerken. Geen grote protestantse gebedshuizen zoals de Grote Kerk in Den Haag en de Westerkerk in Amsterdam, maar de kleinere katholieke Heilig Kruiskerk in Amersfoort en de Sint-Jansbasiliek in Laren. Ook werd een katholieke kerk in Utrecht bekeken. Van Nispen, zelf katholiek, koesterde ondanks alles nog illusies over een grootse viering. 'De Sint-Jan in Den Bosch zou magnifiek zijn,' noteerde hij.[23]

Op 11 maart werd de Griekse koning Paul I van Griekenland begraven. Juliana en Bernhard, die voor de ceremonie naar Athene reisden, stond daar een pijnlijke confrontatie te wachten. Als jong meisje had hun dochter met de hele Europese vorstenfamilie meegevaren op de cruise met de Agamemnon. Twee jaar geleden nog was Irene bruidsmeisje geweest op het huwelijk van Juan Carlos en de dochter van de overledene, Sofía. Maar nu profileerde Irene zich voor het oog van de wereld als haar 'rivaal' voor de Spaanse troon.

Bernhard liet over zijn loyaliteit geen misverstand bestaan. Irene was dan wel zijn dochter, dynastiek stond hij achter de Spaanse en de Griekse families. Volgens Juan had hij tijdens de begrafenis zelfs tegen hem gezegd dat als Carlos Hugo zijn claim op de Spaanse troon niet opgaf, hij er persoonlijk voor zou gaan zorgen dat het huwelijk van Irene niet doorging.[24]

Van Nispen was op zondagavond 5 april al 'onder zeil', toen bij hem de telefoon ging. Het was Marijnen, die hem verzocht onmiddellijk naar het Catshuis te komen. Daar aangekomen, vertelde Marijnen dat Irene zaterdagnacht met onbekende bestemming vertrokken was, om 'de tientallen complicaties' rond haar huwelijk te bespreken. Omdat Irene met haar vader en moeder en Beatrix die dinsdag naar Mexico zou vertrekken voor een staatsbezoek, had Bernhard geëist dat ze op maandagavond vóór zeven uur terug zou zijn. Anders zou hij met haar 'breken'. Omdat Marijnen niet wist wat zij en Carlos Hugo van plan waren, was hij er niet gerust op. De volgende ochtend meldde

Bernhard dat Irene in Rome was. Meer wist hij ook niet. Hoewel hij 'altijd optimistisch' was geweest en tot dan toe 'steeds een gaatje' gezien had, was hij volgens Van Nispen nu 'in mineur en down'.[25]

De volgende middag verschenen Carlos Hugo en Xavier, net op tijd, op Soestdijk. Al snel bleek wat ze in Rome gedaan hadden. Ze waren op audiëntie bij de paus geweest. Als Bernhard schriftelijke toestemming zou geven, vertelden ze, zou Paulus VI bereid zijn om hun huwelijk in te zegenen in de Sixtijnse Kapel.[26]

Nog dezelfde avond liet Juliana de regering bijeenroepen. Zelf vond zij het idee van een inzegening door de paus 'nog niet zo gek'. Maar Marijnen vond het 'bedenkelijk', en hoewel Beel en Biesheuvel 'een mogelijkheid' zagen, rezen tijdens het overleg al snel bezwaren. De ceremonie zou als 'stunt' gebruikt worden ter bevordering van het carlisme. Zowel de koningin als de paus kon daardoor 'besmet' raken. De toch al precaire verstandhouding tussen katholieken en protestanten in Nederland zou exploderen en de troon die het land moest verbroederen, zou een splijtzwam worden. Tot laat werd bij Beel thuis overlegd. Toen de conclusie uiteindelijk toch luidde dat het 'plannetje' niet door kon gaan, verzuchtte de koningin: 'Als ik hen dat neen geef, gaan ze met stoelen gooien.'[27]

Met stoelen werd voor zover bekend niet gegooid, maar in Madrid werd wel een spoedvergadering belegd. 'Als de familie van Holland de voorwaarden van een huwelijk in Rome niet accepteert,' concludeerden Massó en zijn medewerkers, 'moet gebroken worden [met de familie]. Niet alleen dreigen met een breuk, maar de daad ook echt uitvoeren.'[28] Carlos Hugo, die met Irene en Xavier op Soestdijk logeerde, zei tegen Irene dat het besluit aan haar was. Hij vond het 'vreselijk' dat hij haar zoiets 'onmenselijks' moest vragen. Maar op de ochtend van 7 april nam ze haar besluit. Ze koos voor Carlos Hugo en ging die middag niet met haar ouders mee naar Mexico. Bernhard, die 'zeer verbaasd' was, verried volgens Massó zijn 'puur economische levensmentaliteit', toen hij uitriep: 'Dan komt er ook geen bruidsschat!' Xavier keek hem daarop lang aan en zei: 'Bernhard, jij hebt weinig van het leven begrepen.'[29]

Verslaggevers van het *Algemeen Handelsblad* noteerden hoe Juliana, Bernhard en Beatrix die middag, na een 'kort afscheid' van Irene, Carlos Hugo en Xavier, vanaf Soestdijk naar Schiphol vertrokken. Volgens verslaggevers had Juliana tranen in haar ogen toen ze die middag op Schiphol de vliegtuigtrap beklom.

Achtergebleven op Paleis Soestdijk, kregen Carlos Hugo en Xavier van een hoffunctionaris te horen dat het langzamerhand eens tijd werd om het paleis te verlaten. Carlos Hugo vroeg daarop volgens Massó: 'Is dat een bevel van de premier?'[30] De ministers van het kabinet-Marijnen waren 's middags op het grasveld voor het Catshuis een partijtje croquet aan het spelen, toen er een telefoontje kwam van Soestdijk. Een hoffunctionaris wilde weten 'of die Xavier en Carlos Hugo niet weg moesten'. Ze waren van plan om ook nog naar prinses Armgard te gaan, op Warmelo. Minister Toxopeus besloot daarop om 'wat politie bij Soestdijk en Warmelo gereed te houden', waarna vader en zoon, 'verontwaardigd over de beoefende druk', naar Schiphol vertrokken.[31]

7

Bruiloft in Rome

Premier Marijnen had Irene aanvankelijk nog vaderlijk 'het verliefde meisje' genoemd.[1] Maar dat 'meisje' was wel een luis in zijn staatsrechtelijke pels geworden. Nadat een woordvoerder verklaard had dat Irene vanwege haar verloofde besloten had om niet naar Mexico te gaan, liet ze dat niet op zich zitten. Ze had het besluit zélf genomen. En dat haar huwelijk niet in Nederland plaats zou vinden, zoals de regeringswoordvoerder verklaard had, viel wat haar betreft ook nog te bezien. Omdat Irene vond dat Nederland de waarheid moest weten, werd in het Parijse appartement van Carlos Hugo's zusje Françoise en haar man Edward van Lobkowicz, een persconferentie belegd.

Toen de correspondent van het *Algemeen Handelsblad* arriveerde bij de Avenue Marceau 30 om er verslag van te doen, trof hij bij de voordeur een 'oude, dunne man' aan, die hij herkende als Xavier. 'Je suis le prince,' hoorde hij hem door de intercom zeggen, waarna de deur op een kier ging. Even later mocht de correspondent ook naar binnen. Op de vierde verdieping betrad hij de 'zonnige salon', die de smaak verried van 'mensen die van Louis XV houden, maar ook van hun gemak'.

Aan de muur hingen schilderijen met jachttaferelen, er stonden drie groene fauteuils en tegen de muur was een gouden pendule geplaatst, die stil was blijven staan op klokslag negen. Het wemelde in de salon van de televisiejournalisten, die de ruimte met microfoons, snoeren en draden hadden veranderd 'in een hindernisbaan'. Plotseling werd geroepen: 'Place pour son Altesse Royale, la princesse Irene de Hollande!' waarna Irene de ruimte betrad.

Ze nam plaats op een stoel, 'beschermend' geflankeerd door een 'oud dametje', waarna een 'oude heer met wilde haren en gebaren' naar voren kwam, die werd geïntroduceerd als 'de markies de Valous'. Hij las een nieuwe versie voor van de Nederlandse regeringsverklaring, maar nu gecorrigeerd door Irene en Carlos Hugo. De zinsneden over de 'uitdrukkelijke wens' van Carlos Hugo en het buiten Nederland vieren van het huwelijk ontbraken daarin. 'Struikelend' over televisiekabels verklaarde de markies vervolgens dat met het Koninklijk Huis in Nederland 'verder alles goed' ging.[2]

Met de lippen op elkaar geklemd en spelend met een

ring om haar vinger, staarde Irene zwijgend voor zich uit. Volgens het *Algemeen Handelsblad* was ze 'vastbesloten, niet zenuwachtig, wel trots', terwijl *Trouw* meende dat ze 'leefde op de rand van een zenuwinstorting'. Françoise van Lobkowicz, in verwachting van haar derde kind en gekleed in een 'rode Prénataljurk', serveerde de journalisten opgewekt champagne.

Waar het *Algemeen Handelsblad* voor de persconferentie nog het woord 'beminnelijk' gebruikte, was voor premier Marijnen de maat vol. De volgende dag meldde hij in een brief aan de Kamervoorzitters dat 'met betrekking tot hetgeen prinses Irene doet en laat', de verantwoordelijkheid van de regering 'niet meer kon werken' en haar handelingen hem niet meer konden worden 'toegerekend'.[3] Staatsrechtelijk was dat een curieuze stap. Zolang Irene niet getrouwd was hoorde ze bij het koninklijk huis. De Grondwet verplichtte de premier voor haar de politieke verantwoordelijkheid te dragen. Artikel 55: 'De koning is onschendbaar, de ministers zijn verantwoordelijk,' liet daar geen misverstand over bestaan. Maar het was ook een slimme zet, want door het onvermogen uit te spreken, maakte hij Marijnens probleem tot dat van de hele Kamer en daarmee van het hele land. De familiecomplicaties rond Irene namen al maanden bijna al zijn tijd in beslag. Steeds had hij zich moeten verdedigen voor het niet tijdig, of onjuist informeren van de Kamer. Maar Irene liet zich door de regering niet regisseren. Liever gaf Marijnen dat probleem nu maar toe, dan dat hij zich er langzaam door liet verwurgen.

Als de Kamer hem hierop liet sneuvelen, zou het de vraag zijn wie de verantwoordelijkheid voor Irene wél aankon, waarmee een precaire kwestie op tafel zou komen: of de monarchie binnen de constitutie nog wel houdbaar was. Wilde de Kamer de monarchie behouden, dan moest zij het Marijnen gunnen om voor de eigengereide prinses een joker in te zetten.

De Kamer schaarde zich eensgezind achter de premier. Volgens PvdA-Kamerlid Vondeling kon Irene niet van haar rechten profiteren, maar zich van haar plichten bevrijden. De beperkingen die de regering haar oplegde, kwamen niet voort uit een afwijzing van haar katholicisme, maar uit bezwaar tegen haar politieke activiteiten in Spanje. Door haar 'eigengereide' manier van opereren, liet zij de premier geen andere keus dan de ministeriële verantwoordelijkheid voor haar 'op stal' te zetten.

Irene's woordvoerster, De Andrade, reageerde de volgende dag met een verklaring. De prinses wist dat zij, door haar 'geweten' te volgen, een 'moeilijk leven' tegemoet ging. Maar ze kon niet accepteren dat haar huwelijk 'in bijna clandestiene' omstandigheden, 'in een kleine kapel of in een kerk van een dorp' plaats moest vinden en ze begreep niet waarom een regering, waarin nota bene katholieken zaten, zoveel moeite deed om het 'katholieke karakter' van haar huwelijk te verbergen.[4]

Al snel bleek dat de regering zich langs religieuze lijnen niet liet splijten. Tijdens een gespreksavond van de Katholieke Volkspartij (KVP) riep fractievoorzitter Norbert Schmelzer zijn katholieke partijgenoten op zich niet mee te laten sleuren. Het zou de indruk wekken dat 'we ons bedreigd achten'. Op 1 mei noteerde hij na een overleg met protestantse ministers: 'Bij AR en CHU geen verwijdering t.o.v. KVP door Irene-affaire.'[5]

Terwijl Irene geïsoleerd raakte, verenigde zich het land. Kardinaal Alfrink gaf tegenover de Generale Synode toe dat de herdoop van Irene tot zijn spijt door overmacht geschied was, waarna een correspondentie op gang kwam die zou leiden tot een historisch hoogtepunt van verzoening: de wederzijdse dooperkenning tussen de rooms-katholieke en de Nederlands-hervormde kerk.

Het kabinet besprak intussen de noodzaak voor Beatrix en Juliana om vanuit Mexico los van elkaar terug te reizen, omdat het eventueel verongelukken van beiden zou betekenen dat Irene op de troon zou komen. Een goed voorbeeld, vonden de carlisten in Madrid, van het 'kinderachtige niveau' waarop de Nederlandse regering intussen opereerde.[6]

Laatste veldslag

Massó en zijn medewerkers zochten koortsachtig naar een nieuwe locatie voor de bruiloft. De Nederlandse regering wilde niet meer dat het huwelijk in Nederland plaatshad, Franco wilde niet dat het feest in Spanje gevierd werd en de Franse generaal De Gaulle had naar verluidt intussen laten weten dat hij ook niet zat te wachten op een viering op Franse bodem. Otto van Habsburg, een invloedrijke neef van Carlos Hugo die contacten onderhield met zowel Franco als met prins Bernhard, drong er in een brief bij Xavier op aan zijn politiek-dynastieke activisme in Spanje te staken. Ook Felix van Bourbon-Parma, hertog van Luxemburg en Xaviers broer en Hugo's oom, verzocht hem de strijd, die de familie zo langzamerhand een slechte naam bezorgde, op te geven.[7]

Maar Xavier was tot compromissen over zijn geloof en zijn troon in deze wereld niet langer bereid, en Carlos Hugo en Irene lieten zich ook door niemand meer tegenhouden. De hele week werd heen en weer gereisd en gebeld tussen Madrid, Parijs, Rome en Brussel. Het verlossende woord kwam op 16 april tóch uit Rome, de plek waar vanouds meer in termen van eeuwen, dan van maanden of jaren gedacht werd. De 84-jarige Italiaanse Paolo kardinaal Giobbe, ex-internuntius in Nederland, werd bereid gevonden het huwelijk in te zegenen in de Basilica di Santa Maria Maggiore in Vaticaanstad.[8]

Toen Bernhard, Juliana en Beatrix op zaterdag 17 april terugkeerden uit Mexico, wisten zij nog niet dat Irene en Carlos Hugo al over elf dagen zouden trouwen. En tóch in Rome. Van hun afwezigheid was gebruikgemaakt om de voorbereidingen te treffen voor wat Massó 'de laatste veldslag' noemde. Dat Carlos Hugo nog steeds de Spaanse nationaliteit niet had, en Franco zich nog altijd in stilzwijgen hulde, werd voorlopig voor lief genomen. De bruiloft moest in ieder geval een hoogtepunt worden. Nu kardinaal Giobbe bereid was het huwelijk in te zegenen, moest zo snel mogelijk een datum bekendgemaakt worden, voordat iemand weer roet in het eten zou gooien. De datum werd 28 april. Op zondag 18 april zou dit tegelijkertijd in Madrid, Brussel, Rome en Parijs worden aangekondigd. Pas twee uur ervóór zouden Juliana en Bernhard op de hoogte gesteld worden.

De 'argumentatielijn' die was opgesteld, zou om vier

uur 's middags door Carlos Hugo's moeder, Madeleine, telefonisch aan Juliana worden doorgegeven. De situatie was 'onhoudbaar', de omstandigheden dwongen tot een snel besluit, het ging 'om hén' en niet 'om ons', en hoeveel misverstanden en onbegrip er ook geweest mochten zijn, het belangrijkste was dat er een oplossing gevonden was, die inhield dat het huwelijk op 28 april in Rome zou worden ingezegend door kardinaal Giobbe.

Carlos Hugo, Ramón Massó, Ángel Romera, Pepe Zavala, Cécile, Marie-Thérèse en Marie des Neiges, de markies de Valous en Xavier en Madeleine, hadden zich op 18 april in het appartement van de familie Lobkowicz verzameld voor de 'grande finale'. Irene was 's ochtends door het echtpaar Lobkowicz de stad uit gebracht, omdat gevreesd werd dat zij de spanningen niet aan zou kunnen.[9] Xavier vreesde dat het voor haar familie een 'harde klap' zou worden, maar hij achtte het nu eenmaal ook een noodzakelijke.

Om kwart voor vier werd het nummer van Soestdijk gebeld. Prinses Margriet nam de telefoon op. Carlos Hugo's zusje, Marie-Thérèse, leidde het gesprek in. Ze vroeg of Juliana aan de telefoon wilde komen voor een gesprek met Madeleine. Margriet zei dat Juliana niet thuis was, waarop Marie-Thérèse zei: 'Dan is het straks te laat.' Daarop kwam Juliana toch aan de lijn. Op vastberaden toon las Madeleine van een papier de argumenten voor.

Juliana was verbaasd. Er was toch al gezegd dat een huwelijk in Rome niet mogelijk was? Madeleine zei dat in de kranten 'wel vaker dingen staan die niet waar zijn'. De huwelijksdatum zou die avond om zes uur zou worden aangekondigd. Als Juliana zelf eerder een bericht uit wilde sturen, kon dat, maar anders werd het zes uur. Juliana zei dat ze erover na zou denken. Kort daarna belde ze terug. Was dit nu niet overhaast? Kon niet beter nog even gewacht worden? Het was vandaag bovendien zondag. Toen Madeleine zei dat er niet meer onderhandeld kon worden, werd het gesprek beëindigd.

Het versturen van de persberichten vanuit Parijs, Brussel, Rome en Madrid verliep die avond volgens plan. Maar toen Madeleine de telefoon pakte om alvast een aantal vorstenfamilies uit te nodigen, volgde een teleurstelling. Xaviers broer, Felix van Luxemburg, sloeg de uitnodiging af, net als koning Boudewijn van België. Xaviers neef, Otto van Habsburg, wilde ook niet komen. Al snel bleek dat vrijwel geen enkele vorstelijke familie in Europa iemand naar de bruiloft van Carlos Hugo en Irene afvaardigde. De rijen hadden zich gesloten. De enigen die thuisgaven, waren de hertogen van Braganza, die in 1910 de Portugese troon verloren hadden, en Xaviers jongere zuster Zita, de in 1918 verdreven keizerin van Oostenrijk.[10]

Volksbruiloft

Carlos Hugo, Irene en Massó vielen terug op waar zij goed in waren: het organiseren van een pr-campagne. Een Franse journalist, Mathieu Lecat, werd ingehuurd om het huwelijk in de internationale pers te verkopen als een koninklijk sprookje. Overal verschenen foto's van Irene. Op weg naar de Parijse couturier Pierre Balmain, om haar bruidsjurk te passen, of daarvan juist teruggekeerd. *Paris Match* pakte uit met een reportage waarin ze, afgebeeld met zwarte sluier, schitterde als de prinses die in haar calvinistische land moest boeten voor haar nieuwe geloof. In alle kranten verscheen het bericht dat Xavier zijn aanstaande schoondochter een diadeem cadeau gedaan had ter waarde van een half miljoen dollar. Het kussen waar Irene tijdens de huwelijksinzegening op zou knielen, zou worden gevuld met Nederlandse en Spaanse aarde.

Omdat de respons op de uitnodigingen voor de bruiloft intussen tegen bleef vallen, werd besloten de selectie te verruimen. Terwijl aanvankelijk gezegd was dat het een 'intieme' bruiloft zou worden, stuurde Marie-Thérèse vanuit Madrid 'vele honderden uitnodigingen' aan alle carlisten, regionale en provinciale chefs, die ze in Spanje maar kende. Volgens Massó zou de bruiloft geen 'huwelijk van prinsen met blauw bloed' worden, maar een 'algemene samenkomst'. De Spaanse carlisten zouden aan heel Europa laten zien hoe in Rome 'een volksbruiloft' gevierd werd, 'bijgewoond door het volk'.[11]

Tussen het komen en gaan van internationale journalisten meldden zich in Parijs ook de advocaten van de Nederlandse koninklijke familie. Zij stelden volgens Massó voor Irene een bruidsschat mee te geven die één achtste zou bedragen van de erfenis die haar toekwam, een bedrag dat door hen becijferd werd op 30 miljoen peseta's. Massó raadde Carlos Hugo aan het voorstel om op die basis een goederengemeenschap aan te gaan, af te wijzen. Het bedrag dat werd aangeboden, was volgens hem kleiner dan wat Irene in werkelijkheid toekwam. Carlos Hugo was zelf ook voorstander van 'scheiding van goederen'. Vooral Carlos Hugo's moeder had een groot vermogen. Zij zou het paar zelfs een gift van 900.000 dollar beloofd hebben.[12]

'Het was me de week weer wel,' noteerde Van Nispen. 'Op onbeschofte manier' was de koningin geconfronteerd met de huwelijksdatum. Er was 'grote consternatie' ontstaan over huwelijkspapieren en in het katholieke volksdeel dreigde 'een rel tegen de regering', omdat beweerd werd dat de regering Juliana verbood om naar de bruiloft van haar eigen dochter te gaan. Irene hoopte nog steeds dat Juliana zou komen. In een poging de publieke opinie een duwtje te geven, verklaarde ze op 20 april tijdens een nieuwe persconferentie in de salon van Lobkowicz dat ze dagelijks meerdere keren per dag met haar moeder belde. Carlos Hugo noemde de koningin een 'prachtige persoonlijkheid' die helaas 'in de weg gezeten' werd door haar regering. 'Zij kan niet doen en laten wat ze wil,' zei hij en hij hoopte dat het Nederlandse volk 'druk op de regering' zou uitoefenen.

Volgens Marijnen was Juliana 'gegriefd' dat Irene en Carlos Hugo probeerden een wig te drijven tussen haar en de regering. Na 'alles wat er gebeurd was' en wat zij 'had moeten dulden' was zij zélf degene die niet naar het huwelijk wilde.[13] Het omgekeerde van wat Carlos Hugo en Irene beoogden, gebeurde: de Oranjeliefde keerde zich niet tegen de regering, maar tegen 'buitenstaander' Carlos Hugo. Een journalist vroeg of hij soms met Irene trouwde 'om haar geld', waarop hij 'gebeten' antwoordde: 'Ik heb noch haar geld, noch haar positie nodig. Het is walgelijk dat ik over dergelijke dingen moet praten [...] mijn moeder, prinses Madeleine, behoort tot de grootste en rijkste landeigenaren in Frankrijk, nog afgezien van onze bezittingen in Oostenrijk. Ik ben de grootste erfgenaam.'[14]

Winkeliers kwamen in de dagen na de persconferentie handen tekort om stickers van het verloofde paar, die door fabrikanten op producten geplakt waren, te verwijderen. Bij Paleis Soestdijk werd een man gearresteerd die samen met zijn zoon pamfletten uit het dak van zijn auto wierp met daarop de tekst: 'Smeer 'm Hugo'.[15]

'Hoe meer moeilijkheden Irene in Nederland krijgt, des te meer zij in Spanje gewaardeerd zal worden als martelares voor onze zaak,' had Carlos Hugo tijdens de persconferentie gezegd. In werkelijkheid was het huwelijk in Spanje haast nog meer omstreden dan in Nederland. De betrokkenheid van het Vaticaan leidde daar tot grote consternatie. De achterban van Franco was verdeeld in (ten minste) vier kampen: alfonsisten, carlisten, falangistische nationalisten en technocraten. Franco navigeerde behendig daartussen door, zich nu eens vleiend tegen de een en dan tegen de ander. Maar het feit dat een roomse kardinaal het huwelijk van een carlistische troonpretendent zou inzegenen, dreef een wig. Stond het Vaticaan soms aan de kant van de carlisten? En waar stond Franco dan?

Juan van Bourbon kon zijn oren niet geloven toen hij vernam dat het Carlos Hugo gelukt was het Vaticaan voor zijn carlistische karretje te spannen. De permanente Commissie van zijn Privésecretariaat, voorgezeten door de bekende intellectueel en monarchist José María Pemán, maakte in een brief aan Amleto Giovanni kardinaal Cicognani, de kardinaal-staatssecretaris van Vaticaanstad, de ‘diepe verbazing’ bekend van de ‘chef van de Spaanse koninklijke familie’ over de ‘gedelegeerde deelname’ van kardinaal Giobbe aan de huwelijksceremonie van ‘don Hugo van Bourbon-Parma’.

De betrokkenheid van de kardinaal suggereerde dat Carlos Hugo’s ‘politieke activiteiten’ en ‘het gebruik van onwettige titels en nationaliteit’ door het Vaticaan werden ondersteund. Dit zou leiden tot ‘ernstige politieke misverstanden’. Franco’s rechterhand, Carrero Blanco, ontving van de brief een afschrift. Giobbe haastte zich daarna te verklaren dat hij het huwelijk inzegende op persoonlijke titel, en niet als vertegenwoordiger van de paus.[16]

Don Quichot

Voor de façade van het Grand Hotel in Rome wapperden op 28 april 1964 een Italiaanse, een Spaanse en een Nederlandse vlag. Carlos Hugo en Irene arriveerden er die ochtend, een dag voor de bruiloft, om te verblijven in de vroegere suite van de Spaanse koning Alfonso XIII. De zusters van Carlos Hugo, Massó en hun medewerkers waren al dagen in de weer. Het kerkbestuur van de Basilica di Santa Maria Maggiore had het goed gevonden dat zij het door Gian Lorenzo Bernini gemaakte beeld van de Spaanse koning Filips IV in een van de portieken van de kerk versierden met een lauwerkrans, en dat de balkons van de basiliek werden behangen met Spaanse vlaggen.

Maar verslaggevers van het *Algemeen Handelsblad* berichtten hoe de generale repetitie voor de huwelijkssluiting ontaardde in 'chaos'. Vanuit Spanje was druk uitgeoefend om journalisten te weren, zodat de politie overal iedereen wegstuurde, terwijl pr-professional Lecat en Antonio Parilla vanuit het Grand Hotel juist 'toegangskaartjes' uitdeelden aan wie zich maar meldde. Carlos Hugo's eigen zuster, Marie des Neiges, werd door veiligheidsbeambten uit de kerk geweerd, waarna Nederlandse verslaggevers minutenlang 'met haar aan de arm' liepen, in een vergeefse poging haar naar binnen te loodsen.[17]

's Middags brak in het hart van Carlos Hugo's team ook nog een hevige ruzie uit. Toen kardinaal Giobbe om Carlos Hugo's identiteitspapieren vroeg, viel Massó uit tegen Marie des Neiges. 'Onterecht,' analyseerde hij achteraf, 'projecteerde ik de opgebouwde spanning en mijn woede over het feit dat we de kwestie van de nationaliteit niet hadden kunnen oplossen, op haar.' De ruzie bracht Massó zo van zijn stuk, dat hij nog vóór het huwelijk voltrokken werd, in een taxi richting vliegveld stapte om terug te vliegen naar Madrid.[18]

Voor Irene waren de dagen rond haar bruiloft ook emotioneel. Geen enkele officiële vertegenwoordiger uit Nederland zou de ceremonie bijwonen. Premier Marijnen had zelfs geweigerd om haar namens de Nederlandse regering te feliciteren. Toen katholieke ministers aan hem hadden geopperd dit te doen, had hij gezegd dat 'men zoiets van mij bepaald niet moest vragen'. Irene had hem tijdens hun laatste gesprek vriendelijk bedankt voor het vele werk dat hij voor haar verloving gedaan had. Maar kort daarna was hij tijdens de persconferentie in Parijs weer neergezet als leugenaar. Dat kon hij haar niet vergeven.[19]

Irene's vader, moeder en zusjes kwamen niet, en ook haar geliefde grootmoeder, Armgard, liet verstek gaan. Er was te veel gebeurd. Zelfs Juliana, die tot op het laatst gehoopt had bij de ceremonie aanwezig te kunnen zijn, had zich na de telefonische 'overval' door Madeleine teruggetrokken. 'Heel pijnlijk' was die afwezigheid voor Irene, zegt Arendsen Hein, die op de bruiloft als een van de weinige intimi uit Nederland wel aanwezig was.

Enkele dagen vóór de bruiloft was Irene met Carlos Hugo naar Brussel gereisd voor een verzoeningsgesprek met haar vader. Na een reeks interviews met Carlos Hugo, gepubliceerd door de Britse tabloid *Sunday Mirror*, hadden de verhoudingen een nieuw dieptepunt bereikt. Niet alleen had hij gesproken over de complotten die tegen hem in Nederland beraamd zouden zijn, Bernhard had ook gehoord dat hij zich voor de reeks had laten betalen. Zelfs Armgard, die volgens Irene 'nooit oordeelde', had stelling genomen. 'Waarschijnlijk heeft de *Sunday Mirror* het interview aan alle Duitse magazines verder verkocht, inclusief foto's,' schreef ze aan Sefton Delmer. 'Het lijkt de moderne Don Quichot naar de kop te zijn gestegen. Bernilo ergert zich er helaas onbeschrijfelijk aan, nog nooit heb ik hem zo woedend gezien. Het gaat hem zo aan het hart.'[20] Volgens Armgard verkeerde haar kleindochter in 'een staat van betovering', en ze wist niet 'of je haar daaruit zou moeten willen laten ontwaken'. Carlos Hugo was een 'aardige' en 'intelligente' man, vond ze, maar zijn familie had 'helaas de reputatie intrigant te zijn'.[21]

Tijdens de ontmoeting met het paar in Brussel kon

Bernhard zijn woede niet verhullen. Het gesprek was nog niet begonnen, of hij stelde de snerende vraag of het in de familie van Bourbon-Parma wellicht gebruikelijk was om de kosten van de huwelijksplechtigheid te betalen door aan een boulevardblad de eigen romance te verkopen. Carlos Hugo had daarop geantwoord dat hij niets verkocht had en dat de journalist de belofte op inzage had geschonden, zodat er van alles bij gefantaseerd was. Met de afspraak dat Carlos Hugo een 'dementi' (ontkenning) zou laten publiceren, gingen ze uit elkaar, maar een verzoening kon je dit niet noemen.

Op de terugweg naar Parijs botsten Carlos Hugo en Irene ook nog tegen een vrachtauto. Ze kwamen met de schrik vrij, maar de spanningen, zo vlak voor het huwelijk, grensden intussen aan het ondraaglijke.

Loodzware plicht

Voordat Irene zich op de ochtend van 29 april met Carlos Hugo naar de Basilica di Santa Maria Maggiore begaf om prinses van Bourbon-Parma te worden, belde ze vanuit het Grand Hotel om halftien nog één keer met haar ouders. In haar eentje in een vreemd land, op het punt het jawoord te geven aan een man wiens familie intussen op voet van oorlog verkeerde met die van haar, hoopte ze op een bemoedigend woord. Een teken dat de liefde van haar familie uiteindelijk toch boven alles ging.

Ze oogstte het tegendeel. Toen Bernhard aan de telefoon kwam, vroeg hij waar het 'dementi' van Carlos Hugo bleef dat hem beloofd was. Toen Irene daarop alleen een snik liet horen, eindigde het gesprek met het tegenovergestelde van wat Irene beoogd had.[22]

Toen de auto van het bruidspaar met bruidsescorte anderhalf uur later het plein op reed, liet de mensenzee zich nauwelijks bedwingen. Terwijl Irene normaal altijd kon rekenen op veiligheidsagenten, was er die ochtend niemand om haar te beschermen. Volgens Arendsen Hein stikten ze bijna in de menigte. 'Ik vond het heel eng en gevaarlijk,' zegt ze. Irene, hoewel 'erg mooi' in haar jurk van Pierre Balmain, zag volgens Spaanse ooggetuigen 'erg bleek'. Toen toeristen uit Nederland bij de entree van de kerk uit volle borst het Wilhelmus aanhieven, leek ze bijna flauw te vallen.[23]

Alle adellijke aanwezigen in de kerk hoorden bij het gevolg van de familie van Bourbon-Parma. Keizerin Zita van Bourbon-Parma en de hertog van Braganza vertegenwoordigden twee vorstenhuizen die in de twintigste eeuw in Europa nog geregeerd hadden. Maar de andere aanwezigen, zoals Rúspoli, Cossé Brissac, Borghese, Attolico en Aldrobrandini, hadden hun hoogtijdagen al langer achter zich.

Carlistische 'chefs' waren aanwezig, zoals broeder Justo Pérez de Urbel, en geestelijken zoals de Franse abt Jean-Marie de Floris en de Nederlandse Monseigneur Jan Olav Smit, die in Rome woonde. Uit Nederland waren als gasten alleen de beste vriendinnen van Irene gekomen: Quirine Laman Trip, Petra Brussaard en Marijke Arendsen Hein.

José María Valiente, het hoofd van de Comunión Tradicionalista, werd op het laatste moment aan de getuigen van Carlos Hugo toegevoegd, en voor Irene, die Edward van Lobkowicz en Quirine Laman Trip als getuigen had, kwam daar een dag vóór de huwelijkssluiting de hertog van Braganza nog bij.

In Nederland hadden Bernhard, Juliana, Beatrix, Margriet en Christina zich die ochtend verzameld in de salon van Bernhards moeder op kasteel Warmelo, om de live-uitzending van het huwelijk op televisie te volgen. Ze zagen de menigte op het plein, de aankomst van Carlos Hugo en Irene bij de kerk, en een deel van de ceremonie. Maar om kwart over twaalf sprong het scherm op zwart. Bij graafwerkzaamheden in de gemeente Neede, zou later blijken, was een elektriciteitskabel beschadigd, waardoor die ochtend in de wijde omtrek van Warmelo de stroom was uitgevallen.[24]

Toen het paar de kerk uit kwam, zag het plein zwart van de mensen. Terwijl Nederlanders het Wilhelmus zongen en carlisten '*¡Viva el rey!*' en '*¡Viva España!*' scandeerden, gitaar speelden en liederen zongen, baanden Irene en Carlos Hugo zich met vertrokken gezichten, worstelend door de duwende en trekkende menigte, een weg naar een klaarstaande auto, die hen naar de paus bracht. Van de pontifex kregen ze een 'kostbaar kruis' cadeau.

Die avond werd in het Grand Hotel een diner gehouden waar volgens de pers vooral 'oudere dames en heren' aanwezig waren. Irene zag er schitterend uit, in een lange parelwitte japon van brokaat, geborduurd met rijnsteenkralen, diep in de rug uitgesneden, met een wat uitstaande rok. Maar het bal dat na het diner gepland stond, werd zonder opgaaf van reden geannuleerd. 'Er zijn levens die rustiger en zoeter zijn,' zei Xavier tijdens zijn bruiloftsspeech, 'maar hier bestaat een keiharde en loodzware plicht, die onze particuliere wensen overstijgt. En iedereen die hier aanwezig is, weet dat.' Marijke Arendsen Hein deed die avond nog een poging om erachter te komen wat het carlisme nu eigenlijk precies inhield, zegt ze. 'Maar we verstonden elkaar niet.'

8

Strijd in Spanje

Premier Marijnen sprak op de dag van het huwelijk de hoop uit dat de staatsrechtelijke 'stilte' die was aangebroken, Irene's geluk zou doen opbloeien en dat de wonden die geslagen waren, zouden helen. Maar stil werd het niet rond Irene, zeker niet in Spanje.

Na in de Zuid-Italiaanse badplaats Positano op adem te zijn gekomen, kwam ze op 2 mei met Carlos Hugo aan in haar nieuwe woonplaats, Madrid. Onderaan de vliegtuigtrap stond een man het paar op te wachten. Het was de politiechef van het vliegveld Barajas, gestuurd om te zeggen dat de Spaanse regering het 'geen goed idee' vond als Carlos Hugo en Irene de volgende dag naar de Montejurra zouden gaan. Op de heilige berg in Navarra had Massó een grootschalige inhuldigingsceremonie georganiseerd. De verwachtingen waren volgens hem 'enorm'. De carlisten konden niet wachten om hun steun te betuigen aan de prinses, die in hun ogen door haar eigen regering in de steek gelaten was omdat zij het carlisme omarmd had.[1]

De volgende dag verzamelden zich op de Montejurra zo'n honderdduizend mensen die met bussen, treinen en motorfietsen uit heel Spanje gekomen waren. Zij beschouwden niet het Nederlandse volk en de koninklijke familie, maar de Nederlandse regering als de schuldige. Die had om 'politieke redenen' geprobeerd de katholieke bruiloft van hun prinsenpaar te torpederen. 'Vaak bedriegen de regeringen het volk,' schalde de stem van Massó die ochtend via een megafoon door de vallei. Het 'Hollandse volk' had zich volgens hem 'spontaan' achter Irene geschaard, maar de regering niet. Gejuich steeg op terwijl de pelgrims de berg beklommen. Maar toen na het passeren van de veertien kruiswegstaties bleek dat alleen Massó en Cécile op de top van de berg stonden, volgde een teleurstelling.

Een verslaggever van *Het Parool* constateerde dat de bijeenkomst 'een beetje verward' was. Als 'mieren op een dode vogel' wisten de carlisten 'zelf ook niet precies waar het nu allemaal om ging'. Op een van de spandoeken die de berg op gedragen werden, stond: 'Leve Bernhard en Juliana'. De Dokkumer Vlaggen Centrale probeerde intussen eerder geleden verliezen goed te maken, door op de berg rood-wit-blauwe vlaggetjes met daarop de portretten van

Irene en Carlos Hugo te verkopen.[2] Toen het gerucht ontstond dat Carlos en Irene in Madrid met een vliegtuig waren opgestegen om vanuit de lucht een groet te brengen, staarde de met rode baretten getooide menigte nog een tijdje tevergeefs naar de hemel. 'Dit is de bonte wereld die Irene heeft gekozen,' concludeerde *Het Parool*. 'Het kleurige lawaai van een fanatiek geloof.'[3]

Bikini

De domper van Montejurra werd goedgemaakt door de hartelijke manier waarop Carlos Hugo en Irene die zomer werden ontvangen op de Canarische Eilanden en in de provincie Galicië. In bedevaartsoord Santiago de Compostela viel hun zelfs een 'prinselijke ontvangst' ten deel.[4] Aangezien formele instructies vanuit de regering ontbraken, grepen de regionale gemeentebesturen die de carlisten goedgezind waren, hun kans. In Vigo, La Coruña, Santiago, Pontevedra en Lugo hadden officiële recepties en bezoeken plaats, en in Orense, Lugo en Pontevedra verschenen Carlos en Irene zwaaiend op de balkons van gemeentehuizen. In Pamplona nam Carlos Hugo deel aan het stierenrennen, waarbij hij op heroïsche wijze een stier wist af te leiden die iemand in het nauw gebracht had.[5]

Weer terug in Madrid was er nog een verrassing: Franco had het paar eindelijk uitgenodigd voor een audientie. Zijn vrouw, Carmen, was daarbij ook aanwezig. Het gesprek, dat volgens Massó 'behoorlijk lang' duurde, verliep in bijzonder goede harmonie. Franco, die een fervent jager was, had hartelijk moeten lachen toen Irene hem vertelde dat haar vader zijn jachttrofeeën altijd verstopte als het Wereld Natuur Fonds, waarvan hij de voorzitter was, bij hem kwam vergaderen. Tegen interviewster Bibeb zou ze jaren later zeggen dat ze de dictator tijdens de ontmoeting 'ijskoud' gevonden had. 'Hij praatte in korte zinnetjes. Koud! Koud! Koud!' Maar volgens Massó was ze vlak na de audiëntie nog enthousiast. Franco leek haar helemaal niet de 'typische dictator' voor wie hij in Nederland gehouden werd, zei ze volgens hem, en uit een anekdote die hij verteld had over de schijnbare hulp van God in zijn leven, had ze opgemaakt dat hij 'heel erg een man van de voorzienigheid' was. Maar een vraag over Carlos Hugo's naturalisatie was weggewimpeld. Een opmerking over het feit dat regeringszaken nogal eens in 'een la' belandden om daar te bederven, was door Carlos Hugo aangegrepen om tot de kern te komen. 'En dat van onze nationaliteit?' had hij gevraagd. 'Zal dat ook in een la vergeten worden?' Franco had hem daarop 'verstoord en nerveus' aangekeken en gezegd: 'Daar gaat de minister van Justitie over.'[6]

Wat Irene en Carlos Hugo niet wisten, was dat Franco en vooral zijn vrouw, Carmen Polo, die ook wel de 'dictator van de dictator' genoemd werd, zich intussen ernstig gestoord hadden aan foto's van Irene in bikini, die in het tijdschrift *Garbo* verschenen waren na hun verblijf in Positano. Op het gebied van de zedelijkheid was in Europa in korte tijd veel veranderd. Terwijl 'stijl' eerder vooral een kwestie van bedekking geweest was, waren ontwerpers vanaf het begin van de jaren zestig begonnen om vrouwen uit te kleden. Ontwerpers Mary Quant en André Courrèges hadden begin jaren zestig de minirok gelanceerd. De Franse modeontwerper Yves Saint Laurent meende zelfs dat er 'niets mooier' was dan een 'naakt lichaam'. Filmsterren en fotomodellen wezen de weg naar minder stof en meer huid, zeker op het strand. Zanger Brian Hyland had in 1960 een hit geschoord met het nummer 'Itsy Bitsy Teenie Weenie Yellow Polkadot Bikini'.[7]

Maar nog lang niet overal werd vrouwelijk naakt geaccepteerd. Volgens de Nederlandse moderedactrice van de (toen nog katholieke) *Volkskrant*, Martha Kremer, waagden alleen 'slanke Françaises die menen onder en boven de wet te staan'[8] zich aan de bikini en in het katholieke Spanje was de blote vrouwenbuik al helemaal taboe. Dat nota bene een prinses zich zo had laten fotograferen, ging in de ogen van het echtpaar Franco alle perken te buiten. Franco had zich tot dan toe tamelijk op de vlakte gehouden. Maar deze zedenschennis vroeg in zijn ogen om een lesje.

In de auto op weg naar huis praatten Irene en Carlos Hugo nog enthousiast na over de ontvangst in het presidentiële paleis die in een zo goede sfeer leek te zijn verlopen. Maar toen die middag de kranten verschenen, kwam de schok. 'In een speciale audiëntie', lazen ze, had generaal Franco 'prinses Irene van Holland en haar man' ontvangen. Massó kon zijn ogen niet geloven. Hij had perschef Manuel Lozano Sevilla vooraf nog zo gezegd hoe Carlos Hugo genoemd moest worden: don Carlos de Borbón. Paars van woede sprong hij in de auto om Lozano om opheldering te vragen, waarna het bijna tot een handgemeen kwam. Maar hoewel Lozano bij hoog en bij laag volhield dat Franco hier niets mee te maken had, wist Massó wat hij eigenlijk al langer had gevoeld: de caudillo was hun vriend niet meer. Het eerste gesprek tussen Franco en Carlos Hugo en Irene zou ook het laatste zijn.[9]

Relaties

Minister Luns van Buitenlandse Zaken deed vanuit Nederland intussen zijn best om Carlos Hugo en Irene in Madrid te isoleren. Nu Irene voor Spanje had gekozen, moest het met de ophef die zij veroorzaakte wat hem betreft maar afgelopen zijn. Als zij en Carlos Hugo contact opnamen, schreef hij op 6 mei 1964 in een codebericht aan ambassadeur Van Panhuys, wilde hij daarover 'steeds en onmiddellijk' ingelicht worden. Sociale contacten met het paar waren 'geen bezwaar', schreef hij, 'mits u deze niet zoekt en u ervoor zorg draagt dat deze niet worden tot veelvuldig contact'. Aangezien Irene Nederlandse was, mocht de ambassadeur haar op nationale feestdagen wel uitnodigen, maar het contact moest beperkt blijven tot 'eenmaal per jaar'. Ook verzocht hij 'geen medewerking' te verlenen als het paar om 'speciale voorrechten en faciliteiten' zou vragen. Andere buitenlandse ambassades, zoals die in Rome, kregen de instructie ook.[10]

Uit het archief dat Carlos Hugo in 2002 aan de Spaanse staat schonk, blijkt dat het leggen van contacten in het appartement aan de calle Hermanos Bécquer 6 intussen juist de hoofdactiviteit was. Carlos Hugo en Irene had een dagtaak aan het inventariseren van wie er in Spanje toe deden, en hoe zij met hen in contact konden komen. Uit agenda's valt op te maken dat hun dagen, behalve met het bezoeken van de kerk en de tennisbaan, gevuld waren met het bezoeken, ontvangen en proberen af te spreken met belangrijke personen. Lijsten werden aangelegd met namen en functies van personen uit de kring van Franco, op ministeries, in het corps diplomatique, de kerk en in het bedrijfsleven. Bij de namen werd commentaar geschreven zoals: 'redelijk intelligente persoon', 'vriend van...', 'getrouwd met...' of: 'heel veel geld'. Hindernissen die werden ondervonden, werden ook genoteerd, zoals: 'is in Zaragoza tot dinsdag' of: 'hangt af van zijn zoon'. Op de lijst met 'kennissen in Barcelona' figureerden wetenschappers, industriëlen, carlisten en edellieden, zoals de markies en markiezin del Maestrazgo, die Carlos had leren kennen tijdens 'een cocktail bij het zwembad van Casa Manrane' en die 'zeer aardig' waren. Hoogleraar en ingenieur Francisco Solano leek 'niet erg slim' en had een vrouw die 'scandaleus' lachte, terwijl chemicus Daniel Mangrané werd omschreven als 'zeer lelijk en groot'.[11]

Apotheose

Een sociale en politieke doorbraak voor het paar kwam in november 1964 tijdens een bezoek aan Catalonië, waar veel carlistische oud-strijders woonden. Het Catalaanse regionalisme dat met het carlisme vaak hand in hand ging of daarin wortelde, was tijdens de dictatuur opgevlamd.

In weinig andere provincies werd het centralistische regime van Franco zo gehaat als in Catalonië. Na aankomst in Barcelona bezochten Irene en Carlos Hugo een diner ter ere van de invloedrijke Catalaanse voorzitter van het syndicaat van bankiers, Francisco Gambús. Deze carlist, in 1952 ook betrokken bij een inhuldiging van Xavier in Barcelona, nodigde het paar na binnenkomst uit aan zijn tafel.[12] In het Ritz Hotel had een ontmoeting plaats met studenten, en Carlos Hugo had ook een gesprek met de voorman van het Catalaanse carlisme, Mauricio de Sivatte. Daarna trokken ze de provincie in. Van Tarrassa en Sabadell tot Olot en Valls werd het paar door joelende menigtes onthaald. Op de weg naar Gerona blokkeerden dorpelingen de doorgang. Emotionele scènes speelden zich af met bejaarde dochters van vroegere carlistische strijders en Carlos Hugo en Irene verschenen op de balkons van gemeentehuizen, waar 'Visca Catalunya' (Catalaans voor 'Leve Catalonië') gescandeerd werd.

Juan Besa Esteve, de Catalaanse bestuurder van de Agrupación de Estudiantes Tradicionalistas (de carlistische studentenbeweging AET) beschreef in zijn memoires hoe leden van de plaatselijke carlistische partij het paar op 24 november opwachtten in het dorp Golmés. In een Jaguar E reden ze door de dorpen Poal en Bellvís, waar inwoners de straat op renden en in hun auto's sprongen om aan te sluiten. Aangekomen in Lérida, reed een sleep van meer dan honderd auto's achter hen aan. De burgemeester van de stad stelde motoren van de Nationale Politie ter beschikking om de stoet te begeleiden naar de kathedraal, waar de 'apotheose' volgde: de ontvangst door bisschop

Aurelio del Pino Gómez in een tot de nok toe gevulde kerk, waar uit het koor het 'Salve Regina' klonk. De tocht ging verder naar het gemeentehuis, waar Carlos en Irene in het kantoor van de burgemeester het ereboek van het paleis van Lérida tekenden. Ze lunchten bij de bekende wijnmakersfamilie Raventós in het kasteel van Raimat, om tegen het vallen van de avond als koningen te worden onthaald door de burgemeester van het dorpje Borjas Blancas, de historische 'hoofdstad' van de carlisten. Het 'maakte niet uit wat de prins wel of niet zei', schreef Besa Esteve, 'belangrijk was dat het volk zijn diepe affectie' kon uiten.

Het bezoek van Carlos Hugo en Irene werd in Barcelona afgesloten met een galadiner in het Ritz Hotel met driehonderd gasten, waar de regionale carlistische chef José Prat Piera een 'sterk anticentralistische' speech hield.[13] Na alle tegenslagen was deze ontvangst weldadig. De carlist Javier Lubelza Roca, die erbij was, sprak van een 'triomfale' intocht.[14]

Al snel zou blijken dat het een pyrrusoverwinning was. Met de openlijke omarming van het regionalisme raakten Carlos Hugo en Irene de achilleshiel van de Spaanse nationale staat. Tot dusver had Franco hen in Spanje gedoogd, maar na de reis door Catalonië ging hij het ware gezicht van zijn dictatuur laten zien. Burgemeesters die meegewerkt hadden aan de promotietour werden ontslagen, het Ritz kreeg een boete voor het organiseren van het 'clandestiene' diner en de Spaanse pers sloot voortaan de kolommen voor alle carlistische activiteiten.

Op 26 november 1964 riep Franco in het Koninklijk Paleis van El Pardo zijn ministers van Justitie, Binnenlandse Zaken en Toerisme en de secretaris-generaal van zijn Movimiento Nacional bijeen, om, zoals zijn vertrouweling López Rodó het formuleerde, 'de activiteiten van Carlos Hugo die sinds het huwelijk met prinses Irene van Holland in crescendo gegaan zijn, af te kappen'. De ministers kregen van Franco te horen dat hij Spanje niet wilde opzadelen met 'een successieoorlog'. 'Definitieve beslissingen kan ik nog niet nemen,' zei hij, 'maar de beslissingen die al genomen zijn, moet ik wel duidelijk maken. Deze meneer gaat nergens heen. Ik vraag u daarvan notitie te nemen en verzoek ieder van u om in uw eigen sector het mogelijke te doen om dit te verhelderen.'[15]

Hollandse eetkamer

Irene had in het najaar van 1964 weer vrede gesloten met haar familie.[16] Het huis van Oranje, dat eigenlijk ook een soort land was, liet zich niet zomaar vaarwel zeggen. Bernhard kwam in de loop van 1965 weer regelmatig langs in Madrid, soms op doorreis naar het zuiden van Spanje, waar hij op jacht ging met de Spaanse Bourbons. Dat hij dynastiek nog steeds aan hun kant stond, stond het contact met Irene, nog altijd zijn oogappel, niet in de weg. Volgens Massó reisde hij met haar ook naar Brussel om 'persoonlijkheden' te ontmoeten en de band met koning Boudewijn en de met Franco goed bevriende Fabiola aan te halen.

Het 'cordon sanitaire' rond het paar werd een jaar na het huwelijk ook weer voorzichtig opgeheven. In juni

Aankomst van prinses Irene en prins Carlos Hugo met prins Bernhard en koningin Juliana op Paleis Soestdijk, de avond voor de verlovingsaankondiging, 7 februari 1964.

Audiëntie van prinses Irene en prins Carlos Hugo bij paus Paulus VI in Rome, 7 april 1964.

De verloofden, prins Carlos en prinses Irene Hugo in Parijs, maart 1964.

Protest tegen prins Carlos Hugo bij Paleis Soestdijk in de aanloop naar de bruiloft, 7 april 1964.

De bruiloft van prinses Irene en prins Carlos Hugo op het plein voor de Basílica di Santa Maria Maggiore in Rome, 29 april 1964.

Prins Carlos Hugo (bij het pijltje) bevrijdt een deelnemer aan de stierenrennen van Pamplona uit een benarde positie, juli 1964.

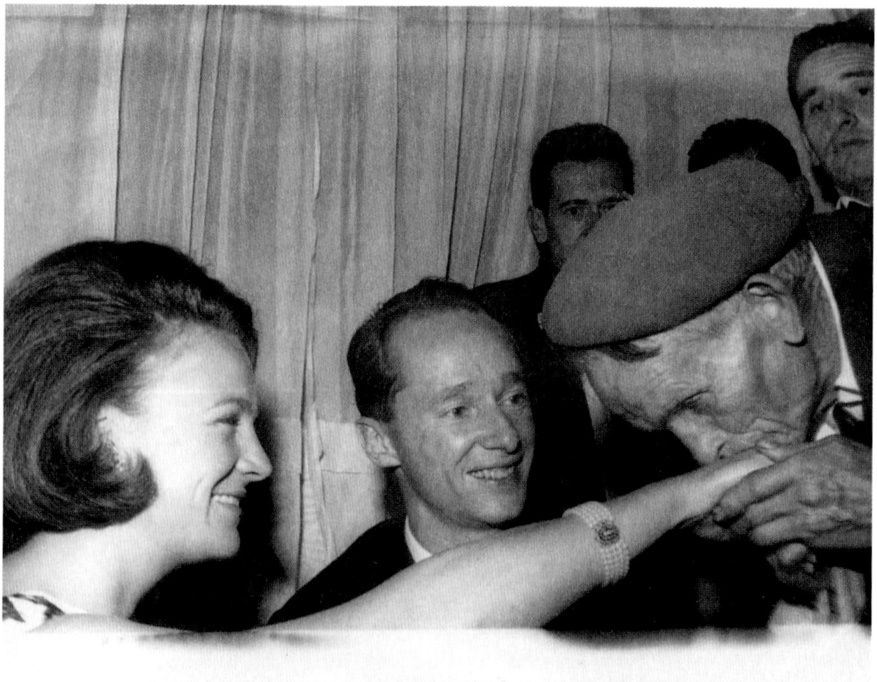

Begroeting door een carlistische oud-strijder in Noord-Spanje, zomer 1964.

'Carlos en Irene, jullie mogen bij Javier wél naar binnen. De requeté van Sangüesa.' Spandoek dat tijdens de tournee van prins Carlos Hugo en prinses Irene bij het kasteel van Javier in Sangüesa werd opgehangen, nadat prins Juan Carlos en zijn vrouw, prinses Sofía, de toegang daar eerder ontzegd was.

Prinses Irene maakt haar debuut op de Montejurra, begeleid door de zus van prins Carlos Hugo, prinses Marie-Thérèse (rechtsboven), mei 1965.

Prinses Beatrix en prins Juan Carlos op het huwelijk van prinses Beatrix en prins Claus, 11 maart 1966.

Prinses Irene en prins Carlos Hugo in een arrenslee in Lech met prins Claus, prinses Margriet, prins Willem-Alexander, prins Maurits en prins Johan-Friso, 8 maart 1969.

Prinses Irene met prins Bernhard (rechts) en prins Carlos Hugo (linksachter) in Lech, 1968.

Prinses Irene en prins Carlos Hugo met prins Bernhard en koningin Juliana voor villa De gelukkige olifant in Porto Ercole, 1967.

Prins Carlos Hugo
en Prinses Irene in
en rond hun villa
in Madrid, circa 1967.

1965 werd een diplomaat in Madrid door Irene en Carlos Hugo uitgenodigd om 'een drankje' te drinken. Hij had de uitnodiging aangenomen, maar de nieuwe ambassadeur, Coenraad baron van Haersholte, informeerde voor de zekerheid toch even bij minister Luns of dat niet in strijd was met de eerdere instructie om uitnodigingen van de prinses af te wimpelen 'onder voorwendsel van verhindering of ongesteldheid'.[17] Na 'een gesprek met Zijne Koninklijke Hoogheid de prins' [Bernhard] meldde Luns dat het uitnodigen van Irene voortaan weer was toegestaan. Als een evenement plaatshad, was haar aanwezigheid 'akkoord', ook samen met Carlos Hugo, al moest vermeden worden dat 'carlistische vertegenwoordigers' acte de présence gaven.[18]

De band met Nederland werd ook hersteld. In september werd Irene's zetel naast de troon weliswaar verwijderd uit de Ridderzaal, maar in februari 1965 maakte Marijnen bekend dat op haar verjaardag nog gewoon gevlagd zou worden. 'Als de koningin verheugd is in de verjaardag van de prinses, dan voelen wij daarin mee,' zei hij.[19]

Een particulier huwelijkscomité dat 50.000 gulden had ingezameld voor de aanschaf van een 'Hollandse huiskamer', kwam begin 1965 naar Madrid. In het bijzijn van de pers vertelde Irene met 'glinsterende ogen' over haar droom: de inrichting van een Hollandse eetkamer, met zwarte en witte tegels, 'zoals in de huizen van de zeventiende eeuw', en vensters met ruitjes in 'zachtgroen en teer roze'. 'Irene is voor ons het symbool van de liefde, de vrijheid en het huis van Oranje,' verklaarde Gribling tegen Stan Huygens van *De Telegraaf*. 'Soms vallen wij de persoonlijke vrijheid van onze medeburgers aan, maar na zo'n aanval trekken wij ons beschaamd terug, omdat wij voelen dat wij iemand hebben aangetast in iets dat hem of haar het meest heilig is.'[20]

De scheiding tussen staat en prinses, die door het huwelijk in theorie had plaatsgevonden, kreeg in de praktijk moeizaam zijn beslag. Irene was te zeer gehecht aan Nederland en de positie die zij in dat land innam, om afscheid te nemen. De regering had ook moeite met de scheiding. Toen de Kamer van Marijnen wilde weten of Irene nu wel of niet tot het Koninklijk Huis behoorde, vond hij de vaststelling dat de regering niet langer voor haar verantwoordelijk was, voldoende. Zijn opvolger, Jo Cals, liet in november aan de ministerraad weten dat als de Kamer zou vragen naar de kwestie hij wel 'beschouwingen', maar 'niet direct een concreet antwoord' wilde geven. Tot verbazing van *Het Parool* stonden Irene en Carlos in het voorjaar van 1965 gewoon weer in de Nederlandse Staatsalmanak vermeld.[21]

Moderne ontwikkelingen

Nu Franco zich zo openlijk tegen het carlisme gekeerd had, raakte de beweging stuurloos. In het kasteel Puchheim in Oostenrijk organiseerde Xavier begin 1965 een congres. Maar in plaats van dat een nieuwe politieke koers werd aangekondigd, zoals gehoopt, wijdde hij lang uit over het testament van zijn oom, Alfonso Carlos, en deelde hij onderscheidingen uit aan oud-strijders. Ambassadeur Van Panhuys berichtte in februari 1965 aan de minister van

Buitenlandse Zaken dat 'hoe meer men zich verdiept in de geschiedenis van het carlisme, hoe meer de verwarring toeneemt'. Het aantal groepen dat zich 'traditionalisten' noemde, maar zich ook weer van elkaar afscheidde, of zich met anderen samenvoegde, was 'legio'. In 1957 had een groep carlisten zich bijvoorbeeld van Bourbon-Parma afgekeerd ten gunste van Juan van Bourbon en de carlistische troon werd volgens hem geclaimd door maar liefst nog 23 andere pretendenten.[22]

Frans Jozef van Habsburg, de kleinzoon van de carlistische koning Carlos VII, had het er na de verlovingsaankondiging intussen niet bij laten zitten. Hij was vanuit Wenen naar Madrid getogen om tegen Carlos Hugo een gerechtelijke procedure aan te spannen die hem moest beletten zich nog langer 'hertog van Madrid' te noemen. In oktober 1965 werd Van Habsburg door de rechter in het gelijk gesteld.[23]

Maar het dynastieke gesteggel verbleekte bij de politieke verschillen die onder het carlistische adagium van *Dios, Patria, Fueros, Rey* (God, Vaderland, plaatselijke vertegenwoordiging, Koning) ontkiemden. Niet alleen het openlijke conflict met Franco vroeg om een antwoord, ook de oprukkende modernisering. Partijleider Valiente schreef aan Xavier dat het katholieke traditionalisme verlamd dreigde te raken door de 'liberale' geest die overal rondwaarde. Hoewel de carlisten 'een dynastie en een volk' hadden, en 'Montejurra vieren', ontbrak het volgens hem aan 'geprepareerde politici' die op de moderne ontwikkelingen een antwoord hadden.[24]

De vernieuwing binnen de katholieke kerk die met

het Tweede Vaticaanse Concilie in 1962 begonnen was, betekende voor het carlisme een aardverschuiving. De godsdienstvrijheid die Rome introduceerde, haalde een van de belangrijkste pijlers onder het carlisme vandaan: het uitgangspunt dat de katholieke kerk de enige ware was. Voor orthodoxe carlisten viel aan dat principe niet te tornen. Maar een nieuwe generatie juichte religieuze vrijheid en oecumene toe, en vond sociale en politieke hervormingen belangrijker dan orthodoxe religie.[25]

Xavier zag de liberalisering in Spanje hoofdschuddend aan. Priesters gaven zich over aan vernieuwingsdrang, terwijl het de tegenstanders ontbrak aan de moed ertegenin te gaan. Hij vroeg zich af of de nieuwlichterij tijdelijk of blijvend was. En wat wel of niet 'geofferd' kon worden. Deze wereld, schreef hij aan Manuel Fal Conde, zijn vroegere strijdmakker uit de Burgeroorlog, is 'heel anders dan de onze'.[26]

In het voorjaar van 1965 trad Irene voor het eerst op de Montejurra op. Omdat Carlos Hugo met zijn vader in Rome was voor een audiëntie bij paus Paulus VI, maakte zij haar debuut op de berg in haar eentje. Na afloop van een receptie op de Nederlandse ambassade ter gelegenheid van Koninginnedag had Pedro Echevarría haar in het geheim naar een afgesproken plaats in Madrid gebracht, waar Massó en drie medewerkers haar opwachtten. Nog gekleed in een roze galajurk was ze naar het noorden gereden.

In een granaatkleurig ensemble met hoge laarzen en op haar hoofd een witte baret – het traditionele hoofddeksel van carlistische koninginnen – verscheen Irene op 2 mei 1965 voor het eerst op de top van de berg, Ze werd begroet door een niet eerder geëvenaard aantal van meer dan honderdduizend carlisten, die eindelijk de kans kregen om hun prinses in het echt te zien. José Antonio Parilla beschreef hoe fanatieke pelgrims 'als één man' de berg op stormden. Maar tot zijn verbazing werd het fotografen even later verboden vast te leggen hoe Irene ter communie ging. 'Nederlandse protestanten' zouden daar aanstoot aan kunnen nemen. Volgens een speciale verslaggever van *De Telegraaf* stond Irene in haar 'slank makende mantelpakje' naar de wild juichende mensenmassa glimlachend maar 'eenzaam' te wuiven. Van werkelijk contact was geen sprake, Irene was volgens hem 'als attractie naar de berg gehaald'.[27]

De bijeenkomst werd de meest antifranquistische manifestatie die op de Montejurra tot dan toe had plaatsgevonden. Veel aanwezigen verzetten zich niet alleen tegen Franco's centralistische dictatuur, maar waren ook links en zelfs seculier. Die middag werd op de Plaza de los Fueros in Estella voor het eerst geciteerd uit het werk van Xaviers oude aartsvijand Karl Marx. 'Krachten die in de schaduw hebben kunnen groeien,' waarschuwde een traditionalistisch pamflet kort daarna, zijn tijdens Montejurra 'tot bloei' gekomen en 'dreigen zich tussen Xavier en Carlos Hugo in te dringen'.[28]

Burger aan het hof

Op Soestdijk leidde de komst van een nieuwe schoonzoon in de loop van 1965 intussen tot nieuwe problemen. Tijdens een lustrumweek van het Wageningse studentencorps was Irene's jongere zusje, Margriet, de rechtenstudent Pieter van Vollenhoven tegen het lijf gelopen. Deze 'gekke originele dwarse aap' uit Rotterdam lag niet goed aan het hof.[29] Bernhard gunde zijn dochters een vrije partnerkeuze, maar dat betekende niet dat het paleis voor iederéén toegankelijk was. Pieter was niet alleen niet van adel, hij had als student evenmin een 'goed métier', noch vermogende ouders, en bovendien was hij een Nederlander. Als de koninklijke kring uit dat soort mensen zou gaan bestaan, zou het met de unieke status van de familie wel snel afgelopen zijn.

Zoals vaker wanneer het om dynastieke kwesties ging, schaarde Beatrix zich achter haar vader. Zij geloofde in de progressieve kracht van de jeugd, het slechten van grenzen tussen religies en in de eenwording van Europa, maar níét in het afschaffen van haar eigen koninklijke klasse. Juliana daarentegen, vond dat een huwelijk werkelijk om liefde moest gaan, en kondigde de verloving in maart 1965 vrij plotseling aan. Ooggetuigen zagen hoe Beatrix bij het horen van dat nieuws stampvoette en huilde. De 'ijzige wind' van haar misnoegen zou Pieter nog jarenlang voelen.[30]

In juni van dat jaar maakte Beatrix haar eigen verloving met de Duitse diplomaat Claus van Amsberg bekend. Afkomstig van lage Duitse adel, stond hij sociaal net zo dicht bij, of ver af, van de Europese vorstenadel als Pieter van Vollenhoven.[31] Maar formeel had hij een adellijke herkomst, en ouder, bedachtzamer en intellectueler dan Pieter, gedroeg hij zich ook aristocratischer. En hoewel zijn Duitse paspoort geen aanbeveling was, was hij ten minste géén gewone Nederlander.

De pers kreeg plezier in het pesten van Pieter, die aan het hof door niemand beschermd werd. In een bericht over de aanschaf van een nieuwe Porsche door Claus werd sarcastisch opgemerkt dat 'de heer Van Vollenhoven zich verplaatst in een Dafje'.[32] Voor Carlos Hugo en Irene was Pieter een welkome bliksemafleider. Tijdens de familievakantie in Lech in maart 1965 waren de kritische ogen van Bernhard en Beatrix nu eens op de student met de grote bril gericht, in plaats van op Carlos Hugo, die als nazaat van Lodewijk XIV plotseling wel zeer gunstig tegen hem afstak. In de zomer van 1965 voer Irene met Beatrix op haar koninklijke lemsteraak, de Groene Draeck, door Zeeland, waarna ze met haar, Claus, Bernhard en Juliana een bezoek bracht aan de Brits-Portugese zakenman en geestelijk leider Aga Khan IV op Sardinië. De zomer werd doorgebracht met de familie in Porto Ercole en oud en nieuw werd dat jaar gevierd op Drakensteyn, waar naast Claus ook de Duitse prinsen Maurits van Hessen en Richard zu Sayn-Wittgenstein werden uitgenodigd.

Tijdens een jachtpartij op Het Loo, die aan het eindejaarsfeest voorafging, schitterde Carlos Hugo in zijn Franse witte overhemd met das en blauwe overjas tussen de Duitse 'ruige jagers' als de meest vorstelijke van allemaal. Toen een sneeuwballengevecht uitbrak, deed hij volgens *De Telegraaf* 'steeds keurig een stapje opzij als een sneeuwbal zijn richting op kwam'.[33] Pieter, pas geopereerd aan zijn been, had verstek laten gaan.

Eigen grillen

Na de zomer van 1965 riep Ramón Massó de leden van zijn secretariaat bijeen voor een lunch in countryclub Ciudad Diagonal in Barcelona. Terwijl hij met zijn collega's van het eerste uur, Ángel Romera, Pedro Echevarría en José Antonio Parilla na het eten onder een gekleurde parasol een 'goede sigaar' rookte, nam hij het woord. Hij wilde een 'ernstig probleem' aankaarten, zei hij. Uit zijn tas haalde hij een publicatie uit een Duitse krant. Het was een foto van Irene in bikini, die die zomer was genomen in Porto Ercole. 'Als jullie het nog niet gezien hadden,' zei hij, 'zien jullie het nu.'

Opnieuw demonstreerde Irene dat zij zich aan de traditionalistische gevoelens in Spanje weinig gelegen liet liggen. Een jaar eerder had ze met bikinifoto's in het kustoord Positano het echtpaar Franco en de traditionalistische carlisten tegen zich in het harnas gejaagd. Over wat goede zeden waren, had zij duidelijk haar eigen opvattingen. Massó zuchtte. Hij was geen conservatief, hij was tegen de dictatuur en vóór sociale hervorming in Spanje. Maar zagen Carlos Hugo en Irene nu niet dat hun Spaanse, katholieke achterban zich een libertaire levensstijl niet liet opdringen?

Massó's twijfel aan de geschiktheid van Carlos Hugo en zijn vrouw ging inmiddels dieper. Hij vroeg zich af of hun dynastieke project überhaupt nog wel levensvatbaar was. Al tijdens de bruiloft in Rome, toen hij aan kardinaal Giobbe had moeten vertellen dat Carlos Hugo geen Spaans, maar een Frans paspoort had, had de twijfel bij hem toegeslagen. Na de viering van Montejurra in 1964 had hij zich al 'uitgeput en afgebrand' gevoeld. Maar nu sprak hij dat voor het eerst ook uit. 'Ik ben op,' zei hij. 'Ik heb geen kracht meer.'[34]

In het buitenland speelde Carlos Hugo zijn rol als 'Spaans troonopvolger' met verve, constateerde hij, maar in Spanje zelf, waar het gevecht moest plaatsvinden, leek hij niet 'tot het einde' te willen strijden. Ook bij Irene ontbrak het volgens hem aan 'betrokkenheid'. De bikinifoto toonde dat ze nog altijd weinig begreep van de mensen die haar op de Montejurra toejuichten. Met shocktherapie creëerde je geen draagvlak voor hervorming. José Antonio Parilla zat instemmend te knikken. Het paar toonde zich bij de beweging niet werkelijk betrokken, zei hij. Tijdens de reis door Catalonië had Carlos Hugo volgens hem een 'verveelde' indruk gemaakt. Sinds de komst van Irene was communicatie bovendien lastig geworden. Er was 'een kloof' ontstaan. De secretarissen konden dingen nog zo goed organiseren, als de prins om wie het ging zelf niet voldeed, had het geen zin. Carlos Hugo was 'koppig', discussieerde over 'onzin' en joeg zijn 'eigen grillen' na. Ángel Romera was 'moe', bekende hij.

In Spanje had Carlos Hugo voorlopig geen toekomst, meende Massó. Maar alles was nog niet verloren. Als ware spindoctor dacht hij altijd meerdere scenario's uit. Een 'uitzetting' van het paar zou in scène gezet kunnen worden. Buiten Spanje zouden ze hun koninklijke prestige kunnen herwinnen. In 'ballingschap' zouden ze de gebeurtenissen in Spanje af kunnen wachten. En wie weet welke kansen zich dan nog voordeden? Het familiekapitaal van Bourbon-Parma had volgens hem ook aandacht nodig. Die zomer had Massó daarover een alarmerend gesprek gevoerd met Carlos Hugo's moeder. Zij bleek niet op de hoogte van het feit dat de bedragen die zij had afgestaan als 'lening', intussen waren uitgegeven.[35]

Niet alle secretarissen voelden voor het verlaten van het schip. Pedro Echevarría vond het 'onprofessioneel'. Het secretariaat had het 'recht' niet, zei hij, om Carlos Hugo diens dynastieke mogelijkheden te ontzeggen. Zijn familie had 'alles' gegeven, wie waren zij dan om de 'deuren van de zaak' te sluiten? Ze kwamen overeen dat ze zich 'stapje voor stapje' terug zouden trekken, zodat een openlijke breuk kon worden voorkomen. Zonder ruchtbaarheid vertrok Massó dat najaar naar Pamplona, waar hij een baan kreeg aan de universiteit. Pedro Echevarría en Pepe Zavala namen zijn taken voorlopig over.[36]

Prins van het volk

Carlos Hugo was in Spanje veranderd van deelnemer aan een dynastiek spel in een min of meer ongewenste buitenlander. Gezien de irritatie die hij opriep bij het regime, was het een wonder dat hij het land nog niet uitgezet was. Waarschijnlijk schrok Franco terug voor de imagoschade die de uitzetting van een Hollandse prinses uit zijn land, dat juist toenadering tot West-Europa zocht, kon berokkenen.

Omdat Carlos Hugo in de gaten had dat hij op het oude dynastieke pad niet verder kwam, besloot hij in de loop van 1965 om het over een andere boeg te gooien. In een interview met het *Algemeen Handelsblad* profileerde hij zich dat najaar voor het eerst als een hervormer, die toevallig ook rechten op de troon had. 'Het is niet juist om van mijn kansen te spreken,' antwoordde hij op de vraag hoe groot hij de kans achtte dat hij koning van Spanje zou worden, 'maar van die van het politieke systeem dat ik vertegenwoordig.' De monarchie had alleen bestaansrecht, zei hij, als de 'gehele nationale opinie' om een koning vraagt. Hij claimde niet langer het recht op de troon, maar wilde Spanje een democratisch alternatief bieden voor het totalitaire regime van Franco. 'De monarchie op zich interesseert ons niet,' zei hij, het koningschap 'is slechts een oplossing voor het probleem van Spanje van vandaag.' Niet erfelijkheid, maar steun van het volk moest doorslaggevend zijn.[37]

Tijdens een televisie-interview in Parijs had Carlos Hugo in maart 1964 nog verklaard dat hij 'door de schuld van Lodewijk XIV' rechten had die 'onvervreemdbaar' waren, zodat hij de Spaanse troon wel op móést eisen. Van die 'ancien régime'-opvatting was hij teruggekomen. Als prins wilde hij door het volk 'gekozen' worden. Dat strookte meer met het koninklijke model in Nederland dat Juliana voorstond, en ook met dat van Bernhard, die zich in Zuid-Amerika liet inspireren door charismatische volksleiders die door het volk gedragen werden. Dynastiek gezien werd de lucht door de nieuwe koers ook geklaard. Carlos Hugo's erfrechtelijke claim had in Europese vorstenkring de wenkbrauwen doen fronsen. In het voorjaar van 1966 zou het huwelijk van Beatrix met Claus gevierd worden en Juan Carlos zou daar een van de gasten zijn.

Eind oktober 1965 had op het landgoed van de Zwitserse suikerfabrikant Leo Biaggi de Blasys bij Toledo een bijzondere ontmoeting plaats. Biaggi, die bevriend was met Bernhard en sinds 1961 eigenaar was van het vroegere koninklijke jachtgebied Coto de Doñana in Zuid-Spanje, had volgens het Franse persbureau AFP een ontmoeting gearrangeerd tussen Bernhard, Juan Carlos, Sofía, Carlos Hugo en Irene. Tijdens een 'verzoeningsgesprek' beloofde Carlos Hugo volgens AFP dat hij Juan Carlos' claim op de Spaanse troon niet langer zou betwisten.[38]

De carlisten haastten zich om het bericht te ontkennen, maar het was duidelijk dat Carlos Hugo in Spanje naar nieuwe wegen zocht.

Pied-à-terre

In maart 1966 maakte Irene op het huwelijk van Beatrix en Claus een spetterende comeback in Nederland. Op het feest in het Paleis op de Dam was ze 'slanker en mooier dan ooit' en als 'belle van het bal' kreeg ze met haar hardroze avondjurk van *De Telegraaf* de prijs voor de mooiste japon. Het huwelijk van Beatrix was in Nederland omstreden, omdat prins Claus lid geweest was van de Hitlerjugend en hij tijdens de oorlog in het Duitse leger gediend had. 'Beatrix was de eerste om haar zusje de les te lezen toen zij met een katholiek trouwde,' schreef *The Times*, maar nu 'doet zij iets wat nog veel erger is: trouwen met een Duitse soldaat.' Beatrix had na de kritiek gehoopt op een verzoeningsgebaar, maar dat bleef uit. De vanouds linkse en republikeinse hoofdstad, waar zij per se had willen trouwen, raakte ontwricht door rellen met provo's en 'vernieuwers' die, zoals historicus Piet de Rooy schreef, 'het over weinig eens waren, behalve over de noodzaak dwars te zijn'.[39]

Maar voor Carlos Hugo en Irene leek de bruiloft een nieuw begin. Twee jaar eerder waren ze nog uitgemaakt voor reactionaire Franco-aanhangers, nu kreeg Carlos Hugo de kans het publiek zijn progressieve gezicht te tonen. José Antonio Parilla, die met het paar naar Amsterdam gereisd was voor de woordvoering, legde journalisten in Hotel Krasnapolsky uit dat Carlos Hugo een heel andere richting aanhing dan wel werd aangenomen. Hem ging het in Spanje juist om 'modern, democratisch leiderschap'. Hij zou de Spaanse troon alleen accepteren in 'een democratische versie van de monarchie' en hij beschouwde zichzelf als een 'scheidsrechter tussen de oude aristocratie en de nieuwe middenstand'. Dat was volgens Parilla het 'grootste verschil' met Juan Carlos, die het vooral moest hebben 'van een handjevol aristocraten met betrekkelijk grote invloed'.[40]

Vrijwel niemand kende de Spaanse situatie, en in Nederland, waar 'conservatief' een scheldwoord was, sloeg de progressieve toon van Carlos Hugo aan. Van de nood van de breuk met Franco was een deugd gemaakt. Terwijl Beatrix met rookbommen bekogeld werd, schitterden Carlos Hugo en Irene als het moderne prinsenpaar dat het in Spanje opnam tegen de dictatuur. Simon Carmiggelt schreef in *Het Parool* dat premier Cals na alle fouten die hij gemaakt had rond het huwelijk van Beatrix, zo langzamerhand ‘klaar’ was in Den Haag, ‘tenzij hij zou besluiten om het Paleis op de Dam af te breken en daarvan een moderne bungalow te maken, die prinses Irene en Carlos Hugo als pied-à-terre kunnen gebruiken’.[41]

Juan Carlos danste ’s avonds niettemin schijnbaar ontspannen met de bruid. In werkelijkheid was het grootste verschil tussen hem en Carlos Hugo ook niet hun ideologie, maar het feit dat hij wél een goede kans maakte om koning van Spanje te worden, en Carlos Hugo niet.

Upper thousand

In Madrid keerde Irene na de bruiloft terug in een kille wereld. Een ‘schrale tijd in mijn leven’ zou ze het later noemen, ‘van onvermoeibaar geven en opgeven voor een ideaal’.[42] In Spanje kon ze zonder begeleiders door een land reizen en zelf autorijden. Gewoon een vrouw zijn. Maar ze stuitte er ook op een harde werkelijkheid. In Nederland zwaaiden de mensen als ze langskwam, de kranten prezen er haar schoonheid en haar kleding. Waar ze kwam, gingen deuren open.

In Spanje zag niemand haar. Franco’s rechterhand, Carrero Blanco, woonde toevallig in hetzelfde gebouw als Irene en Carlos Hugo. Maar in de lift zei hij niet eens gedag. Na de viering van Montejurra in 1965 had Irene een week lang moeten verblijven in het landhuis van een carlistische familie, omdat Massó bang was dat de regering haar anders het land uit zou zetten. Ze was daar zo ‘nerveus’ geworden, dat het secretariaat in Madrid dagelijks telefoontjes ontvangen had met het verzoek haar te komen halen.[43]

Irene voelde zich eenzaam in Spanje. Carlos Hugo was vaak op reis en dan bleef zij, min of meer geïsoleerd, achter in hun Madrileense flat. Nu de nadelen van het koninklijke bestaan verdwenen waren, kreeg ze voor de voordelen ervan een scherper oog. Dat men haar familie beschouwde 'als een soort persoonlijk eigendom, alsof wij de dochters van het hele volk zijn', was 'juist heerlijk', zei ze die winter tegen het *Algemeen Handelsblad*. De prijs was dan misschien 'het risico op veel kritiek', maar het 'was werkelijk geen gebrek aan liefde. Integendeel.'[44]

In Spanje moest Irene die liefde ontberen. Op de Montejurra werd ze door carlisten één keer in het jaar hartstochtelijk toegejuicht. Maar ze wist eigenlijk nog altijd niet precies waarom. In Spaanse kranten of tijdschriften verscheen ze vanwege de censuur niet of nauwelijks. Het regime verachtte, ridiculiseerde of negeerde haar, de meeste adel wantrouwde haar en de grote meerderheid van de Spanjaarden wist niet wie ze was.

In Europa ontstond in de loop van de jaren zestig intussen een nieuwe, vrije wereld die lonkte. In Londen kwam een nieuwe cultuur op rond popmuziek en mode, Parijs werd een literair en intellectueel centrum van politieke hervorming en emancipatie. Goed opgeleide filosofen, politici en schrijvers vormden in Frankrijk een nieuwe linkse avant-garde, die radicale oplossingen aandroeg voor sociale problemen. Als onderscheidend criterium werd afkomst vervangen door iets wat Irene interessanter vond: eigen artistieke, sportieve of intellectuele prestaties, politiek of zakelijk succes. Dankzij nieuwe foto-, film- en mediatechnologie konden vrouwen bovendien beroemd worden door mooi, stijlvol of sexy te zijn. De hele wereld had in 1967 kunnen zien hoe de blonde Franse filmster Brigitte Bardot op een nieuwjaarsreceptie bij generaal De Gaulle in Parijs verscheen in een militair uniform. Toen haar gevraagd werd wat zij van de generaal vond, had ze geantwoord: 'U kunt beter aan hem vragen wat hij van míj vond.'

Omdat over de wereld reizen makkelijk, maar duur was, ontstond een nieuwe elite, een zogeheten 'jetset' van mensen die zich het reizen per vliegtuig kon permitteren. Landsgrenzen bestonden niet voor deze happy few, de 'wereld' ontmoette elkaar overal. De vorstenadel zette niet langer de toon, maar prinsen en prinsessen die uit hun oude klassenkeurslijf losbraken, kregen bij de nieuwe elite als historisch overblijfsel wel een warm welkom. De Britse prinses Margaret feestte met The Rolling Stones op het eiland Mustique, de Amerikaanse filmster Grace Kelly organiseerde internationale feesten in Monaco en de van de troon weggelopen Britse hertog van Windsor was met Wallis Simpson in Parijs zijn alternatieve hofje begonnen.

Voor Carlos Hugo en Irene, prins(es) én inmiddels politiek activist, ging de loper ook uit. Met Irene's knappe verschijning en haar uitgekiende stijl gleed ze moeiteloos de moderne wereld binnen. De tijd dat je haar een 'dikkerdje' kon noemen, was voorgoed voorbij. Sinds ze een vermageringskuur had ondergaan bij de daarin gespecialiseerde dr. Jiménez, viel ze volgens *De Telegraaf* op door 'de uit stekende schouderbladen' die voor moderne vrouwen 'onvermijdelijk' waren. Kort na haar aankomst in Madrid was ze door

Asunción Bastida, de eigenares van een gelijknamig modehuis, in de Madrileense society gelanceerd als stijlicoon van haar couturelijn 'Línea Irene', die was bedoeld voor de 'lange slanke vrouw'.

Als Irene buiten Spanje kwam, leverde dat altijd foto's op. In cocktail- of avondjurk kon ze de concurrentie met sterren als Jackie Kennedy, Elizabeth Taylor en Romy Schneider moeiteloos aan. Terwijl Irene's mollige zusjes jarenvijftigkleding kochten bij Edgar Vos, liet Irene, slank en atletisch, in een 'bruin modern pak van donegal-tweed' met 'superlange laarzen' de monden overal openvallen. Zodra ze weer even in Nederland was, berichtte de pers over de nieuwste trend die ze nu weer meebracht, zoals 'strak naar achteren gekamd haar, samengebonden in een vlecht'. 'Irene daargelaten,' meende Godfried Bomans, 'schuift de koninklijke familie in hobbezakken door het land.'[45]

Om uit de grimmige en voor hen voorlopig uitzichtloze Spaanse werkelijkheid te ontsnappen, begaven Carlos Hugo en Irene zich steeds vaker in het internationale circuit. Op een bal in het trendy Deauville demonstreerde Irene in het najaar van 1966; met een vlecht hoog opgebonden op haar hoofd, zwaaiend met haar armen en diep door de knieën zakkend, de 'jerk'; een nieuwe dans die was geïnspireerd op het nummer 'The Cool Jerk' van het zwarte R&B-trio The Capitols uit Michigan. De dag ervoor zaten zij en Carlos Hugo in het plaatselijke casino aan de roulettetafel met de pasgetrouwde Frank Sinatra en Mia Farrow.[46] Op het zestiende-eeuwse Portugese zomerkasteel van de Amerikaanse oliemagnaat Pierre Schlumberger bewoog Irene zich in het najaar van 1968 met Carlos Hugo in een 'gouden brokaten jurk' tussen de Britse actrice Audrey Hepburn, de Iraanse ex-keizerin Soraya, de Aga Khan en de Italiaanse filmster Gina Lollobrigida. Ze werden opgehaald met het chartervliegtuig van de Boliviaanse mijnexploitant Antenor Patiño, die getrouwd was met de Italiaanse Beatriz gravin van Rovasenda. Wie zwaaide met een 'roze uitnodiging' hoefde niet door de paspoortcontrole.[47] Een reportage over de 'upper thousand' in wintersportoord Gstaad werd door het weekblad *Elsevier* begin 1967 aangekondigd met: 'De Aga Khan beheert er de duurste nachtclubs. Onassis speelt er kien, je komt er Yehudi Menuhin, Maria Callas, ex-koning Michael van Roemenië en... prinses Irene tegen!'[48]

De pers stond intussen in de rij om de prins en de prinses die vochten tegen de Spaanse dictatuur te interviewen. Van alle leden van de koninklijke familie gaf Irene door de jaren heen veruit de meeste interviews. *Libelle* en *Margriet* waren dankbare afnemers, maar ook de internationale pers had belangstelling. Toen de bekende Frans-Russische societyjournalist Léon Zitrone haar en Carlos Hugo in de zomer van 1966 portretteerde voor *Jours de France*, besloot hij het gesprek met: 'Als ik geen Fransman was, en dus geen republikein, zou ik u graag als koning en koningin willen hebben.' Daarop antwoordden Carlos Hugo en Irene: 'En wij zouden u graag als burger hebben.'[49]

In de winter van 1967 verruilden Carlos Hugo en Irene hun flat in het centrum van Madrid voor een 'romantische bungalow' in een groene buitenwijk. Voor een fotoreportage in het nieuwe huis poseerde Irene in spijkerbroek, zomerjurkje, lila cocktailjurk en lichtblauw deux-pièces in haar tuin, haar bibliotheek, haar salon en met haar kok in de keuken. Irene 'hoort tot de meest ideale vrouwen ter wereld', verzuchtte *celebritywatcher* Henk van der Meijden van *De Telegraaf*, nadat hij haar in de zomer van 1968 toevallig tegenkwam in het vliegtuig op weg naar Rome.[50]

Hersenspoeloperatie

De carlisten waren onderling in conflict geraakt over fundamentele vragen: moet Spanje absolutistisch of democratisch bestuurd worden? Is het carlisme seculier of katholiek, links of rechts? De beweging had onder de dictatuur van Franco niet de mogelijkheid gehad een moderne partij te worden, zoals de conservatieven, de liberalen en de confessionelen in de rest van Europa. Daardoor was het een snelkookpan geworden van opvattingen die uiteenliepen van orthodox-katholiek tot seculier en van reactionair tot socialistisch. Het was onduidelijk waar Carlos Hugo, die beweerde 'voorop' te gaan, naartoe wilde. Heen en weer geslingerd tussen elite en volk, traditie en moderniteit, orthodoxie en vrijheid, Spanje en Europa, representeerde hij eigenlijk vooral zichzelf.

Na het vertrek van Massó hielp secretaris Pepe Zavala vanaf 1966 om het roer radicaal om te gooien. Onder zijn leiding zou het carlisme van een conservatieve 'Comunión Tradicionalista' veranderen in een progressieve 'Partido Carlista'. In februari 1966 boekte hij zijn eerste succes. Tijdens een congres van carlisten in de Valle de los Caídos bij Madrid werd een enquête verspreid met meer dan honderd vragen over de richting die de beweging op moest. Volgens traditionalisten was het een 'hersenspoel-operatie', aangezien de democratische vraag op zich al niet strookte met een traditionalistische aanpak. Voor Zavala was het een geluk bij een ongeluk dat het congres door de politie werd ontbonden. Daardoor verscheen in *Le Monde* het bericht dat carlistische congresgangers zich verzetten tegen de politie en kreeg het carlisme in Europa in één klap een links imago. *Le Monde* noemde de beweging 'anti-kapitalistisch', 'vóór religieuze vrijheid' en 'een oppositie-beweging'.[51]

Zavala ging voortvarend te werk met de benoeming van progressieve carlisten in alle regio's.[52] In het voorjaar van 1966 stond Montejurra voor het eerst helemaal in het teken van vrijheid, einde aan onderdrukking en noodzaak tot hervorming van de universiteit. Voor het eerst werd op de berg een anti-autoritair lied gezongen:

De straat op, kameraden
De straat op,
Want nu is het moment gekomen
Om heel Spanje aan te steken
Met een stroom van stemmen
Die niet gedoofd kan worden.

We zijn met twintig, honderd, duizend
Het tiende van een miljoen,
We zijn een volk in beweging
Niemand kan ons stoppen.

Laat niemand thuisblijven
Komt allen hierheen
Hef de wapens hoog
Dit keer moeten we zegevieren.

Man van Irene

Ignacio Toca was een van de traditionalisten die zich zorgen maakten. In 1956 had hij Carlos Hugo opgehaald van het station, om in Bilbao aan zijn cursus 'Spanje' te beginnen. Maar nu zag hij hoe de beweging onder zijn leiding radicaliseerde. Toca reisde naar Frankrijk om Xavier te waarschuwen dat het carlisme ten prooi dreigde te vallen aan goddeloze republikeinen. Xavier sommeerde daarop alle hervormingen te staken.[53]

In de zomer van 1966 explodeerden de spanningen. De aanleiding was een interview in de *New York Herald Tribune* waarin Carlos Hugo werd afgeschilderd als radicale vernieuwer. Franco's plan om Juan Carlos als opvolger aan te wijzen, schreef de krant, werd 'gedwarsboomd door de alom aanwezige carlistische prins Carlos Hugo van Bourbon en de sterke, volkse, carlistische beweging'. De 'magere man met de brede schouders', aldus de *Herald*, ijverde in Spanje voor 'nieuwe instituties'.[54]

Conservatieve carlisten waren verontwaardigd. Hun erfprins, hoeder van katholicisme en monarchale traditie, werd geportretteerd als een republikeinse, volkse strijder. Het vuur op het secretariaat werd geopend, waarna iedereen elkáár de schuld begon te geven. In juli 1966 leidde een 'verschrikkelijke ruzie' tussen Carlos Hugo en zijn medewerkers tot hun uittocht. De enigen die nu nog overbleven, waren Pepe Zavala en Ángel Romera.[55]

Massó was droevig, maar ook boos over het schijnbare einde van de carlistische beweging, waarmee hij zich, ook na zijn geruisloze verdwijning, nog altijd hecht verbonden voelde. Toen hij te horen kreeg wat er in Madrid gebeurd was, stuurde hij Carlos Hugo vanuit Bilbao, de plek waar alles tien jaar eerder begonnen was, een gedichtje, dat eindigde met:

> Nu blijf je alleen achter.
> Van jou rest zelfs niet eens de naam.
> O, man van Irene![56]

Massó gaf de schuld óók aan zichzelf. Hij had zijn politieke pupil losgelaten. Carlos Hugo's deugden waren verloren gegaan, analyseerde hij, omdat hij 'niet goed geleid en beschermd' was. Hij had pragmatische mensen nodig, die hem weghielden bij 'intellectueel utopisme'. De karakteranalyse die een grafoloog in de winter van 1962 van Carlos Hugo gemaakt had, was volgens Massó zo adequaat dat hij die in de memoires die hij na die zomer begon te schrijven, haast integraal overnam. Carlos Hugo heeft 'weinig geduld' voor het overwinnen van obstakels, had de grafoloog geconcludeerd. Hij heeft 'een grote persoonlijkheid', maar zijn trekken komen boven zekere kenmerken van 'dwars jongetje' nog niet uit. Hij is 'arrogant', maar heeft een 'edel gevoel' van moraal. 'Verwend' door het geluk, heeft hij weinig geleden, zodat hij, hoewel werelds, weinig 'diepgang' kent. Zijn gevoel voor werk is meer 'theoretisch dan praktisch', hij houdt van opdrachten met een sociale boodschap, maar 'overlopend' van intellectualisme, kan hij nooit één ding tegelijk. Hij wil doen waar hij zin in heeft, is 'meer intelligent dan constant', en verliest 'opgesloten in zijn ivoren toren', gemakkelijk 'realiteitszin'. De 'eigen kracht van zijn passies' kan hem leiden naar 'een staat van geringe psychische normaliteit' en zijn karakter is 'zeer vatbaar voor hallucinaties'.

Toen Carlos Hugo eind jaren vijftig halsoverkop in een vliegtuigje gesprongen was om door Spanje te gaan reizen, had Massó gezien dat deze prins voor niets en niemand bang was. Maar hij had ook beseft dat er op hem een oogje gehouden moest worden. Dat Carlos Hugo, losgelaten in de wereld, zich gemakkelijk kon laten meeslepen door onrealistische voorstellingen, en het gevoel voor werkelijke verhoudingen verloor. Het risico daarop was door de komst van Irene, van nature ook een idealistisch persoon, niet kleiner, maar groter geworden. Massó stak de hand in eigen boezem. Hij had de teugels losgelaten. 'We zijn niet vasthoudend geweest,' schreef hij deemoedig. 'We zijn vermoeid geraakt.'[57]

Constructieve wens

De inmiddels openlijke uittocht van secretarissen en daarmee dreigende ondergang van de carlistische beweging alarmeerde Xavier. Hij wees Massó publiekelijk aan als de bron van het kwaad. Onder alle carlistische voormannen verspreidde hij de boodschap dat hij het hem voortaan verbood zich nog langer met carlistische activiteiten te bemoeien. Privé gaf hij hem ook de schuld van de enorme bedragen die intussen waren uitgegeven. Massó vermoedde dat hem de rol van zondebok werd toebedeeld omdat Xavier de strijd met zijn eigen zoon niet aan wilde gaan. Hij antwoordde in een brief dat maar een klein deel van het geld naar de salarissen van medewerkers gegaan was. Zelf had hij als administrateur vier jaar lang gewerkt voor een bedrag van 310.000 peseta's (omgerekend ongeveer 2400 euro) en zijn werkzaamheden hadden juist bestaan uit het beteugelen van 'de spilzucht' van Carlos Hugo. In 1963 had hij hem ook nog een 'persoonlijke lening' verstrekt, waarover niets op papier gezet was.[58]

Xavier deed intussen wat hij kon om zijn traditionele achterban te behouden. Hij zocht zelfs weer toenadering tot Franco. In december 1966 feliciteerde hij hem publiekelijk met het feit dat zijn Ley Orgánica, een basiswet als aanvulling op de grondwet, die de ideologie van het falangisme staatsrechtelijk verankerde, bij referendum met 98 procent van de stemmen was aangenomen. Carlos Hugo sprak – waarschijnlijk onder druk van Xavier – voor deze wet ook zijn steun uit. Irene droeg aan de hersteloperatie bij door in oktober 1966 een pelgrimstocht te leiden naar het Sagrado Corazón de Jesús (Heilige Hart van Jezus).[59] Dit monument voor het katholicisme op de Cerro de los Ángeles (Heuvel van de Engelen) iets ten zuiden van Madrid, was in 1919 tijdens de Burgeroorlog vernield door Republikeinen, waarna Franco het in een grotere versie, in typisch fascistoïde stijl, had laten herbouwen. Onder auspiciën van Irene zwoeren de carlisten voor het beeld 'triomfalistisch' trouw aan de Katholieke Staat.[60] Carlos Hugo's secretaris Ángel Romera verzocht in een brief op 19 november 1966 namens de 'Koninklijke Hoogheden' Carlos Hugo en Irene, bij Franco ook nog om een audiëntie. Wat zij met hem hadden willen bespreken, is onduidelijk, want voor zover bekend heeft het gesprek nooit plaatsgevonden. Vermoedelijk werd het verzoek door Franco geweigerd, als hij het al beantwoordde.[61]

Een nieuwe brief van Xavier aan Franco, op 22 april 1967, toont de verscheurdheid van de oude prins. Met één been stond hij nog in het negentiende-eeuwse katholieke Europa, waar God en koning samen optrokken. Maar met het andere been stond hij in een moderne wereld, waar historische titels hun waarde verloren hadden, God zoekgeraakt was en waar liberalen, socialisten en militaire dictators een nieuwe, politieke werkelijkheid creëerden. Xavier hoopte dat de carlisten Franco's 'Organische Wet' zouden omarmen, schreef hij, omdat het de eerste grondwet in de moderne wereld was die 'níét de liberale geest ademt die de geschiedenis van Spanje zo verstoord had'.

Hij schreef dat zijn zoon en zijn schoondochter dat jaar naar de Montejurra gingen, in de hoop dat de carlisten zich rond Franco's grondwet zouden scharen. Hun aanwezigheid zou een 'nationaal en spiritueel' karakter hebben, dat 'boven politieke opinies' uitging. 'U kent de constructieve wens waarmee ik altijd heb willen handelen en altijd zal handelen, nu en altijd,' besloot hij zijn brief.[62]

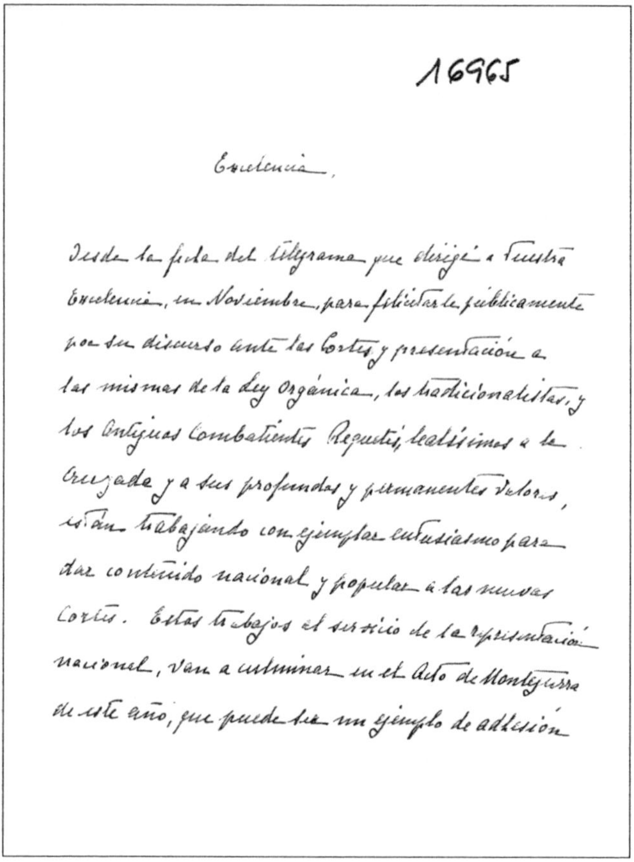
16965

Excelencia,

Desde la fecha del telegrama que dirigí a Vuestra Excelencia, en Noviembre, para felicitarle públicamente por su discurso ante las Cortes y presentación a las mismas de la Ley Orgánica, los tradicionalistas, y los Antiguos Combatientes Requetés, lealísimos a la Cruzada y a sus profundos y permanentes valores, están trabajando con ejemplar entusiasmo para dar contenido nacional y popular a las nuevas Cortes. Estos trabajos al servicio de la representación nacional, van a culminar en el Acto de Montejurra de este año, que puede ser un ejemplo de adhesión

Maar uitstijgen boven tegenstellingen was in deze moderne wereld niet meer mogelijk. De boodschap die namens Xavier in het voorjaar van 1967 op de Montejurra werd voorgelezen, kon moeilijk anders gezien worden dan als een steunbetuiging aan de dictator. 'Ik wens dat jullie je volledig integreren in de vertoning en het publieke leven van de natie, binnen de wetten, om de Spaanse samenleving de garantie van continuïteit te bieden,' luidde de tekst. Xavier vroeg God om de Generalísimo te 'verlichten' en het vaderland te beschermen en te zegenen. Nadat zijn boodschap was voorgelezen, richtte voorzitter José María Valiente van de Comunión Tradicionalista zich rechtstreeks tot de hemel en riep: 'Heer, bevrijd ons van het modernisme van onverantwoordelijke priesters en broeders!'[63]

Valiente was vermoedelijk degene die op de koerswijziging had aangedrongen. De spiritueel aangelegde oude prins zelf had geen antwoord meer op de politieke tegenstellingen. Aanvankelijk was hij meegegaan in de progressieve koers van zijn zoon, maar toen die leidde tot scheuring in zijn beweging, had hij een stap teruggedaan. Ook zijn orthodox-katholieke vrouw, Madeleine, bemoeide zich er inmiddels mee. Zij wilde de carlistische beweging, die grotendeels met haar geld gefinancierd werd, weghouden bij de linkse revolutionairen.

Massó wilde met de orthodoxe koers die dat jaar op Montejurra werd ingezet, niet langer geassocieerd worden. Op 10 mei 1967 maakte hij de breuk met Carlos Hugo, die eigenlijk eerder al plaatshad, algemeen bekend. Hij en de anderen 'die de figuur van prins Carlos Hugo van Bourbon-Parma in Spanje gecreëerd en gelanceerd hebben', zo schreef hij in een communiqué, waren het oneens met de 'ideologische oriëntatie' die op de Montejurra ontvouwd was. 'Het niet-accepteren van religieuze vrijheid, de brede identificatie met antidemocratische elementen, het onbegrip voor de problemen van de Spaanse universiteit en de censuur op het postconciliaire denken' had hen doen besluiten de 'zogenaamde monarchale zaak' te verlaten.[64]

De tegenstellingen kwamen nu ook op Carlos Hugo af. Een groep ultraconservatieve carlisten had intussen besloten zijn jongere broer, Sixtus (1940), als hun eigen kroonprins naar voren te schuiven. Sixtus, het 'moederskind' van de familie, had met lede ogen aangezien hoe zijn broer naar links was afgeslagen. Na zijn katholieke opleiding bij de Frères chrétiens (Christelijke Broeders) en de benedictijnen had hij een poging gedaan via het Spaanse Vreemdelingenlegioen in Melilla onder de schuilnaam 'Enrique Aranjuez' de Spaanse nationaliteit te bemachtigen. Toen dat mislukt was, zocht hij zijn heil alsnog in Spanje, hopend op de terugkeer van katholiek, absolutistisch koningschap onder de 'legitieme' leiding van zijn familie. Toen hij zag dat Carlos Hugo het traditionalistische erfgoed dreigde te verkwanselen, ontstond een conflict dat dramatische gevolgen zou hebben voor de familie van Bourbon-Parma én het carlisme.

'Prins van de toekomst'

In 1968 legde de oude carlist Valiente, moe van de conflicten, zijn voorzitterschap van de Comunión Tradicionalista neer. Voor Carlos Hugo was daarmee de weg vrij om met zijn particulier secretaris, Pepe Zavala, te werken aan de radicale koersverandering. Van een historische, conservatieve beweging moest het carlisme veranderen in een 'jonge partij van de massa's'.[65]

In het pamflet *Don Carlos Hugo, príncipe para el futuro* ('Carlos Hugo, prins voor de toekomst') had Zavala de contouren van de moderne 'troonpretendent van het volk' geschetst. Traditionalisme, regionalisme, katholicisme, socialisme en syndicalisme werden voorgesteld als één geheel. 'Continuïteit en creatie' waren 'de pilaren van de toekomst'.[66]

Het kapitalisme ging ten koste van 'sociale rechtvaardigheid'. Een nieuw economisch systeem was nodig. Met zijn bijzondere persoonlijkheid, zijn speciale opvoeding, zijn vaardigheden en zijn talenten zou Carlos Hugo als geen ander in staat zijn dat in Spanje te introduceren. Zijn reizen door het land hadden 'menigten bijeengebracht', hij had het 'buitengewone' talent om 'van dichtbij te onderzoeken en zonder vooroordelen te vergelijken', hij was een 'leider in hart en nieren' en zou de 'vlag van rechtvaardigheid als voorwaarde voor vrijheid' hooghouden. Dát was de 'ultieme betekenis van monarchale legitimiteit'.[67]

Terwijl zijn beweging desintegreerde, vond Carlos Hugo zijn ideaal. De beperkingen die het verleden hem hadden opgelegd, kon hij nu eindelijk van zich afschudden. Historisch privilege en moderniteit zouden elkaar niet langer uitsluiten. Het antwoord op de strijd tussen beide was hij zélf: een socialistische prins, die 'zelfbestuur' zou introduceren in de regio's. Theoretische ondersteuning vond hij bij zijn zus, Marie-Thérèse. Als ongehuwde vrouw had zij, net als haar andere politiek actieve zus, Cécile, plannen met de wereld. Sinds het moment dat zij zich eind jaren vijftig met haar broer in Madrid gevestigd had, had zij onvermoeibaar voor de carlistische zaak gestreden. In haar memoires noemde ze 1968 het kantelpunt. Dat was het jaar waarin Europa én zij zelf voorgoed veranderden.

Toen had ze beseft wat de ware historische opdracht van het carlisme was. Met de studentenprotesten in Parijs tegen consumentisme, kapitalisme en imperialisme was een nieuwe tijd aangebroken. In heel Europa manifesteerde zich volgens Marie-Thérèse de 'collectieve wil' om het 'liberale kapitalistische systeem' omver te werpen. Ze zag daarin een kans voor het carlisme en een taak voor zichzelf. Door het opzetten van politieke cursussen, de uitgave van een maandelijks bulletin en de opbouw van een internationaal netwerk van socialistische denkers en activisten wilde zij het 'analytische systeem' ontwikkelen dat de 'schematische perceptie' moest leveren voor een nieuwe 'historische en tegenwoordige werkelijkheid'. Na de dood van Franco moest in Spanje een 'zelfsturend' socialistisch koninkrijk verrijzen onder de vlag van Van Bourbon-Parma.[68]

Voor deze nieuwe politieke strijd kreeg Carlos Hugo vooral gehoor in Nederland. De Nederlandse televisie zond in maart 1968 een interview uit waarin hij zijn plannen uiteen mocht zetten. Van 'concurrentie' met Juan Carlos was geen sprake, legde hij uit aan interviewer W.L. ('Boebie') Brugsma. Het ging niet om de strijd tussen twee pretendenten, maar om een 'tegenstelling tussen twee personen met verschillende ideeën over wat geschikt is voor een bepaald land'. Spanje was gebaat bij een 'snelle politieke en sociale evolutie', vertelde hij, geleid door een koning die 'boven de partijen' stond. Het carlisme was geen reactionaire beweging, maar stond juist voor een sociale traditie die, zoals Karl Marx al eens gezegd had, 'veel vrijer' was dan het liberalisme, dat uit de Franse Revolutie was voortgekomen.

In de pers klonk lof voor het 'inhoudelijke' interview dat VARA-journalist Brugsma had afgenomen. Hij had 'televisiegeschiedenis' geschreven, jubelden commentatoren, omdat hij een persoon van koninklijken bloede niet 'braaf en onderdanig' benaderd had.

Maar Brugsma's 'scherpe' ondervraging illustreerde eerder het tegenovergestelde. Op primetime was gedebatteerd met een prins die in Spanje geen staatsburger was en daar ook geen politieke rol van betekenis meer speelde. Carlos Hugo was 'scherp ondervraagd', omdat hij de man van prinses Irene was.

Witte revolutie

Als *freischwebende* prins en prinses zetten Carlos Hugo en Irene hun buitenlandse politiek dat jaar voort. In het najaar van 1968 werd Irene door haar schoonzusje Cécile betrokken bij een hulpoperatie voor de hongersnood in Biafra. Tijdens een persconferentie in Madrid noemde zij het een 'plicht van iedere christen' om geld te sturen. De actie had vooral in Nederland succes. Met tranen in haar ogen vertelde Irene aan *De Telegraaf* hoe ze achthonderd kinderen in een kerk geholpen had met wassen en eten. 'Het enige dat ze wilden, was met hun hoofdjes tegen me aanleunen en vastgehouden worden. Soms voelde ik me net als een kerstboom, versierd met hongerende kinderen,' vertelde ze.

Negen Nederlandse ziekenhuizen stelden veertig bedden beschikbaar, vijftig Nederlandse verpleegsters meldden zich om af te reizen naar Gabon, en de Stichting Vluchtelingenhulp zamelde voor de 'Actie Irene' in totaal 13 miljoen gulden in. Toen de voorzitter van de Stichting Vluchteling Biafra, Gerard van Walsum, bekendmaakte dat van de opbrengst 100.000 gulden was overgemaakt naar prinses Irene zelf, ter vergoeding van haar 'particuliere werk', leidde dat niet tot Kamervragen. De prinses viel tenslotte niet meer onder de ministeriële verantwoordelijkheid. Maar de half-koninklijke hulpactie riep wel vragen op. Een donateur schreef aan *de Volkskrant*: 'Ik heb destijds royaal voor de actie gegeven, maar niet om werkloze prinsessen en hun werkloze schoonzusters in staat te stellen om liefdadigheid te bedrijven. Ik twijfel niet aan de goede bedoelingen van de prinses, maar vind dat de opbrengst van nationale acties zoals die voor Biafra via de geijkte instellingen (zoals het Rode Kruis) haar bestemming moet vinden.'[69]

Kort na haar verblijf in Biafra verscheen Irene met Bernhard en Carlos Hugo op de Olympische Zomerspelen in Mexico. Ze noemde het 'frustrerend om hier te zijn, terwijl ik weet wat er in Biafra gebeurt', maar wees op de 'verplichtingen' waar zij en Carlos 'gewoonweg niet onderuit' konden.[70] Omdat niemand het paar naar Mexico had afgevaardigd, was niet duidelijk aan welke verplichtingen ze refereerde. Voor Franco's zaakgelastigde in Mexico, Alonso Álvarez de Toledo, was hun aanwezigheid vooral een protocollaire last, zeker toen prins Juan Carlos te kennen gaf dat hij ook naar de Spelen wilde komen. Van 'zeer goed geïnformeerde personen' had Alvarez de Toledo vernomen dat Carlos Hugo een audiëntie probeerde te regelen bij de Mexicaanse president, Gustavo Díaz Ordaz. Maar tot Toledo's opluchting had die laten weten dat hij het daarvoor te druk had.[71]

Als chaperonne van haar vader stal Irene intussen de show in het olympische dorp. Toen de Nederlandse zwemster Ada Kok bij de vlinderslag op de 200 meter de winnende tijd van 2:24:70 haalde, hing Irene haar een gouden medaille om. 'Prinses Irene blijkt in den vreemde een van de mooiste vrouwen van ons land te zijn geworden,' verzuchtte columniste Mischa de Vreede in het *Algemeen Handelsblad*.[72]

In december maakten Carlos Hugo en Irene een reis naar Iran. De Spaanse zaakgelastigde Alberto Escudero Claramunt, die nog maar pas in Teheran zat, schreef aan zijn minister in Madrid dat hij er niet achter had kunnen komen wie hen had uitgenodigd. Maar hij vermoedde dat het de (met Bernhard goed bevriende) sjah, Mohammad Reza Pahlavi, of diens halfzus, prinses Fatima, geweest was, aangezien ze aan het hof ontvangen werden.[73] Carlos Hugo bezocht in Teheran industriële installaties, voerde gesprekken met mensen in het 'universitaire milieu' en lunchte met de minister van Buitenlandse Zaken. In Iran ontstond daardoor de indruk dat de 'erfprins van Spanje' op bezoek was. Escudero Claramunt deed zijn best journalisten en overheidsfunctionarissen uit te leggen dat dit niet het geval was, maar gezien de egards waarmee Carlos Hugo en Irene ontvangen werden, was dat niet eenvoudig.

Toen prinses Shahnaz, de dochter van de sjah, de Spaanse diplomaat uitnodigde voor een lunch met het paar, had hij niet kunnen weigeren. Het feit dat Shahnaz tijdens de ramadan een lunch organiseerde, had hem verbaasd, maar op 5 december meldde hij zich 's middags toch aan de poort van haar huis. Daar vernam hij tot zijn 'buitengewone verbazing' dat niet prinses Shahnaz zijn gastvrouw was – zij bleek op reis te zijn – maar dat de prins en prinses van Bourbon-Parma hem bij haar thuis ontvingen. Carlos Hugo wilde van hem weten hoe hij dacht over de 'witte revolutie' van de sjah, en in hoeverre hij meende dat deze 'daadwerkelijk ten uitvoer gebracht werd', maar Escudero Claramunt had zijn commentaar 'zo vaag als mogelijk' gehouden, schreef hij.[74]

Terwijl de Spaanse regering zich met de rondtrekkende 'Spaanse' prins en prinses niet goed raad wist, ontstond ook in Nederland gemor over de onduidelijke positie van Irene en haar man. Geen ander lid van de koninklijke familie kon zich zo vrij bewegen als Irene, aangezien zij niet onder de ministeriële verantwoordelijkheid viel. Op de vraag of zij wel of geen lid was van het Koninklijk Huis, was nog altijd geen antwoord gekomen. Het lidmaatschap bracht rechten met zich mee, zoals de vrijstelling van successiebelasting. De 'waardigheid' van leden van het Koninklijk Huis was strafrechtelijk beschermd, ze mochten gratis poststukken verzenden, vielen buiten de wet van de lijkbezorging en hadden recht op beveiliging door de marechaussee.

Bij alle premiers die Marijnen sinds Irene's huwelijk hadden opgevolgd, Jo Cals (KVP), Jelle Zijlstra (ARP) en Piet de Jong (KVP), had de Kamer geïnformeerd naar haar formele status. Maar zonder resultaat. Premier De Jong was bereid vast te leggen dat het 'vlaggen' op verjaardagen voortaan beperkt werd tot Juliana, Bernhard, Beatrix, Claus en Willem-Alexander. Maar zo ver om Irene buiten het Koninklijk Huis te plaatsen, wilde hij niet gaan. Gevraagd om advies, vonden de ministers van Staat Willem Drees en Pieter Oud het evenmin 'noodzakelijk, noch wenselijk' om een omschrijving van het begrip 'lid van het Koninklijk Huis' te geven. De vraag werd steeds afgedaan met de vaststelling dat Irene niet langer onder de ministeriële verantwoordelijkheid viel.

In november 1969 eiste de Kamer opnieuw duidelijkheid. In welke hoedanigheid hing Irene medailles om de hals van Nederlandse sporters? Ze had voor Spanje gekozen, dan moesten daaruit ook consequenties getrokken worden, vonden onder andere PvdA en D'66.

De Staatscommissie-Cals/Donner, die vanaf 1969 de Grondwet moest herzien, werd gevraagd zich over de kwestie te buigen. De meningen waren verdeeld, maar De Jong maakte na veel gesoebat in februari 1970 bekend dat zijn kabinet toch tot 'een definiëring' van het begrip lid van het Koninklijk Huis wilde komen. In Artikel 39 van de Grondwet werd vanaf 1972 bepaald dat de namen van de leden van het Koninklijk Huis wettelijk moesten worden vastgelegd. Maar het zou nog tot 1985 duren voordat dit met de Wet Lidmaatschap Koninklijk Huis ook daadwerkelijk geregeld werd. Pas vanaf dat moment was Irene formeel géén lid meer.

Koude douche

Franco werd steeds ouder en zwakker, maar de naam van zijn opvolger wilde hij nog steeds niet noemen. De verdeeldheid in Spanje compliceerde zijn keuze, klaagde hij. Ook vreesde hij dat de aanwijzing van een opvolger zijn eigen positie zou ondermijnen.

Het regime wilde Juan Carlos. De klassieke monarchisten hielden vast aan zijn vader, Juan, en reactionairen hadden inmiddels hun oog laten vallen op Juan Carlos' reactionaire neef, Alfonso van Bourbon-Dampierre. Hij was de oudste zoon van de eigenlijke eerste erfopvolger van Alfonso XIII, Jaime van Bourbon. Omdat Jaime in 1933 afstand van zijn rechten gedaan had, hadden zijn kinderen hun rechten verloren. Maar in 1949 had Jaime zijn rechten herroepen. Sinds zijn echtscheiding kwam hij voor de troon zelf niet meer in aanmerking. Maar zijn zoon Alfonso werd in de loop van de jaren zestig door franquistische hardliners beschouwd als een betere kandidaat dan Juan Carlos, omdat hij zich duidelijker uitsprak vóór het falangisme.

Carlos Hugo speelde in het spel om de troon geen rol van betekenis meer. Maar hij was strijdbaarder dan ooit. Van een weifelende troonpretendent die moest proberen om het met Franco op een akkoordje te gooien, was hij veranderd in een revolutionaire strijder. 'Ik ben geboren voor de strijd,' schreef hij aan de vroegere politiek leider van de carlisten, Manuel Fal Conde, 'en ik ben vastbesloten om te zegevieren. Ik voel geen haat. Haat verzwakt, vervormt het oordeel en schaadt de sereniteit. Ik voel affectie voor veel van degenen die mijn vijanden zijn. En ik zal hun een flink koude douche geven. Dat hebben ze nodig. De vijand is de vijand en het is de plicht hem te overwinnen, zonder haat. Daarom is het nodig de discipline en de autoriteit te herstellen, die verzwakt is. Dat is mijn opdracht voor de komende maanden.'[75]

Xavier besefte dat hij door de tijd was ingehaald. De nieuwe generatie was aan zet. Zijn zoon was zijn opvolger, aan dat gegeven wilde hij niet tornen. Tijdens een carlistische bijeenkomst in het klooster van Nuestra Señora de la Valvanera die hij bijwoonde, werd La Rioja uitgeroepen tot 'autonome regio' van Spanje. Tijdens een reis door die regio hekelde Carlos Hugo openlijk het regime, dat van de monarchale opvolging volgens hem een farce maakte.

Kort daarna besloot Franco aan de aanwezigheid van de leden van het geslacht van Bourbon-Parma in Spanje een einde te maken. Terwijl Carlos Hugo op de ochtend van 20 december met Irene in de suite van het vijfsterrenhotel Corona de Aragón in Zaragoza verbleef, belde de receptie. De civiel gouverneur stond beneden. Hij wilde Carlos Hugo spreken. Toen hij weigerde naar beneden te komen, volgde een telefoontje van de hoogste politiechef, die hem meedeelde dat hij een uitzettingsbevel voor hem had. Carlos Hugo belde met het Koninklijk Paleis van El Pardo, maar kreeg Franco niet te spreken. Rond één uur 's middags had in de lobby van het Corona de Aragón volgens *De Telegraaf* een 'dramatische afscheidsscene' plaats. De tranen stroomden bij Irene over de wangen, terwijl Carlos Hugo zei: 'Houd nu op met huilen, het komt allemaal best in orde.' In een auto van de Spaanse politie werd hij even later naar de Franse grens gereden.[76]

Irene keerde in haar eentje terug naar Madrid. De ouders en zusjes van Carlos Hugo kwamen ook, voor 'familieberaad'. Een verslaggever van het *Nieuwsblad van het Noorden* spoorde Carlos Hugo op in de Franse grensplaats Hendaye, waar hij aan de vooravond van Kerstmis met

Pepe Zavala, 'een forse, kleine man met een dodelijk vermoeid hoofd', zijn intrek genomen had in een 'burgerlijke tweederangs hotelkamer' van het Hotel du Midi.

'Een man zoekt zich een taak,' verklaarde hij. 'De mijne is om tezamen met grote groepen Spanjaarden een oplossing te vinden voor de democratisering van het land. En daarmee bedoel ik dat Spanje niet over de mensen heen wordt geregeerd, maar dóór hen, vóór hen.'[77] Irene, die de situatie volgens hem doorstond 'met noordelijke koelbloedigheid' bracht de kerstdagen in Madrid door met haar schoonouders en schoonzus Marie-Thérèse. Maar toen ook voor hen een uitzettingsbevel werd uitgevaardigd, vertrok de familie naar Parijs. Voordat Xavier in Madrid op het vliegtuig stapte om Spanje voorgoed te verlaten, verklaarde hij dat hij zou blijven strijden voor 'regionale, syndicale en politieke vrijheid', de 'essentiële voorwaarden voor de deelname van het volk aan de regering in het land'.[78]

Irene en Carlos Hugo reisden vanuit Parijs door naar Nederland, waar ze op Schiphol met een 'stralende lach' begroet werden door opperstalmeester Freek Bischoff van Heemskerck en Juliana's particulier secretaresse, Binebeth Roëll. Terwijl in Noord-Spanje rellen uitbraken met carlisten die protesteerden tegen Carlos Hugo's uitzetting, waren Irene en Carlos Hugo in de Utrechtse Domkerk bij de doop van Beatrix' tweede zoon, Friso. Kardinaal Alfrink, na zijn mea culpa gerehabiliteerd, was ook van de partij.

Irene was nu nog de enige die Spanje in mocht. In januari keerde ze terug om Carlos Hugo's taken waar te nemen. Na een onderhoud met de pauselijke nuntius in Madrid, Luigi Dadaglio, reisde ze naar Frankrijk, daarna naar Nederland en vervolgens weer naar Spanje. Op het vliegveld van Madrid werd ze verwelkomd door een twintigtal carlisten. Toen een verslaggever van *De Telegraaf* vroeg of ze niet bang was, schudde ze met een glimlach 'nee'. Twee weken later deed de Spaanse politie een huiszoeking bij haar in Madrid, waarbij 'boeken en archiefkasten overhoop gehaald' werden.

In heel Spanje was intussen de noodtoestand uitgeroepen. Rellen met carlisten hadden zich uitgebreid naar opstanden van regionalisten in Catalonië, waar ook communisten gearresteerd werden. Begin maart sprak de Spaanse regering zich in antwoord op vragen over de uitzetting van Carlos Hugo voor het eerst uit over zijn status. Carlos Hugo was geen Spanjaard maar een Fransman, en hij zou dat wat het regime betrof, ook altijd blijven.[79]

Kandidaat van het regime

De spanning tussen de twee troonpretendenten Juan Carlos en zijn vader, Juan, was in het voorjaar van 1969 om te snijden. De neef van Juan Carlos, Alfonso van Bourbon, was inmiddels ook een geduchte concurrent. Toen eind december 1966 bekend geworden was dat hij zich verloofd had met de oudste kleindochter van Franco, de zestienjarige María del Carmen Martínez-Bordiú, waren in het paleis van Juan Carlos, La Zarzuela, alle alarmbellen afgegaan.

Carmen Polo Franco, de reactionaire echtgenote van de dictator, werd beschouwd als de genius achter deze verbintenis. Zij wantrouwde Juan Carlos, die diep in zijn hart misschien wel net zo'n 'liberaal' was als zijn vader, en ze liet geen kans onbenut bij haar man de kwaliteiten van prins Alfonso, de aanstaande van hun bloedeigen kleindochter, onder de aandacht te brengen.

Gezien de precaire situatie, moest Juan Carlos alles vermijden wat Franco's argwaan kon wekken. Terwijl zijn vader openlijk contact zocht met de linkse oppositie, schurkte hij tegen de falangistische rechterzijde aan. De vraag die iedereen bezighield, was of Juan Carlos het zou durven: zijn eigen vader aan de kant schuiven om de troon te accepteren uit handen van Franco. In een brief herinnerde hij Juan aan het feit dat híj degene was die hem als kind op schoot bij Franco gezet had. En eenmaal op dat pad, ging hij die missie afmaken. 'U hebt op de ene kaart ingezet,' schreef hij, 'en ik op een andere, op úw aanwijzing. Houdt u vast aan uw keus, dan doe ik het aan de mijne. Wint u, dan neem ik mijn hoed voor u af, maar waarschijnlijk is het niet. We dienen aan Spanje te denken, en aan de monarchie.'[80]

Begin januari 1969 maakte Juan Carlos in een interview met het Spaanse regimegetrouwe persagentschap EFE aan de twijfel over zijn beschikbaarheid openlijk een einde. Het ging niet om het monarchale recht, zei hij, maar 'eenvoudig om de vraag hoe ik het nuttigst kan zijn voor mijn vaderland. Daarom heb ik mijn leven gewijd aan de noodzakelijke training.' Met zoveel woorden verklaarde Juan Carlos dat zijn vader dan wel het eerste recht op de troon had, maar dat hij voor het koningschap in Spanje zelf beter geschikt was. Op de vraag of een dynastie kon worden heropgericht door een dictator, luidde zijn pragmatische antwoord: 'De voldoening van een terugkeer van de monarchie is meer dan genoeg reden tot dankbaarheid, en voor een zekere souplesse.'[81]

Franco intussen, bleef talmen. Op 10 april 1969 vroeg Juan Carlos hem op de man af: 'Vertrouwt u me niet, generaal?' Waarop Franco antwoordde: 'Hoezo?'[82]

In juni 1969 bezocht Juan Carlos zijn vader in Portugal. Daar zei hij tegen hem: 'Als u me opdracht geeft om [uit Spanje] te vertrekken, of als u me verbiedt een nominatie aan te nemen, dan pak ik mijn spullen en kom ik met Sofía en de kinderen naar Portugal. [...] Ik kan niet in La Zarzuela blijven als ik op het ogenblik dat het erop aankomt en er een beroep op me gedaan wordt, geen "ja" kan zeggen. Dan word ík geen koning, maar ú ook niet. Als ik tegen Franco "nee" zeg, zal hij zich tot Alfonso wenden.'[83] Na alle 'smerige trucs' die hem geleverd waren, klaagde Juan, zag hij nu in dat 'het grootste probleem zijn eigen zoon' was.

Aan Carrero Blanco beloofde Franco dat hij vóór 18 juli zijn aankondiging zou doen, maar daarna zei hij weer: 'Het kan vóór of na de zomer zijn.' Op 3 juli 1969 deed Franco de belofte aan Carrero Blanco opnieuw, maar dit keer was het menens, want nog dezelfde dag riep hij ook Miguel Primo de Rivera y Urquijo, een oude schoolvriend van Juan Carlos, en de neef van de stichter van de Falange, bij zich. Hij onthulde dat hij besloten had Juan Carlos tot zijn opvolger te benoemen, maar zei dat hij dat nog niet aan de prins mocht vertellen. Vermoedelijk rekende hij er al op dat de jeugdvriend zich aan dat laatste niet zou houden.

Primo de Rivera stapte meteen in zijn auto om naar

La Zarzuela te rijden. Daar trof hij Juan Carlos aan bij het zwembad. Zodra de prins het nieuws hoorde, slaakte hij een kreet van blijdschap, waarna hij samen met Primo de Rivera, die nog gekleed was in het voor een bezoek aan het Koninklijk Paleis van El Pardo vereiste jacquet, het zwembad in dook.[84]

Familievader

De Spaanse ambassadeur in Den Haag, Ángel Sanz Briz, rapporteerde op 27 maart 1969, over een bijzondere ontmoeting die hij had met prins Bernhard op Huis Ten Bosch. Tijdens het jaarlijkse diner voor het Corps Diplomatique had de prins hem apart genomen. Kort daarvoor had het regime officieel bekendgemaakt dat Carlos Hugo de Spaanse nationaliteit niet had en ook nooit zou krijgen.

Hoewel Bernhard zei een 'aversie' te hebben tegen 'inmenging in politiek', had hij de ambassadeur verrast met een openhartige analyse van de situatie. Zowel de Nederlandse als de Spaanse regering, zei Bernhard, hadden veel 'zware onaangenaamheden' bespaard kunnen blijven, als deze publieke aankondiging 'vijf jaar eerder' was gekomen, zei hij. Via 'gemeenschappelijke vrienden' had de prins er bij Franco zelfs meerdere malen op aangedrongen om de 'onmogelijkheid' voor Carlos Hugo om op de Spaanse troon te komen, officieel bekend te maken. Maar tot zijn spijt was aan dat verzoek nooit gevolg gegeven.

Op geen enkel moment had Bernhard een toon van

protest laten horen, schreef de ambassadeur. In het gesprek, dat 'zeer vriendschappelijk' was verlopen, had hij zich volgens hem 'een familievader' getoond, die 'ongerust' was over de toekomst van 'een zoon die hij het pad zag bewandelen van moeilijk haalbare doelstellingen'. Hij vertrouwde hem toe 'grote affectie' te voelen voor 'Juanito' – Juan Carlos – en 'diepe bewondering' te koesteren voor 'het werk dat door Franco in Spanje tot stand gebracht' werd. Maar, zo had hij in alle vriendelijkheid opgemerkt, als de Generalísimo vijf jaar eerder openlijk verklaard zou hebben dat Carlos Hugo als Fransman geen kans op de Spaanse troon maakte, zou hij zijn schoonzoon 'richting meer praktische ondernemingen' hebben kunnen leiden, bijvoorbeeld door 'hem onder te brengen bij een bank, waar zijn intelligentie en zijn dynamiek wegen geopend zouden hebben'.[85]

9

Scheuring

De kansen voor Carlos Hugo om op de Spaanse troon te komen, waren verkeken. Op 24 juli 1969 werd Juan Carlos tijdens een plechtigheid voor de Cortes Generales (Spaanse parlement) met een belofte van trouw aan Franco's Movimiento Nacional officieel ingezworen als de 'prins van Spanje', de titel voor Franco's beoogde opvolger.[1]

'Welke gezonde, niet geheel op zijn achterhoofd gevallen jongeman zou nou toch in 's hemelsnaam anno 1969 nog koning van Spanje willen wezen en elke zomer anderhalf miljoen toeristen met een mud aardappelen op hun imperiaal je grens over krijgen?' vroeg columnist Jan Blokker zich af. Maar het avontuur was wat Carlos Hugo en Irene betrof nog niet voorbij. Opgeven lag in zijn, noch in haar karakter. Het koninklijke decor dat achter hen stond, de financiële middelen die ze nog hadden, en de mensen die daarvan onder de indruk waren, leidden af van de conclusie dat hun strijd verloren was.

Een maand na de benoeming van Juan Carlos betrokken ze de Villa Tréboulenya in Arbonne, vlak bij Biarritz en de Spaanse grens. De verbouwde boerderij werd herdoopt als Villa Valcarlos, ter herinnering aan de carlistische koning Carlos VII, die na zijn verdrijving uit Spanje in 1876 in het grensdorp Valcarlos te Navarra beloofd had: '*¡Volveré!*' (Ik zal terugkomen!).

De correspondent van *De Telegraaf* mocht het paar exclusief komen interviewen. Hij rapporteerde dat Irene in het nieuwe huis met tien kamers 'waarvan je er in het Gooi zoveel ziet', een 'kleine staf' had, met een meisje voor dag en nacht, een chauffeur en een bediende. Vanuit Arbonne reisde ze druk heen en weer naar Spanje. De politieke strijd ging door, of begon nu eigenlijk pas echt. Van het idee dat iemand als koning geboren werd, was Carlos Hugo afgestapt. Vanaf nu streden hij en Irene in Spanje voor democratie, socialisme en zelfbestuur. Op het dak van hun huis wapperde de Spaanse vlag.[2]

Arbonne werd 'een epicentrum van politiek activisme'. Carlos Hugo en zijn trouwe secretaris Zavala organiseerden cursussen die toekomstige generaties moesten opleiden tot politiek managers. Progressieve carlisten uit heel Spanje en linkse journalisten en filosofen uit de rest van Europa werden kind aan huis. De nieuwe Partido Carlista werd bestuurd vanuit een secretariaat in Parijs, dat werd gerund door Carlos Hugo's ene zus, Cécile, en politiek-theoretisch aangestuurd door zijn andere zus, Marie-Thérèse.

Irene was in Nederland intussen misschien wel de populairste prinses. Zodra ze op Schiphol landde – en dat gebeurde vaak –, werd daarover bericht en toen eind juni 1969 het nieuws kwam dat ze een kind verwachtte, was dat voorpaginanieuws in alle kranten.

De doop van Carlos junior, de 'troonopvolger' die op 27 januari 1970 werd geboren, had plaats op het imposante Franse kasteel van Lignières van Carlos Hugo's ouders. Een militair vliegtuig uit Nederland had Juliana de avond ervoor afgeleverd op het naburige vliegveldje van Issoudun, dat onder barre weersomstandigheden speciaal geopend werd. In de hevige storm op de donkere, landingsbaan zag Marie-Thérèse hoe de deur van het juist gelande toestel openvloog, waarna als bij een bliksemflits Juliana verscheen, gekleed in een lange avondjurk en met in het haar een schitterend diadeem. 'Haar silhouet afstekend tegen de donkere achtergrond van de nacht, lichtgevend en bijna onwerkelijk. Nooit had zij zo koninklijk geleken!'[3]

Met bussen en auto's reisde een duizendtal carlisten twee weken later uit heel Spanje om te zien hoe de aartsbisschop van Bourges het voorhoofd van de baby met water besprenkelde. Xavier wendde zich tot hen met de woorden: 'Carlisten, ziehier de infante don Carlos. Hij is van jullie.' Waarop uit duizenden kelen een oorverdovend '*¡Viva el rey!*' (Leve de koning!) klonk.

Toen Irene twee jaar later de tweeling Jaime en Margarita ter wereld bracht, schreef ze vanuit het ziekenhuis in Nijmegen een brief aan 'mijn geliefde carlisten' waarin stond dat ze zou blijven vechten voor de carlistische dy-

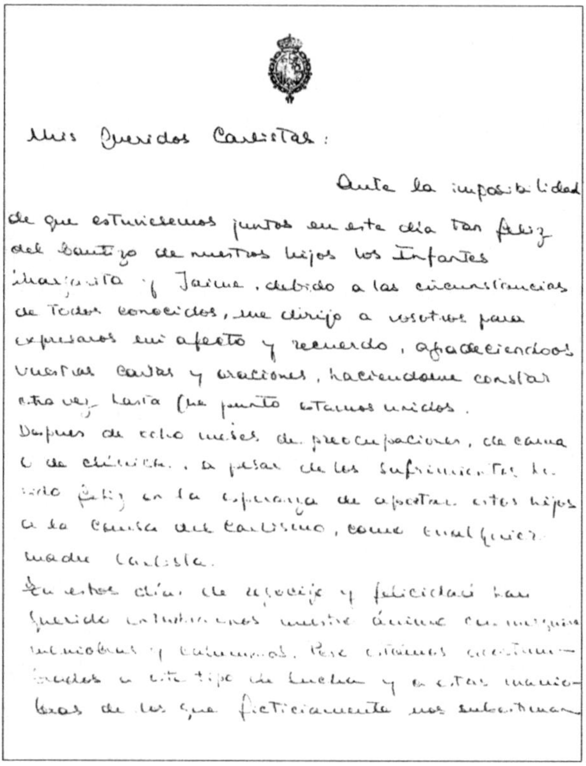

Mis Queridos Carlistas:

Ante la imposibilidad de que estuviésemos juntos en este día tan feliz del bautizo de nuestros hijos los Infantes Margarita y Jaime, debido a las circunstancias de todos conocidos, me dirijo a vosotros para expresaros mi afecto y recuerdo, agradeciéndoos vuestras cartas y oraciones, haciéndome constar otra vez hasta que punto estamos unidos.

Después de ocho meses de preocupaciones, de cama y de clínica, a pesar de los sufrimientos he sido feliz en la esperanza de aportar estos hijos a la Causa del Carlismo, como cualquier madre carlista.

En estos días de regocijo y felicidad han querido entristecernos nuestro ánimo con mezquinas maniobras y calumnias. Pero estamos acostumbrados a este tipo de lucha y a estas maniobras de los que ficticiamente nos substituman

nastie. Ondanks het 'lijden' dat ze tijdens de lastige zwangerschap had ondergaan, verklaarde ze gelukkig te zijn 'in de hoop deze kinderen aan de zaak van het carlisme op te dragen'. Het 'pact volk-dynastie,' schreef Irene, 'vormen jullie en wij,' en 'niets of niemand buiten die twee entiteiten' kon het verbreken.[4] Ze beloofde de twee 'infantes' 'in dienst te stellen' van de zaak van het carlisme, die zij 'de zaak van Spanje' noemde. Hun namen waren gekozen in nagedachtenis aan 'de grote koningin' Margarita en de 'respectabele koning' Jaime, die hetzelfde gedaan hadden.[5]

Maar naast de dynastie, was er de revolutie. Om inspiratie op te doen in landen waar 'socialistisch zelfbestuur' al praktijk was, maakten Carlos Hugo en Irene tussen 1972 en 1975 reizen naar Joegoslavië, China en Cuba. De communistische leider Mao Zedong nodigde het paar persoonlijk uit. Een ontmoeting werd op het laatste moment afgelast omdat hij ziek was, maar het prinselijke paar werd officieel ontvangen. Een bataljon soldaten had speciaal voor hen rode bloemen in de loop van hun geweren gestoken.[6]

Aan *Vrij Nederland* vertelde Irene twee jaar later enthousiast over haar ervaringen in het communistische land. 'Als de straat moet worden schoongemaakt, doet iedereen daaraan mee,' zei ze. 'Dat is niet alleen een toonbeeld van gelijkheid, maar het is ook heel gezellig. Stel dat wij hier deze straat moesten schoonmaken. Zo leer je je buren kennen. Hier in Parijs zeg je je buren niet eens goedendag. Maar dat kan natuurlijk alleen in een land waar iedereen gelijk is. Of je nou minister of arbeidster bent. Die gelijkheid beangstigde mij absoluut niet, ook de eendere kleding niet. Stel dat wij hier allemaal in blue jeans liepen. Uitstekend! En wij in het Westen zouden er toch weer iets persoonlijks van maken. Het zou het leven veel meer vereenvoudigen. Wat-trek-ik-vandaag-weer-'s-aan, is alleen maar tijdrovend.'[7]

In 2001 sprak Carlos Hugo met zijn biograaf ook over het bezoek aan China. Hij ging uitvoerig in op de verschillen tussen dat land en de Sovjet-Unie, maar sprak niet over de tientallen miljoenen mensen die Mao Zedong tijdens de Culturele Revolutie had laten vermoorden.[8]

Het enthousiasme voor linkse dictaturen ademde de tijdgeest. Zogeheten fellowtravellers, van schrijver Harry Mulisch tot filmmaker Joris Ivens, zongen vanaf de jaren zestig de lof van dictatoriale linkse regimes buiten Europa. Voor het moderne gelijkheidsideaal moest de werkelijkheid aan de kant, zeker als die toch ver weg was. Maar behalve een maatschappelijke trend toonde de voorkeur van Carlos Hugo en Irene voor de verre regimes ook iets persoonlijks. In Irene's familie was het creëren van ideaalbeelden de corebusiness. Het onderscheid tussen wat werd voorgespiegeld en wat werkelijk was, viel voor haar moeilijk te maken. Fantasie en werkelijkheid liepen door elkaar. 'Buiten' naar binnen laten, was voor haar altijd moeilijk geweest. Aan het leven als voorstelling was ze gewend. Ze was zelf ook tot opvoeringen gedwongen. Het dagelijkse leven 'buiten de hekken' was haar van jongs af aan vreemd geweest. Als kind had ze zich de vraag gesteld hoe het daar bij die mensen écht zou zijn. Maar nadat ze uit nieuwsgierigheid de wereld in getrokken was, had ze met geregisseerde beelden al snel weer genoegen genomen. De situatie in Spanje onder de dictatuur van Franco hemelde ze in 1963 net zo op als tien jaar later de omstandigheden in China.

Ze trad daarmee in de voetsporen van haar moeder, Juliana, die volgens biografe Withuis het vermogen had 'zaken die zij niet wilde horen of zien, inderdaad niet tot zich te laten doordringen'. De rookbommen die in 1966 het huwelijk van Beatrix ontregeld hadden, waren Juliana pas opgevallen nadat de foto's verschenen waren. 'Zij wenste dat Beatrix' trouwdag een ongestoord feest zou zijn, en dus was het zo.'[9]

'Ik in China wonen?' zei Irene toen Bibeb haar confronteerde met het verschil tussen beeld en werkelijkheid. 'Je moet alles in zijn context zien. Ik heb als westerling een te individueel karakter en ben al te verwend door de luxe van het Westen. Maar die gelijkheid was voor mij een revelatie. Ik geloof dat mijn bezoek aan China vooral daardoor mijn leven heeft beïnvloed. Ze leven ongelooflijk eenvoudig. Maar eten goed; de kinderen zijn warm gekleed en gaan allemaal naar school; ze hebben een huis en iedereen heeft werk. Dat is toch fantastisch, als je beseft waar ze vandaan komen. Ik weet niet of er wel of niet concentratiekampen zijn, want die heb ik natuurlijk niet gezien... Maar (ogen dicht) die gelijkheid, het verantwoordelijkheidsgevoel aan de basis, de trots om wat bereikt is, vind ik indrukwekkend.'

Voor Carlos Hugo hadden beeld, werkelijkheid, heden en verleden ook altijd door elkaar gelopen. Zijn vader was in gedachten prins, maar had in de praktijk geen volk. In de nazikampen was hij geconfronteerd met omstandigheden die met gewone menselijkheid niets meer te maken hadden.

Vervreemd teruggekeerd, had hij zich vastgeklampt aan het verleden, God en Jezus Christus, waarna Carlos Hugo belast was met de taak om daar aardse betekenis aan te geven.

In zijn boek *La via carlista al socialismo autogestionario* ('De carlistische weg naar zelfsturend socialisme') dat in 1977 verscheen, legde Carlos Hugo uit hoe de tegenstelling tussen monarchie en zelfbestuur, centrale leiding en gelijkheid, moest worden opgelost. Maar voor de meeste carlisten was dit theoretische proza, ingeleid door de bekende Franse communistische (en later tot de islam bekeerde) filosoof Roger Garaudy, koeterwaals. Voor carlisten die tijdens de Burgeroorlog tegen communisten en anarchisten gevochten hadden, werkte alleen het felrode omslag al als een lap op een stier. Vaak sterk geworteld in hun families, hun kerk, hun dorp en hun regio konden de meeste carlisten de idealistische golflengte van de prins niet meer vinden. De aanhang nam vanaf 1970 dramatisch af. Terwijl zich op de Montejurra in mei 1969 liefst 100.000 carlisten verzameld hadden, waren dat er in 1972 nog maar 15.000.[10]

Kaïn en Abel

De scheuring tussen links en rechts die eind jaren zestig in het carlisme ontstond, liep dwars door de familie van Bourbon-Parma heen. Carlos Hugo en zijn drie zussen, Cécile, Marie-Thérèse en Marie des Neiges, stonden aan de ene kant, zijn moeder, Madeleine, en zijn jongere broer, Sixtus, aan de andere.[11]

Xavier, intussen in de tachtig en uit fase met de tijd geraakt, wist het inmiddels niet meer. Toen hij zijn rechten op 8 april 1975 overdroeg aan Carlos Hugo, deed hij dat op hoop van zegen. Kort daarna riep de carlistische rechtervleugel zijn jongere zoon Sixtus tot 'kroonprins' uit. Het waren allemaal louter symbolische gestes, zeker toen na het overlijden van Franco, op 20 november 1975, Juan Carlos werd ingezworen als de nieuwe koning van Spanje.

Maar op 9 mei 1976 kwam het dynastieke conflict tussen Carlos Hugo en zijn broer, Sixtus, tijdens de viering van Montejurra alsnog tot een bloedige ontknoping. Carlos Hugo werd door aanhangers van Sixtus in krantenartikelen weken voor de viering betiteld als 'de vijand van heilige principes' die 'met het bloed van requetés' verdedigd waren.[12] Dagen ervoor verzamelde zich rond de berg van Montejurra een bont gezelschap van Zuid-Amerikanen, Italianen en Spanjaarden,[13] legionairs en neofascisten, die gewapend met messen en pistolen de omgeving verkenden. Twee vooruitgestuurde 'hugisten', zoals de aanhangers van Carlos Hugo genoemd werden, waarschuwden de Guardia Civil, Franco's militaire politie, maar werden daarna zelf gearresteerd.

Terwijl bussen en auto's met de tekst 'Carlos Hugo, vrijheid, zelfbestuur' voor de ramen, op de ochtend van 9 mei Irache binnenreden, marcheerde Sixtus met zijn leger van ongeveer zeshonderd mannen, muzikaal begeleid door de 'Marcha de infantes', uitgevoerd door een fanfare uit het dorp Aldaya bij Valencia, vanuit zijn hotel op naar de berg. Rond de achthonderd carlisten stonden rond tien uur voor het klooster van Montejurra, toen onder trompetgeschal Sixtus kwam aanmarcheren. Op een scheldpartij volgde een aanval met stenen, staven en kettingen. Na een pauze verklaarde de carlistische veteraan José Luis Marín García Verde dat hij was gekomen om Montejurra 'te zuiveren van communisten'. Op hetzelfde moment haalde hij uit de zak van zijn regenjas een pistool tevoorschijn. Toen 'hugist' Aniano Jiménez Santo daarop 'lafaard!' schreeuwde, klonk een schot, waarna Jiménez in elkaar zakte. Carlisten sleurden de toekijkende leden van de Guardia Civil uit hun Land Rovers, maar zij weigerden in te grijpen.

Na de eerste confrontatie trokken de carlisten, via luidsprekers aangemoedigd om zich niet te laten provoceren, de berg op. Irene, die zich die ochtend ook op de berg bevond, was zich nog niet bewust van de veldslag die Sixtus gepland had en waarvan het eerste dodelijke slachtoffer intussen gevallen was. Met Marie des Neiges en een kapelaan leidde ze verderop bij een van de veertien kruiswegstaties het gebed, terwijl ordetroepen de 'Sixtijnen' op afstand probeerden te houden. Wat zij niet wisten, was dat op de top van de berg een mitrailleur geplaatst was en dat Sixtus en zijn mannen de carlisten daar opwachtten. Om tien voor halftwaalf, toen Sixtus de eerste pelgrims zag naderen, kwam het bevel: 'Geef vuur!' waarna schoten en mitrailleurvuur klonken. Terwijl mannen met brancards op en neer renden, dook halverwege de berg Carlos Hugo op, die die ochtend illegaal de Franse grens was overgestoken, geëscorteerd door drie lijfwachten. In enkele uren schijnbaar 'jaren verouderd', verdween hij schielijk het bos weer in. Irene vertelde later aan *Vrij Nederland*: 'Carlos besloot dat wij weg moesten gaan, omdat we een gevaar opleverden voor de anderen. Ik zei dat ik in Spanje wilde blijven omdat ik er nuttiger kon zijn dan in Frankrijk. "Goed," zei hij, "dag" – en verdween in het struikgewas.'[14]

Volgens Irene was er op de berg 'een heel speciale sfeer. Zo goed... Je hoorde steeds: "Hoe gaat het in jouw wijk?" Ieder actief lid zit ergens in. In fabrieken, universiteiten enzovoort. Het was een smal pad met grote losse stenen, aan weerszijden struikgewas en lage bomen. We kwamen op een vlakte en daar stopten we. Er leidde een pad naar boven... Toen hoorden we taktaktak... Besloten werd dat een paar naar boven zouden gaan om de toestand te verkennen. Weer taktaktak [...].'

Die middag werd de balans opgemaakt: twee doden en talloze gewonden. Irene rees boven de gelegenheid uit en stapte in het voetlicht. De carlisten hadden 'de meest trieste dag' beleefd, zei ze, en de consequenties daarvan konden 'voor het land zeer ernstig' zijn. 'Wij vragen vrijheid voor Spanje,' zei ze. 'We werken en strijden alle dagen. Dat is politiek werk doen. Daarom vraag ik jullie alstublieft om de discipline te handhaven. Ze hebben ons geprovoceerd, maar het gaat ons om de toekomst van Spanje. We moeten, we kunnen ons niet laten provoceren door het bloedvergieten. Ons doel is een vrij democratisch Spanje.'

Montejurra 1976 was een tragedie omdat de twintigjarige Ricardo García Pellejero en de veertigjarige Aniano Jiménez Santo aan hun verwondingen overleden. Sixtus werd het land uitgezet, maar voor zijn betrokkenheid nooit berecht. De andere verdachten, onder wie de schutter die Aniano Jiménez gedood had, kwamen eerst op borgtocht vrij en kregen later amnestie.

Na de dood van Franco had Juan Carlos de eerste stappen naar democratie gezet, maar de totalitaire falangisten drukten in de overgangstijd nog hun stempel op de Spaanse Staat. Irene, die de herdenking van de slachtoffers bezocht, verklaarde later aan *De Telegraaf* dat hun dood 'niet voor niets geweest' was en dat 'we er met z'n allen aan zullen werken om er een positief offer van te maken'.[15]

Maar aangezien de politieke rol van het carlisme in Spanje was uitgespeeld, zouden zij en Carlos Hugo die kans niet krijgen. De 'consequenties' van het geweld, dat in die maanden op meer plekken uitbarstte, waren dat Juan Carlos de hardliner Arias Navarro in juli 1976 ontsloeg, en in zijn plaats Adolfo Suárez als premier aanwees. Hij was een door Opus Dei opgeleide, hoge ambtenaar, die jarenlang in het hart van het regime geopereerd had, maar er niettemin in slaagde om het diep verdeelde Spanje relatief geweldloos naar vrije verkiezingen te leiden. Voor de subtiele stuurmanskunst waarmee Juan Carlos de natie in de overgangstijd langs kliffen stuurde, had Irene geen oog. 'Ik heb hem vóór mijn huwelijk ontmoet,' zei ze tegen *Libelle*. 'Toen vond ik hem een leuke jongen, maar nu is hij op weg om net zo'n dictator te worden als Franco, zijn voorganger.'[16]

De gebeurtenissen op de Montejurra hadden vooral consequenties voor het toch al gedecimeerde carlisme zelf, dat definitief instortte. En voor Carlos Hugo, in wiens familie een onheelbare wond geslagen werd. De intriges met broer Sixtus waren na de schietpartij niet voorbij. Om beurten sleepten de broers hun vader in maart 1977 naar de notaris, om politieke verklaringen af te leggen ten gunste van de een of de ander. Carlos Hugo beschuldigde Sixtus van de 'ontvoering' van zijn vader, maar hij had dat nog niet gedaan, of zijn moeder verklaarde dat Carlos Hugo degene geweest was die Xavier nota bene tegen doktersadvies in, had meegenomen.[17]

Toen Xavier op 7 mei 1977 overleed, was zijn familie, net als het carlisme, uit elkaar gevallen. Madeleine vergaf het Carlos Hugo en haar drie dochters niet dat zij haar man in hun linkse avontuur hadden meegesleept. Of, zoals Marie-Thérèse in haar memoires schreef: 'Zij heeft onze politieke actie niet goed geïntegreerd in haar persoonlijke schema.'[18] Toen Madeleine in 1984 overleed, werd Carlos Hugo en zijn drie zussen de toegang tot het kasteel van Lignières ontzegd. Ze moesten bij de poort wachten terwijl haar kist naar buiten gedragen werd.[19] De kastelen Lignières en Bostz vielen toe aan Sixtus en Françoise en omdat eerder een groot deel van het familiefortuin al in de politieke strijd gestoken was, bleef er voor Carlos Hugo nog maar weinig over.

Family understanding

Op het moment dat er op de Montejurra doden vielen, maakte het Koninklijk Huis in Nederland ook een crisis door. In februari 1976 kwam uit verhoren door de Amerikaanse Senaat naar voren dat prins Bernhard tussen 1960 en 1968 meer dan een miljoen gulden aan steekpenningen had ontvangen van vliegtuigbouwer Lockheed. Armgards vriend

Pantchoulidzev was daarbij opgetreden als tussenpersoon. Een regeringscommissie werd samengesteld om de zaak te onderzoeken. Toen de uitkomst luidde dat Bernhard zich 'toegankelijk' getoond had 'voor onoorbare verlangens en aanbiedingen', was Nederland in shock. Maar Juliana bleef haar man, die zichzelf 'wel dom, maar niet fout' vond, steunen. Of ze dreigde met aftreden als hij vervolgd zou worden, zoals sommigen beweerden, is nooit bewezen. Maar een nieuwe constitutionele crisis was een feit.[20]

Tot dan toe had Carlos Hugo voor zijn politieke ideeen in Nederland een warm oor gevonden. Omdat hij na de dood van Franco nog steeds Spanje niet in mocht en zijn partij van de eerste vrije verkiezingen was uitgesloten, was Soestdijk voor hem een welkome vluchthaven. Uit correspondentie blijkt het enthousiasme voor zijn ideeën. Hoofdbestuurslid Age Kamermans van de Politieke Partij Radikalen (PPR) bijvoorbeeld, vroeg zich af of de carlisten niet een rol zouden kunnen spelen in de 'Radikale Internationale' die hij wilde oprichten. De advocaat en wethouder van de gemeente Loenen, N.J.C.M. Kappeyne van de Coppello, meldde dat de invoering van 'regionaal zelfsturend socialisme' precies was wat hij in Europa nastreefde.[21]

Carlos Hugo werd ook omarmd door Alfred Mozer, een voor de oorlog naar Nederland uitgeweken Duitse journalist, die zich had aangesloten bij de PvdA en eind jaren vijftig kabinetschef was geworden van de Nederlandse Eurocommissaris Sicco Mansholt. Actief in de Europese beweging, was hij goed bevriend met Beatrix en Claus,[22] die hij betrok bij allerlei politiek-maatschappelijke activiteiten, zoals de opzet van de 'euregio's'.

In de zomer van 1975 had Mozer op Paleis Soestdijk een gesprek met Carlos Hugo. In een notitie die hij hierover aan zijn invloedrijke 'netwerk' stuurde, karakteriseerde hij hem als een 'sympathieke idealist' die, 'gesteund door Irene', het carlisme hervormde in progressieve richting. Carlos Hugo had volgens hem 'communistische sympathieën', maar dacht de laatste tijd 'meer in de richting van een democratisch alternatief voor Franco', al tekende hij aan dat hij en Irene de term 'kapitalisme' nog 'te vaak' niet als omschrijving van een economisch systeem, maar 'als scheldwoord' gebruikten.[23] Toen Franco in het najaar van 1975 op sterven lag, flakkerde Mozers enthousiasme voor Carlos Hugo op. Hij was een 'volbloed politicus', meldde hij nu aan zijn netwerk, 'die qua engagement en temperament buiten het raamwerk valt, dat geldt voor hedendaagse monarchen'. Volgens hem werd het tijd dat 'de dragers van een democratische toekomst' in Spanje de carlistische beweging ontdekten.[24]

Maar begin maart 1976 maakte minister Max van der Stoel (PvdA) van Buitenlandse Zaken aan Carlos Hugo's opmars in weldenkend Nederland een einde. De radar voor koninklijk trammelant was door de Lockheedcrisis op scherp komen te staan.

Tijdens een persoonlijk onderhoud met Carlos Hugo en Irene liet Van der Stoel er geen misverstand over bestaan dat 'alles vermeden' diende te worden dat 'tot nieuwe emoties' kon leiden. Aan de 'family understanding' dat Carlos Hugo in Nederland géén politieke activiteiten ondernam, moest strikt vastgehouden worden, zei hij. Toen Carlos Hugo antwoordde dat hij zelf uitmaakte wat hij in

Nederland wel of niet deed, merkte Irene sussend op dat 'de Latijn' in hem nu even aan het woord was. Maar Van der Stoel vond het tijd voor een lesje staatsrecht. Het stond de Nederlandse regering volkomen vrij, onderstreepte hij, om in Nederland élke politieke activiteit, van wélke niet-Nederlander dan ook, tegen te houden. Dat was het uitgangspunt voor ieder gesprek dat hierover met Carlos Hugo gevoerd werd, zei hij.

Carlos Hugo mocht in Nederland géén politieke activiteiten ontplooien en géén persconferenties houden. Met politici mocht hij informele gesprekken voeren, maar dan mocht prinses Irene daarbij niet aanwezig zijn. Toen Irene vroeg wat de invloed van carlistische activiteiten op de crisis rond Lockheed zou kunnen zijn, maakte Van der Stoel duidelijk dat het gezien de 'politieke emoties' die er al waren, het beste was als die vanaf nu 'volledig achterwege' bleven.[25]

De regering-Den Uyl beval Bernhard in augustus van dat jaar zijn militaire en civiele functies neer te leggen en in het openbaar geen uniform meer te dragen. Maar uit angst het Oranjeminnende electoraat van zich te vervreemden, bleven verdere maatregelen uit.

Juliana had haar man de huid gered. In haar familie konden emoties hoog oplopen, maar anders dan in het gezin Van Bourbon-Parma sloten de rijen zich ook altijd weer, in ieder geval voor het oog van de buitenwereld. De Juliana-doctrine van 'wat men niet wil zien, is er ook niet', leek voor de familievrede én het behoud van de troon een goed recept.

Wat een traditioneel gezin was, wist Irene eigenlijk niet. Ze wist hoe het plaatje van vader, moeder en kinderen dat Nederland altijd zo vertederde, eruitzag. Maar de dagelijkse invulling ervan had zij, met ouders die aparte vleugels van het paleis bewoonden, nauwelijks ervaren. Over het nomadische leven dat ze met Carlos Hugo leidde, had ze in interviews vaak stoer verteld. Ze had van hem geleerd dat politieke vergaderingen 'belangrijker' waren dan feestdagen en dat idealen gingen vóór zoiets prozaïsch als de viering van een trouwdag. Aanvankelijk was dit een klap voor haar geweest, vertelde ze ('Boem! daar vielen een paar pretjes om'). Maar gaandeweg had ze geleerd dat 'als je je echt voor anderen wilt inzetten', persoonlijke dingen op de tweede plaats komen. 'Als een jong meisje dat opgroeit tot een vrouw' had Irene zich naar eigen zeggen over haar oppervlakkige behoeftes heen gezet, om uiteindelijk zover te komen dat het haar niet meer uitmaakte 'hoe of waar' ze woonde en wie er thuis was.[26]

Maar Carlos Hugo's veelvuldige afwezigheid, de politieke druk en de spanningen in hun beider families, hadden het dagelijks leven als moeder van vier kinderen (na de tweeling was in 1974 dochter Carolina geboren) niet gemakkelijk gemaakt. Tegenover Bibeb van *Vrij Nederland* karakteriseerde Irene haar kinderen in 1976 als personen 'met allemaal erg veel eigen wil' die 'de hele dag praten'. Ze prees hun zelfstandigheid. Zo kon Carolina als driejarige het bad al aan zetten, en ruimden haar vier kinderen tussen de drie en zeven jaar na het eten allemaal hun eigen bordjes op. Maar het gezinsleven vroeg, de inzet van kindermeisjes ten spijt, toch veel van haar. Volgens haar dochter, Margarita, zei ze destijds tegen haar en haar broers en zusje: 'Ik hou wel veel van jullie, maar het is zeker niet makkelijk. Als ik jullie niet had gehad, had ik me verder kunnen ontwikkelen.'[27]

Irene was met Carlos Hugo getrouwd in een tijd dat van vrouwen verwacht werd dat zij 'achter hun man' stonden. Maar wáár de immer rondtrekkende Carlos Hugo stond, was nog altijd niet duidelijk. Bij de traditionele rol die Irene geacht werd te vervullen, begon ze vraagtekens te plaatsen. Als ze de film van haar leven terugspoelde, zag ze dat ze altijd alles voor hem gedaan had. Ze had zich nooit afgevraagd wat Carlos Hugo's ambities voor háár eigenlijk betekenden. Wat zij zélf wilde, zélf vond en wie zij zélf was. Het carlisme was eigenlijk nooit háár strijd geweest. In het carlistische archief getuigen de vele spiekbriefjes die, voorafgaand aan de talloze interviews die ze gaf, gemaakt werden, van haar geringe zelfvertrouwen op het politieke vlak.

Toen de Partido Carlista in 1977 in Spanje eindelijk gelegaliseerd werd en Carlos Hugo Spanje weer in mocht, duurde het maanden voor Irene hem met haar kinderen achterna reisde. Eenmaal terug in Madrid, liet ze de politiek met rust, om zich op het feminisme te storten. In Nederland voerde Dolle Mina sinds 1969 actie voor vrouwenrechten, abortus en kinderopvang. In Madrileense wijken begon Irene in praatgroepen met vrouwen te werken aan zelfontplooiing. 'We beginnen met te ontdekken wie IK BEN,' zei ze tegen *De Telegraaf*, 'want dat is de eerste stap naar emancipatie.'[28] In het kader van een 'bewustwordingsproces' verdiepte ze zich in het thema van de gelijkheid tussen man en vrouw en de verdeling van huishoudelijke taken. In 1979 inventariseerde Irene in haar in Spanje gepubliceerde boek *La mujer y la sociedad* ('De vrouw en de maatschappij') de maatschappelijke struikelblokken. De rol van de vrouw was volgens haar 'de pilaar waar de hele conservatieve samenleving op rust'. Verandering daarvan zou verandering van de 'hele maatschappij' betekenen. Maar in Spanje viel het boek, dat de gelijke verdeling van huishoudelijke taken en het recht op abortus agendeerde, in dorre aarde. In het katholieke rijk dat Franco had nagelaten, beschouwden de meeste vrouwen het zorgen voor hun kinderen nog als hun levensvervulling en werd abortus gelijkgesteld aan moord.

Spanje liep daarmee achter op de rest van Europa waar miljoenen vrouwen, van radicaal tot gematigd, streden voor hun autonomie. Toen televisiepresentatrice Mies Bouwman Irene in het voorjaar van 1980 voor het weekblad *Margriet* opzocht in haar appartement in Madrid, kwam zij oog in oog te staan met de koninklijke representante van die strijd. Een gietijzeren lift bracht haar naar de vierde verdieping, waar ze Irene aantrof in een rommelige huiskamer. Een klein plantje zonder water probeerde er 'het hoofd boven water te houden' en op een tafel lag het boek *My Mother/Myself. The Daughter's Search for Identity* van Nancy Friday.

Zittend op de grond, tussen papieren en kranten, vertelde Irene over haar leven als moeder, echtgenote en activiste. De politiek hadden zij en Carlos Hugo de rug toegekeerd, vertelde ze. Carlos Hugo had bij de verkiezingen in 1979 niet één zetel gehaald. Het was 'gewoon geen haalbare kaart' geweest. Terwijl Carlos Hugo zich, buiten de partijpolitiek om, met 'economische vraagstukken' bezighield, was Irene zich gaan verdiepen in de positie van de vrouw. Jezelf wegcijferen voor man en kinderen was geen levensdoel, hield ze Mies en de lezeressen van *Margriet* voor. Uren in de keuken staan om eten klaar te maken dat 'in vijf minuten' wordt opgegeten, was een 'zinloze bezigheid'. Het ouderwetse, 'gesloten' gezin was een 'egoïstische' uitvinding. Irene geloofde in een verband 'waar iedereen een persoon is, en waar iedereen elkaar respecteert, maar niet bezit'.[29]

Dat ze van Carlos Hugo intussen vervreemd geraakt was, kregen Mies en *Margriet* niet te horen. Terwijl het blad haar portretteerde als een geëmancipeerde moeder en echtgenote met een avontuurlijk leven, verkeerde Irene's huwelijk in een crisis. Toen Bibeb begin 1976 aan haar gevraagd had hoe ze dacht over de seksuele vrijheid van de vrouw, had ze geschokt gereageerd. 'Met boze blik: "Het is gevaarlijk de vrijheid van de vrouw en de man voor te stellen als een eenvoudige seksuele vrijheid, vrij van alle verantwoordelijkheid. Vrijheid ís juist verantwoordelijkheid!"'

Maar toen ze in Porto Ercole niet lang daarna de nieuwe adjudant van haar vader, oud-marineofficier Ronnie Wolff, was tegengekomen, had ze gevoeld hoe zwaar die verantwoordelijkheid woog. 'Met Irene heb ik veel getennist,' verklaarde hij later over de buitenechtelijke affaire die hij eind jaren zeventig met haar begon, 'en ja, dan groeit het zo'n beetje. En zoals het dan vaak gaat: op een gegeven moment ontstaat er een relatie. In Nederland gingen we samen naar feestjes en op bezoek bij vrienden.

Prinses Irene tijdens haar hulpactie in Biafra, september 1968.

Persconferentie van prinses Irene na terugkeer uit Biafra, 4 oktober 1968.

Prinses Irene en prins Carlos Hugo bij het twintigjarig jubileumfeest van Unicef, 1966.

Prinses Irene in galatenue, datum onbekend.

Prins Carlos Hugo en prinses Irene bij de uitreiking van de prijzen van het Festival de Danse in Parijs, 15 december 1964.

Kerstfeest bij de familie Van Bourbon-Parma. V.l.n.r.: prinses Cécile, prins Sixtus, prins Xavier, prinses Marie des Neiges, prinses Madeleine, prins Carlos Hugo, prinses Irene, prinses Marie-Thérèse, circa eind jaren zestig.

'De monarchie die Spanje nodig heeft', voorpagina van het tijdschrift *Montejurra*, 1964.

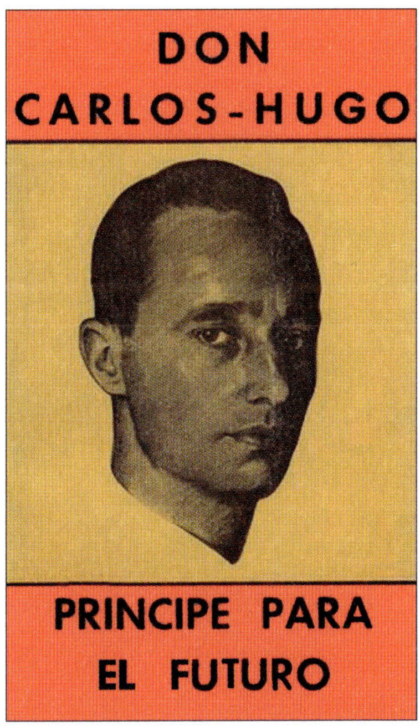

Het pamflet 'Príncipe para el futuro' ('prins voor de toekomst') waarin de nieuwe ideologie van het carlisme wordt geschetst.

Rond de vijftienduizend carlisten kwamen bijeen op de Montejurra, 1971.

Prinses Marie-Thérèse van Bourbon-Parma en prinses Irene op de Montejurra, vermoedelijk 1974.

De doop van prins Carlos Xavier Bernhard, zoon van prinses Irene en prins Carlos Hugo, op het kasteel van Lignières, 10 februari 1970.

Prinses Irene en prins Carlos Hugo met hun tweeling, prins Jaime en prinses Margarita en oudste zoon, prins Carlos, maart 1973.

Familiefoto op Soestdijk, 1970.

Bijeenkomst van carlistische oud-strijders op de 'Heuvel van de Engelen' bij Madrid, waar zich het franquistische monument 'Het Heilige Hart van Jezus' bevindt, begeleid door prinses Irene, 31 oktober 1966.

Prins Juan Carlos en generaal Franco tijdens een militaire parade op de Paseo de la Castellana, mei 1974.

Prins Xavier en zijn jongste zoon, prins Sixtus, de broer van prins Carlos Hugo, Parijs 1977.

Prins Sixtus van Bourbon-Parma marcheert met zijn leger op naar de berg Montejurra, 1976.

Aanhangers van prins Carlos Hugo in gevecht met aanhangers van prins Sixtus, aan de voet van de Montejurra, 1976.

Prinses Irene met haar dochters, prinses Margarita (links) en prinses Carolina, 1978.

La mujer y la sociedad ('De vrouw en de maatschappij') het boek over vrouwen-emancipatie dat prinses Irene in 1979 in Spanje publiceerde.

Prinses Irene tijdens haar toespraak in het Zuiderpark, Den Haag, waarbij 550.000 mensen demonstreerden tegen het plaatsen van kruisraketten, 29 oktober 1983.

Af en toe logeerden we bij elkaar. Al bij al heeft het zo'n tweeënhalf jaar geduurd.'[30]

Blokkades

Voor het bestaan met Carlos Hugo had Irene veel overgehad. Maar na de nederlaag bij de verkiezingen was de betovering verbroken. Nog maar pas opnieuw gesetteld in Madrid, besloot ze na de zomer van 1980 Spanje voorgoed te verlaten en met haar kinderen bij haar ouders op Soestdijk te gaan wonen. De tijd was 'niet rijp' geweest voor de grote verandering die zij en Carlos Hugo teweeg hadden willen brengen, analyseerde ze jaren later. 'Ons werk liep daarop stuk. Ons huwelijk ook.'[31]

Carlos Hugo verzette zich fel tegen de echtscheiding die ze kort daarna aanvroeg, maar kreeg rond dezelfde tijd een buitenechtelijke zoon bij de Dominicaanse gouvernante, 'Charro', die eerder in Parijs voor hun kinderen gezorgd had.[32] Na zijn verkiezingsnederlaag vertrok Carlos Hugo naar Amerika, waar hij als 'visiting professor' aan het Massachusetts Institute of Technology (MIT) doceerde over wat volgens zijn zus, Marie-Thérèse, zijn 'favoriete thema' was: de problemen van ontwikkelingslanden.[33]

Later beschreef Irene de periode voor en tijdens haar echtscheiding als de meest pijnlijke in haar leven. Maar ook als een tijd waarin ze op zoek ging naar wie ze lang geleden kwijtgeraakt was, of misschien wel nooit gevonden had: zichzelf. Het katholicisme had haar niet de onvoorwaardelijke steun gegeven die ze zocht, haar politieke idealen waren onuitvoerbaar gebleken, haar koninklijke status had haar in verwarring gebracht en in de liefde was ze teleurgesteld. Verscheurd door 'ontreddering' en 'opvretende, wanhopige pijn' wist ze, terug in Nederland, niet waar ze stond. 'Ziehier, dit ben ik dan. Dit is het. Niemand verwacht mij, niets wordt er van mij verwacht. De structuur van de dag zal ik zelf moeten aanbrengen. Het oordeel over mijzelf zal ik zelf moeten vellen.'[34]

Teruggeworpen op zichzelf, meldde ze zich aan voor een praatgroep met vrouwen 'uit alle lagen van de bevolking'. Een van hen droeg een button op haar tuinbroek waar 'Trix is nix' op stond. Irene vroeg de groep haar een kans te geven 'mezelf te mogen zijn en niet gezien te worden als een vertegenwoordiger van het koningshuis als instituut'. De vrouwen, met wie ze 'wat afhuilde', gaven haar die kans. Klassenscheidingen werden 'doorgespit', maatschappijanalyse en eigen doelstellingen werden 'helder' gemaakt. Irene kwam in contact met activiste Anja Meulenbelt en andere aanjagers van de 'tweede feministische golf'. Ze ging op zoek naar wie ze was, los van man, kinderen en plichten. 'Ik heb zin om te dansen [...] Over een uur moet ik staan koken voor de hongerige kinderen. Ik heb helemaal geen zin meer in die regelmaat. Ik wil koken als een onderdeel van het ritme van de dans, mijn levensdans [...] zonder haast, zonder verplichtingen die op mij wachten en me voortjagen.'[35]

Irene leerde de weg kennen zonder chauffeur of rechercheur en ontdekte dat een stofzuiger het pas doet als er een stofzak in zit. Ze veranderde ook haar naam: 'Van

Oranje' werd 'Van Lippe-Biesterfeld', de naam van haar vader. Ze werd een vrije vrouw, zij het dan met koninklijke privileges. In 1983 sprak ze met Joop den Uyl honderdenduizenden demonstranten toe tijdens een anti-kernwapen betoging. Wel een podium, geen keurslijf. Dat was wat haar vader Bernhard ook altijd gezocht had.

Een tocht langs opleidingsweekends, aura- en chakralezers hielp haar om zich door 'blokkades' heen te worstelen. Ze was geprogrammeerd om te gehoorzamen, zichzelf weg te cijferen, plichten te vervullen, te voldoen aan de eisen van anderen. Nu begon ze die normen en waarden 'af te pellen'. Als kind uit een familie met 'een sterke traditie' was dat moeilijk. Ze deed mensen om zich heen verdriet, zaaide verwarring. Kon zij wel zónder die normen? In de wereld scheen alles te draaien om wie je níét was, ontdekte ze. Om wie je moest zijn om wie dan ook te behagen. Als het je ouders niet waren, was er wel iemand anders die fungeerde als verlengstuk. Zou het niet veel heerlijker zijn om de 'onvoorwaardelijke liefde in te stromen'? 'Oordeelvrij' te leven?[36]

Irene kwam erachter dat ze opgesloten zat in haar eigen 'dualiteit', dat ze gevangen was in het harde oordeel van zichzelf en anderen. Het besef dat zij zelf onderdeel was van dit probleem, leidde tot een depressie. De tegenstelling tussen de 'ongesplitste liefde die overal om ons heen is', en de 'menselijke dualiteit' die haar daarvan afsloot, was ondraaglijk. 'Verdriet schrijnt diep door mijn hele lichaam.' Zo groot was de pijn, dat zelfs de vraag zich opdrong of ze 'nog wel kon leven in die wereld'. Onontkoombaar voelde ze zichzelf 'omlaag gaan, een bodemloze put in, waar alle ellende van de wereld samengeklonterd scheen te zijn. Elke ochtend werd ze wakker met een gevoel van 'totale hopeloosheid. Verdriet, verdriet en nog eens verdriet. De verwondingen door verbroken relaties, gebrek aan respect op alle fronten. 'De schijnbaar eindeloze slechtheid van de wereld waar ik een deel van ben en waarbij alles lijkt te worden opgeofferd aan vooruitgang. Welke vooruitgang, in hemelsnaam?'[37]

'Helemaal ik'

Na Ronnie Wolff volgden andere liefdesaffaires met onder anderen de hoofdredacteur van *Vrij Nederland*, Joop van Tijn. Toch waren het niet mensen, maar planten, bloemen en bomen die Irene naar eigen zeggen van haar 'dualiteit' zouden bevrijden.

Op de kale hoogvlakte van Castilië was de enige boom in haar leven de door haar grootmoeder Wilhelmina geschilderde kastanjeboom geweest, die in haar slaapkamer hing.[38] Maar terug in Nederland herontdekte ze de kracht van de natuur. Het eurekamoment kwam toen ze op een ochtend tegenover een 'zachtwitte volle roos' stond. Ze vroeg om 'vergiffenis' en liet haar emoties de vrije loop. De roos straalde haar tegemoet. Nu voelde ze geen scheiding meer. 'We zijn één. Ik verdwijn als het ware in haar.' In de dagen daarna benaderde Irene een acacia, een berk, een 'geurige roze roos' en een appelboom, en ervoer ze het opnieuw: '"één" zijn'. Er was geen afstand meer tussen Irene en de boom. Ze stelde zich op 'als nieuwsgierige medebewoonster van het kosmische geheel der dingen', wat het 'heerlijke voordeel' had dat ze niet verantwoordelijk was voor 'het zogenaamde voortbestaan van de plantenwereld'. De planten, bloemen en bomen die 'onbaatzuchtig' tegenover haar stonden, gaven haar 'liefde en wijze lessen', en dat was hoognodige voeding. Tot ze op een dag opnieuw tegenover de roos stond, maar nu als volwaardig mens. 'Helemaal ik, en de roos als iets anders, zichzelf eigen. We zijn vrij van elkaar, en toch samen, verbonden in vrijheid.'[39]

Met pater Tholens, de katholieke priester die in de zomer van 1962 het eerste contact had gelegd tussen Irene's en Carlos Hugo's ouders, bleef ze goed bevriend. Aan hem vertrouwde ze in 1994 een nieuwe aha-erlebnis toe. Ze had gezwommen met wilde dolfijnen in de Stille Oceaan, schreef ze aan hem. 'We communiceerden, keken, voelden en leerden. Het was ongelofelijk mooi en zoveel liefde heb ik nog nooit meegemaakt. Ik werd omringd door een licht en een liefde dat alles verder deed vergeten. [...] Er is zo immens veel liefde om ons heen, en we hebben zoveel te leren van al het andere leven om ons heen. Dit wil ik uitdragen. Anderen erop attent maken in cursussen en op andere manieren. Ik denk dat de tijd gekomen is dat we moeten en kunnen spreken over wat we weten en voelen.'[40]

Epiloog

Carlos Hugo heeft nooit afscheid kunnen nemen van zijn dynastieke verleden. Nadat hij de Partido Carlista in 1979 vaarwel gezegd had, herriep hij na terugkeer uit Amerika in 2003 zijn claim op de Spaanse troon. Ook knoopte hij banden aan met het stadsbestuur van Parma, dat hem als levend monument in de armen sloot. Met (destijds nog) koningin Beatrix en het huis van Oranje hield hij na zijn scheiding een hechte band. Zijn kinderen, die formeel in geen enkel land een adellijke titel hadden, werden in 1996 'ingelijfd' in de Nederlandse adel, als 'prins(es)' en 'koninklijke hoogheid'.[1] Eigenhandig gaf hij hun daarna ook de titels 'hertog van Bardi', 'gravin van Colorno', 'hertog van Madrid', 'hertog van San Jaime' en 'hertogin van Guernica'. Zijn schoondochter, Annemarie Gualthérie van Weezel, werd vlak voor zijn dood door hem verheven tot 'gravin van Molina'.

Carlos deelde zijn liefde voor oude dynastieën met Beatrix. Volgens zijn dochter Margarita leidde hun goede band tot 'grote ergernis' bij Irene. In 1999 ging Carlos Hugo met de koninklijke familie mee op 'millenniumreis' naar India, terwijl Irene thuisbleef.[2] Toen de dochter van Irene en Carlos Hugo, Margarita, zich in 2000 verloofde met Edwin de Roy van Zuydewijn, sloeg Carlos Hugo met zijn ex-schoonvader, Bernhard, en het Kabinet der Koningin de handen ineen om met hulp van de Binnenlandse Veiligheidsdienst (BVD) De Roy's antecedenten te onderzoeken. Dat leidde veertig jaar na de Irene-affaire tot de Margarita-affaire, die pers en politiek maandenlang bezighield. Margarita en haar echtgenoot stapten naar de pers en naar de rechter, omdat volgens hen staatsmacht misbruikt was om hun huwelijk te dwarsbomen.[3]

Toen Carlos Hugo op 18 augustus 2010 overleed, liet Beatrix hem per vliegtuig overbrengen naar Paleis Noordeinde, waar het Nederlandse volk hem, opgebaard in een met de Spaanse vlag bedekte kist, een laatste groet kon brengen. Daarna werd hij overgevlogen naar Parma, waar hij in aanwezigheid van zijn kinderen en prins Willem-Alexander, prinses Máxima, prinses Mabel, prins Constantijn, prinses Laurentien, mr. Pieter van Vollenhoven, prinses Margriet én prinses Irene, werd bijgezet in de crypte van de Parmezaanse hertogen van Farnese.[4]

In Spanje geloven sommigen nog altijd in de dynastie van Bourbon-Parma, al typeert historicus Francisco Javier Caspistegui de volgelingen van de familie tegenwoordig als een 'kleine kern van nostalgici', die politiek geen betekenis heeft. De neergang van de bijna twee eeuwen oude beweging schrijft hij toe aan de snelle maatschappelijke veranderingen die vanaf de jaren zestig van de vorige eeuw op Spanje afkwamen. Het carlisme werd door liberalisering en secularisering overrompeld. Door de radicale linkse koers die Carlos Hugo koos, raakten traditionalistische aanhangers van de beweging vervreemd, zonder dat daar nieuwe aanhang voor in de plaats kwam. Het in Spanje breder gedragen federalistische ideaal van de carlisten, kreeg bovendien concurrentie van het felle nationalisme in onder andere Catalonië en Baskenland.[5]

Journalist en historicus Manuel Martorell, zoon van de voormalige uitgever van het carlistische tijdschrift *Montejurra*, betreurt dat. Een federale structuur had Spanje volgens hem veel problemen kunnen besparen, van terreur door ETA tot het Catalaanse nationalisme. Hij noemt het carlisme een 'cultuurhistorische' beweging, die probeerde het regime te 'democratiseren' maar het af moest leggen tegen de 'centralistische technocraten' van Franco.

Carlos Hugo's particulier secretaris Ramón Massó zette na zijn afscheid van de carlistische beweging in de jaren zeventig een succesvol pr-bedrijf op in Barcelona, dat onder meer het logo van de bekende Spaanse bank La Caixa ontwierp. Na zijn breuk met Carlos Hugo brak hij ook met Opus Dei. In 2003 hebben hij en Carlos Hugo zich weer met elkaar verzoend. De carlist Javier Lubelza Roca was daar getuige van. 'Massó viel voor Carlos Hugo op de knieën en zei dat het hem speet dat hij hem in de steek gelaten had. "Man, sta op," zei Carlos Hugo, waarna ze elkaar omhelsden.'[6]

Carlos Hugo verklaarde in 2001 tegen zijn biograaf dat zijn kinderen zijn 'historische en dynastieke erfenis' aanvaardden en de 'continuïteit' daarvan garandeerden.[7] Zijn oudste zoon, Carlos (1970), vervult die taak tot op de dag van vandaag met toewijding. Hij noemt zichzelf niet alleen 'hertog van Bourbon-Parma', maar heeft zich ook gemeld als pretendent van de Spaanse troon. Op 17 maart 2012 werd hij tijdens een ceremonie in Navarra door carlisten ingezworen als de nieuwe 'legitieme koning' van Spanje.[8] Nog ieder jaar beklimt hij in mei met enkele tientallen volgelingen de Montejurra. Na het aftreden van koning Juan Carlos in Spanje in 2014 bracht hij een officiële verklaring uit, waarin hij de 'ferme verbintenis' onderstreepte die hij sinds de dood van zijn vader als 'dynastiek vaandeldrager' van het carlisme was aangegaan, en beloofde hij tegemoet te komen aan de 'verplichtingen' die 'sinds de tijden van Carlos v' op zijn schouders rusten. Toen opstandelingen in Barcelona in 2017 afscheiding van Catalonië eisten, sprak hij als 'koning der carlisten' zijn zorg uit over het gebruik van geweld door de Spaanse regering. Toen in 2016 zijn zoon, Carlos, geboren werd, liet hij hem als erfopvolger zegenen door de bisschop van Barcelona. In 2019 haalde hij zich de woede van de aartsbisschop van Valencia op de hals, toen hij tijdens een ceremonie in het gezelschap van zijn tante, Marie-Thérèse, de 'historische rechten van het volk van Valencia' beloofde te verdedigen, en in december 2020 verklaarde hij in een interview met de digitale krant *El Español* dat hij zich, hoewel woonachtig in Nederland, 'in dienst' van Spanje stelt. 'Het zijn verantwoordelijkheden die ik van mijn ouders heb gekregen en ook doorgeef aan mijn zoon,' zei hij.[9]

In 2018 eiste Carlos' buitenechtelijke zoon, Hugo, die in 1997 werd geboren uit een eerdere relatie met de Achterhoekse Brigitte Klynstra, de naam en de titel van Bourbon-Parma op. De minister van Justitie billijkte de eis, aangezien de moderne Adelwet uit 1994 stelt dat erkende buitenechtelijke kinderen dezelfde rechten hebben als kinderen die binnen een huwelijk geboren zijn. Carlos ging tegen het besluit in beroep bij de Raad van State, maar werd in 2018 in het ongelijk gesteld. Daarmee kreeg Hugo Klynstra, de oudste kleinzoon van Carlos Hugo, het recht om in het filiatieregister van de Nederlandse Hoge Raad van Adel te worden ingeschreven als 'Zijne Koninklijke Hoogheid Hugo Roderik Sybren de Bourbon de Parme'.

Carlos' oom Sixtus (81) strijdt vanuit kasteel Lignières met zijn Comunión Tradicionalista nog altijd voor de restauratie van zíjn koningschap in Spanje, zich daarbij omringend met aanhangers van het extreemrechtse Franse Front National.[10] De breuk tussen Sixtus, zijn broer en vier zusters werd nooit hersteld.

Marie-Thérèse wilde tijdens een bezoek dat ik in juni 2019 aan haar bracht in Parijs, niet over hem praten. 'Te pijnlijk,' vond ze dat. In haar kleine appartement lag haar zus, Cécile, die zij thuis verzorgde, in diepe slaap in een bed in de woonkamer. Haar andere zuster, Françoise van

Lobkowicz, die in het familieconflict neutraal bleef, was ook aanwezig maar kon, intussen doof geworden, niet deelnemen aan het gesprek.

Zodra Carlos Hugo en Irene ter sprake kwamen, begonnen de bruine ogen van Marie-Thérèse te stralen. Nog altijd zag zij in hen de ideale koning en koningin van Spanje. Hij 'intelligent en visionair', zij 'zo mooi, dat iedereen die haar zag, meteen verliefd werd'. Op het dressoir stonden foto's van hun kinderen, met wie ze altijd contact hield. In het ideaal van 'socialistisch zelfbestuur' geloofde Marie-Thérèse nog steeds. Tijdens het bewind van Fidel Castro bestond 'geen racisme' en was de gezondheidszorg goed geregeld. Mao Zedong maakte fouten, 'maar wij keken naar wat goed ging'. Monarchie en socialisme vormden in haar ogen geen tegenstelling. 'Wij geloven in een christelijke koning, die gelijkheid brengt.' De carlistische strijd in Spanje was volgens haar niet mislukt. 'Het heeft ons veel gebracht en het carlisme kan in Spanje nog een grote rol gaan spelen.'[11] Op 20 maart 2020 overleed Marie-Thérèse aan de gevolgen van het coronavirus.

Nadat Juan Carlos Spanje aan het eind van de twintigste eeuw in een democratie hielp veranderen, kwam hij in de nieuwe eeuw vooral in het nieuws vanwege zijn buitenechtelijke relaties, de olifantenjacht en een omkoopschandaal. In 2014 trad hij terug ten gunste van zijn zoon, Felipe. Kort daarna werd bekend dat de Spaanse Justitie hem verdenkt van het ontvangen van smeergeld uit Saoedi-Arabië, waarna hij in de zomer van 2020 in ballingschap vertrok naar de Verenigde Arabische Emiraten.

Irene wilde op het verzoek om over haar tijd in Spanje

te praten, niet ingaan. 'De periode die in dit boek wordt beschreven, is wel heel erg lang geleden. Ik ben nu in een totaal andere fase van mijn leven,' liet ze desgevraagd weten.

In 2000 heeft ze de Stichting NatuurCollege opgericht, die cursussen en projecten organiseert over mens en natuur. Ze publiceert sinds de jaren negentig boeken over haar relatie met de natuur en roept op tot het maatschappelijke herstel van de verhouding daarmee. In 2001 kocht ze 5000 hectare ongerept semiwoestijngebied in Zuid-Afrika 'om te ontdekken en te leren kennen'.[12] Inmiddels woont ze afwisselend in Nederland en Zwitserland. De politieke strijd heeft ze opgegeven. Maar het idee dat zij een publieke taak heeft, heeft ze niet losgelaten. Met boeken, interviews, video's en een uitverkochte voorstelling in het Carrétheater, riep Irene de afgelopen jaren op tot het herstel van de relatie tussen mens en natuur. 'We vinden onszelf erg belangrijk,' zei ze afgelopen voorjaar in een videoboodschap, 'maar zijn we dat eigenlijk wel, binnen het grotere geheel?'[13]

Dankwoord

In de eerste plaats ben ik dank verschuldigd aan historicus Piet de Rooy en uitgevers Jan Geurt Gaarlandt en Plien van Albada, die voor mij op het idee kwamen dit boek te schrijven. Piet was tijdens het schrijven een belangrijk historisch klankbord en allen hielden de moed er bij mij in.

Maarten van Nispen tot Pannerden (overleden in maart 2020) en zijn broers en zuster, dank ik voor het feit dat ze mij de persoonlijke dagboekaantekeningen van hun vader, Antoon Jan Marie ('Buurt') van Nispen tot Pannerden (1914-1972) toevertrouwden. Als raadadviseur en secretaris-generaal van het ministerie van Algemene Zaken was hij tijdens de Irene-affaire de ambtelijke kiel van het staatsrechtelijke schip. Dankzij zijn nauwkeurige privénotities, analyses en opmerkingen kon ik ondanks het feit dat veel regeringsbronnen zich achter slot en grendel bevonden, van binnenuit beschrijven wat zich tussen februari en mei 1964 in Nederland aan het (Binnen)hof heeft afgespeeld.

Parlementair historicus Jan-Willem Brouwer die de Irene-affaire vanuit staatsrechtelijk perspectief onderzocht, dank ik voor het toesturen van notulen van de ministerraad – na slechts kortstondige openbaarmaking door hem tijdig gekopieerd – die het beeld compleet maakten.

Televisieresearcher Ruth Nederveen gaf mij inzage in brieven van prins Bernhard en zijn moeder Armgard, die zij tijdens onderzoek voor de AVRO aantrof in het archief van Denis Sefton Delmer, zodat ik puzzelstukjes compleet kon maken.

Marie-Thérèse de Bourbon de Parme (overleden in maart 2020) ben ik dankbaar voor de hartelijke ontvangst bij haar thuis en voor haar bereidheid over haar familie en haar strijd voor 'socialistisch zelfbestuur' te vertellen.

Juliana-biografe Jolande Withuis gaf mij een uniek fotoalbumpje van Irene. Historisch onderzoeker Gerard Aalders verschafte me een voor mij relevante kopie van dagboekaantekeningen van de oud-premier, Jan de Quay, en onderzoeker Eric Hennekam gaf goede tips voor archiefonderzoek.

Historicus en journalist Manuel Martorell, gespecialiseerd in het carlisme, assisteerde me bij mijn factfindingmissie in Noord-Spanje. Van de vele discussies over de carlistische strijd die ik met hem voerde, leerde ik dat streven naar 'bevrijding' in het Spanje van de jaren zestig een andere betekenis had dan in Nederland. In de eerste plaats ging het om losmaking van het regime van Franco. Geloof in monarchie en trouw aan de katholieke kerk gingen met die progressieve strijd samen. Tegenstellingen, zo legde hij me uit, moet je niet altijd willen oplossen, maar soms gewoon aanvaarden. Naast inzichten dank ik aan hem belangrijke documenten, foto's en artikelen, waarvan een groot aantal door hem zelf geschreven. Uit het archief van zijn vader, oprichter van het tijdschrift *Montejurra*, kwamen enkele mooie foto's. Manuel bracht me in contact met de Carlisten Lázaro Ibáñez en Ramón Muruzábal, die mij vertelden over de gebeurtenissen vanaf de Burgeroorlog tot de jaren zestig en zeventig in Spanje. Ze lieten mij inzien dat het carlisme meer dan een politieke partij, een cultuurhistorische beweging is, die door generaties heen, tot op de dag van vandaag in veel Spaanse families wortelt.

Ramón Lubelza, een van Carlos Hugo's vroegere medewerkers, dank ik voor het delen van zijn herinneringen en anekdotes via e-mail. Historicus Francisco Javier Caspistegui Gorasuretta uit Barcelona dank ik voor de kalme wijze waarop hij de vele historische paradoxen in de geschiedenis van het carlisme aan mij wist uit te leggen en verhelderen.

Professor Alba Mora van de historische faculteit van de Universiteit van Parma dank ik voor de levendige wijze waarop ze mij in de familie geschiedenis van Van Bourbon-Parma in Parma introduceerde

Wijnand Stevens dank ik voor de opvoeding in de

staatkunde. Dorine Hermans en Remco Meijer, mijn vrienden van het (strikt geheime) ‘Oranjeberaad’, dank ik voor hun steun en hun aanmoediging. Egbert Dommering, bij mijn weten de enige Nederlander die de *Don Quijote* in het Spaans gelezen heeft, dank ik voor de gesprekken en de literatuur die hij aandroeg. Hans Steketee dank ik voor zijn waardevolle commentaar op het manuscript.

Rafael Pons ten slotte, dank ik voor de kennismaking met zijn land, in een tijd dat de pijnlijke erfenis van Franco verdwenen leek en de verwachtingen groot waren.

AFSTAMMING VAN CARLOS HUGO VIA DE MANNELIJKE LIJN

Lodewijk XIV (1638-1715) × Maria. Theresia van Oostenrijk

|

Lodewijk van Frankrijk (1661-1711) × Anna Maria van Beieren

|

Elisabetta van Farnese × **Filips V** (1683-1746), van Spanje

|

Filips I (1720-1765), hertog van Parma × Louise van Frankrijk

|

Amalia van Oostenrijk × **Ferdinand I** (1751-1802), hertog van Parma

|

Maria Luísa van Spanje × **Lodewijk I** (1773-1803), koning van Etrurië

|

Maria Theresia van Sardinië × **Karel Lodewijk** (1799-1883), hertog van Luca, hertog van Parma

|

Karel III (1823-1854), hertog van Parma × Louise Maria van Frankrijk

Pia der twee Siciliën (eerste huwelijk) ×
Maria Antonia van Braganza (tweede huwelijk) × **Robert** I (1848-1907), hertog van Parma

24 kinderen, onder wie:

Hendrik Josef Elias Sixtus **Xavier** (1889-1977) Zita

× Madeleine van Bourbon-Busset

Françoise **Carlos Hugo** (1930-2010) Marie-Thérèse Cécile Marie des Neiges Sixtus

Literatuur

Aalders, G., en C. Hilbrink, *De affaire Sanders*, Den Haag, 1996.
Aalders, G., *Alles was anders*, Aalst, 2019.
Acton, H., *The Bourbons of Naples (1734-1825)*, Londen, 1998.
Ángeles Pérez Samper, M.A., *Isabel de Farnesio*, Barcelona, 2003.
Badinter, E., *L'infant de Parme*, Parijs, 2010.
Badinter, E. (red.), *Isabelle de Bourbon-Parme. 'Je meurs d'amour pour toi'. Lettres a l'archiduchesse Marie-Christine (1760-1763)*, Parijs, 2008.
Balansó, J., *La familia rival. La historia silenciada de los Borbones*

que reinaron en Parma y disputaron el trono a Juan Carlos de España, Barcelona, 1973.

Bourbon, M.L. de, *Mémoires de la reine d'Étrurie, écrits par elle-même*, Parijs, 1814.

Bourbon de Parme, M.T. de, *Les Bourbon Parme, une famille engagée dans l'histoire*, Parijs, 2009.

Bourbon de Parme, S. de, *La Reine d'Etrurie*, Parijs, 1928.

Brouwer, J.W., 'Zaken rond de troon', in: P. van der Heiden en A. van Kessel, *Rondom de Nacht van Schmelzer*, Amsterdam, 2010.

Caspistegui Gorasurreta, F.J., *El Naufragio de las ortodoxías*, Navarra, 1997.

Chorus, J., *Beatrix*, Amsterdam, 2018.

Clemente, J., *Carlos Hugo de Borbon Parma. Historia de una dissidencia*, Barcelona, 2001.

Coniers, H., *Le cérémoniel de la cour d'Espagne*, Parijs, 2009.

Coxe, W., *Memoirs of the Kings of Spain of the House of Bourbon. From the Accession of Philip* V *to the death of Charles* III, *1700-1788. Drawn from the Original and Unpublished Documents*, Londen, 1815.

Debray, L., *Juan Carlos d'Espagne*, Parijs, 2013.

Fasseur, C., *Juliana & Bernhard. Het verhaal van een huwelijk. De jaren 1936-1956*, Amsterdam, 2008.

Fasseur, C., *Wilhelmina. Krijgshaftig in een vormeloze jas*, Amsterdam, 2001.

Ferruccio Botti, D., *Note storiche sull'origine e sviluppo di questa dinastia fino ai giorni nostri*, Parma, 1964.

Franco Salgado-Araujo, Francisco, *Mis Conversaciones Privadas con Franco*, Barcelona, 1976.

Fraser, A., *Love and Louis* XIV. *The Women in the Life of the Sun King*, Londen, 2007.

Fraser, A., *Marie Antoinette. The Journey*, Londen, 2002.
Haasse, H.S., *Beatrix 18 jaar*, Amsterdam, 1956.
Hatch. A., *Prins Bernhard. Zijn plaats en functie in de moderne monarchie*, Amsterdam, 1962.
Hermans, D., *Pieter van Vollenhoven, burger aan het hof*, Amsterdam, 2007.
Hill, C., *The Story of the Princess Des Ursins in Spain*, Londen, 1899.
Hooghiemstra, D., *De geest in dit huis is liefderijk*, Amsterdam, 2014.
Joustra, A. (red.), *De Bernhard-interviews*, Amsterdam, 2014.
Joustra, A. (red.), *Een titel maakt de mens niet*, Amsterdam, 2017.
Kamen, H., *Philip v of Spain. The King Who Reigned Twice*, New Haven en Londen, 2001.
Kersten, A., *Buitenlandse Zaken in ballingschap. Groei en verandering van een ministerie*, Alphen aan den Rijn, 1981.
Lambert, A., *Le sang des Farnèse*, Straatsburg, 1962.
Lavardin, J., *El último pretendiente*, Parijs, 1976.
Lippe-Biesterfeld, I. van, *Dialoog met de natuur*, Meppel, 1995.
López Rodó, L., *Memorias*, Barcelona, 1999.
Lubelza Roca, J., *Tot Segueix... Recuerdos de un carlista de provincias o periférico*, Barcelona, 2020.
Lynch, L., *Bourbon Spain (1700-1808)*, Londen, 1989.
MacClancy, J., *The Decline of Carlism*, Las Vegas, 2000.
Manuel de Bernardo Ares, J., Elenea Echeverría Pereda en Emilio Ortega Arjonilla, *De Madrid a Versalles. La correspondencia entre el Rey Sol y Felipe v durante la guerra de Sucesión*, Barcelona, 2011.
Massó, R., *Otro rey para España*, Barcelona, 2005.
Martorell, M., *Carlos Hugo fronte Juan Carlos, la solucíón federal para España que Franco rechuzó*, Navarra, 2014.

Perez Samper, M.A., *Isabel de Farnesio*, Barcelona 2003
Panhuysen, L., *Oranje tegen de Zonnekoning. De strijd van Willem II en Lodewijk XIV om Europa*, Amsterdam, 2018.
Peñafiel, J., *Mis divorcios reales*, Barcelona, 2012.
Petrie, C., *King Charles III of Spain*, Londen, 1971.
Preston, P., *Juan Carlos. Van dictatuur naar democratie in Spanje*, Amsterdam, 2004.
Rooy, P. de, *Alles en wel nu! Een geschiedenis van de jaren zestig*, Amsterdam, 2020.
Rouvroy, L. de, *Papiers inédits du duc de Saint-Simon. Lettres et dépêches sur l'ambassade d'Espagne*, Parijs, 2018.
Schaik, T.H.M. van, *Alfrink. Een biografie*, Amsterdam, 1997.
Stollberg-Rilinger, B., *Maria Theresia, die Kaiserin in ihrer Zeit*, München, 2018.
Tusell, J., *Spain, from Dictatorship to Democracy*, Londen, 2011.
Vaessen, T., *Oranjebitter. Het verhaal van prinses Margarita en Edwin de Roy van Zuydewijn*, Amsterdam, 2003.
Vázquez de Prada, M., *El final de una ilusión*, Madrid, 2016.
Vetter, M., *Bij de prinsesjes*, Baarn, 1957.
Vovk, J.C., *In Destiny's Hands. Five Tragic Rulers, Children of Maria Theresia*, New York, 2018.
Wagenaar, M., *De Rijksvoorlichtingsdienst. Geheimhouden, toedekken en openbaren*, Den Haag, 1997.
Weller, P., *Alfred Mozer. Duitser, Nederlander, Europaan (1905-1979)*, Utrecht, 2019.
Wijnbeek, P., *Prinses Irene, fotoalbum*, Utrecht z.d.
Wijnen, H. van, *De prins-gemaal. Vogelvrij en gekooid*, Amsterdam, 1992.
Wilhelmina prinses der Nederlanden, *Eenzaam maar niet alleen*, Amsterdam, 1959.

Withuis, J., *Juliana. Vorstin in een mannenwereld*, Amsterdam, 2016.
Wolleswinkel, E.J., *Nederlands adelsrecht*, Den Haag, 2012.
Zamoyski, A., *Napoleon Bonaparte. The Man Behind the Myth*, Londen, 2018.
Zavala, P., *Don Carlos Hugo, principe del futuro*, Zaragoza, 1967.
Zijl, A. van der, *Bernhard. Een verborgen geschiedenis*, Amsterdam, 2016.
Zweig, S., *De wereld van gisteren*, Amsterdam, 2014.

'Informe Montejurra 1976', z.d., digitale kopie beschikbaar op: partidocarlista.com/libro-negro-montejurra-76/

Geraadpleegde archieven

Archivo General de la Administracion (AGA), Alcalá de Henares: Archivo del Ministerio de Asuntos Exteriores.
Archivo Histórico Nacional (AHN), Madrid: Archivo Carlista.
Archief Denis Sefton Delmer (ADSD), Imperial War Museum in Londen. NB: De brieven van Armgard en Bernhard aan Denis Sefton Delmer werden door onderzoekster Ruth Nederveen tijdens haar research voor de AVRO aangetroffen op de zolder van de dochter van Delmer in Engeland. De brieven zijn daarna overgedragen aan het Imperial War Museum te londen. Kopieën ervan zijn in het bezit van Nederveen.
Fundación Franco (FF), Madrid: Archivo de la Fundacion Nacional Francisco Franco.
Katholiek Documentatiecentrum (KDU), Nijmegen: Archief C.J.A. Tholens.

Nationaal Archief (NA), Den Haag:
2.21.183.44 Archief M.A.M. Klompé
2.05.212 Archieven van het Nederlandse Gezantschap, later de Ambassade in Mexcio (1954-1974) en de Caribische Commissie in Mexico (1944-1960).
2.21.351 Archief J.M.A.H. Luns
2.21.420 Archief M. van der Stoel
2.05.118. Code archief van het Ministerie van Buitenlandse Zaken, 1955-1964
2.02.28 Archief van de Tweede Kamer der Staten-Generaal (1945-1989)
2.02.05.02 Archieven van de Raad van Ministers 1823-1995. NB: De notulen februari-april 1964 die de zaak Irene betreffen, zijn na aanvankelijke openbaarmaking in 1999 uit het archief verdwenen, maar werden daarvoor gekopieerd en beschikbaar gesteld door parlementair historicus J.W. Brouwer.
Privécollectie familie Van Nispen (PVN):
Dagboekaantekeningen A.J.M. Van Nispen tot Pannerden

Noten

1 Karl Marx, *De Achttiende Brumaire van Louis Bonaparte*, vertaler onbekend, Uitgeverij voor literatuur in vreemde talen Moskou, 1852, via: marxists.org.

Proloog

1 Stan Huygens in *De Telegraaf*, 10 april 1958.
2 Interview Bibeb met Irene, *Vrij Nederland*, 5 februari 1977.

1 – Wat het is om prinsesje te zijn

1 Van der Zijl, p. 38.

2 Een morganatisch huwelijk gaf echtgenoten en hun nageslacht geen recht op titel of vermogen.

3 Joustra, *De Bernhard-interviews*, p. 80.

4 Van der Zijl, p. 218.

5 Joustra, *De Bernhard-interviews*, p. 82.

6 Withuis, pp. 176. 178.

7 Idem, p. 179.

8 Het 'stamboek' waarin tussen 1763 en 1945 de leden van alle Europese adelsgeslachten werden bijgehouden.

9 Hatch, p. 231 en Fasseur, *Juliana en Bernhard*, p. 121.

10 Withuis, p. 192.

11 Idem, p. 254.

12 Van Lippe-Biesterfeld, p. 17.

13 Fasseur, *Wilhelmina*, p. 450.

14 Idem, pp. 437, 438.

15 Van Lippe-Biesterfeld, p. 19.

16 Hooghiemstra, p. 271.

17 Brief van Juliana aan Kees Boeke in: Hooghiemstra, p. 303.

18 Hooghiemstra, p. 304.

19 Wijnbeek, p. 5.

20 Van Lippe-Biesterfeld, p. 21.

21 Idem, p. 38.

22 Idem, p. 19. Zesduizend was misschien wat overdreven. Hatch noemde het getal van zeshonderd. Hatch, p. 200.

23 Van Lippe-Biesterfeld, p. 21.

24 Idem, p. 38.

25 Gesprek met Marijke Arendsen Hein, 19 mei 2020.

26 Van Lippe-Biesterfeld, p. 21.

27 Withuis, pp. 291-292.

28 Idem, p. 420.

29 Idem, p. 526.

30 Hatch, p. 203.

31 Fasseur, *Juliana & Bernhard*, p. 173.

32 Idem, p. 275 en Withuis, p. 530.

33 Vaessen, p. 56.

34 Wichelroedeloper Bote Mikkers die in 1987 gevraagd werd om Paleis Soestdijk te controleren op de aanwezigheid van 'aardstralen' verklaarde dat hij in de slaapkamer van Bernhard een grote hoeveelheid foto's aantrof, de meeste van Irene.

35 'Agamemnon vertrok uit Napels', *Trouw*, 23 augustus 1954.

36 Persconferentie Beatrix, *The New York Times*, 24 augustus 1959.

37 Aldus haar achternichtje, Ramona von Oeynhausen-Sierstoppff. In: Van der Zijl, p. 139.

38 Van der Zijl, p. 362.

39 Interview Bibeb met Irene, *Vrij Nederland*, 5 februari 1977.

40 Een foto van Bernhard, zijn broer Aschwin, zijn moeder Armgard en zijn secretaresse Kokkie Gilles, op vakantie in Bilbao, die in de NRC was verschenen, terwijl Juliana in Noorwegen zat, had eerder al haar woede gewekt. Fasseur, *Juliana & Bernhard*, p. 282.

41 Withuis, p. 550.

42 Fasseur, *Juliana & Bernhard*, p. 290.

43 Idem, p. 293.

44 Idem, pp. 368, 369.

45 Archief PVN, 24 april 1964.

46 Idem, p. 445.

47 Het was net of 'een boek over mijzelf' aan haar was voorgelezen, schreef Irene over de analyse. Van Lippe-Biesterfeld, p. 37.

48 Fasseur, *Juliana & Bernhard*, p. 445.

49 Idem, p. 417.

50 *De Volkskrant*, 16 september 1957.

51 Van Lippe-Biesterfeld, pp. 51, 55.

52 Van Wijnen, p. 115.

53 Hatch, p. 235.

54 Idem, pp. 228-229. Eerder was dit voorstel van Bernhard op verzet gestuit van minister van Buitenlandse Zaken Pim van Boetzelaer. Om 'constitutionele' redenen weigerde hij het te bespreken in de ministerraad. Van Wijnen, p. 115.

55 Hatch, p. 237.

56 Interview Bibeb met Irene, *Vrij Nederland*, 5 februari 1977.

57 *Algemeen Handelsblad*, 30 augustus 1958 en *De Telegraaf*, 5 september 1958.

58 Joustra, *Een titel maakt de mens niet*, p. 12.

59 Van Lippe-Biesterfeld, p. 49.

60 *Algemeen Handelsblad*, 3 november 1958.

61 Van Lippe-Biesterfeld, p. 21.

62 *De Telegraaf*, 10 januari 1959.

63 Fasseur, *Juliana & Bernhard*, p. 83.

64 Van Lippe-Biesterfeld, p. 37.

65 *De Volkskrant*, 8 maart 1960.

66 Archief PVN, 24 februari 1964.

67 Debray, p. 61 en Preston, p. 141.

68 *Algemeen Handelsblad*, 9 november 1959 en *Nieuwsblad van het Noorden*, 21 september 1959.

69 *De Telegraaf*, 30 januari 1961.

70 Javier Martín del Barrio, 'Olghina, el amor adolescente del rey Juan Carlos', *El País*, 1 november 2014.

71 Joustra, *Een titel maakt de mens niet*, p. 12.

72 Hatch, p. 333 en Joustra, *Een titel maakt de mens niet*, p. 17.

73 Het boottochtje van Sofía en Juan Carlos verliep niet zo roman-

tisch. Na een mislukte manoeuvre schreeuwde Juan Carlos Sofia toe 'als een matroos', waarna zij zich mokkend terugtrok. Toen Sofía's moeder er bij Juan Carlos op aandrong zich ter plekke op Korfoe met haar dochter te verloven, vroeg hij om bedenktijd. Debray, p. 66.

74 Brief kabinet en protocol aan de Nederlandse ambassadeur in Mexico, 1 december 1959, NA 2.05.212.

75 Brief van de Nederlandse ambassadeur van Mexico aan het kabinet Protocol te Den Haag, 1 december 1959. NA 2.05.212.

76 Brief van de Nederlandse ambassadeur in Mexico aan de minister van Buitenlandse Zaken, 17 april 1961. NA 2.05.212 En brief van de ambassade te Mexico aan de heer A. Hasselman, chef Directie Buitenlandse Dienst van het ministerie van Buitenlandse Zaken, 17 april 1961. NA 2.05.212.

77 Hatch, p. 237.

78 *Trouw*, 7 augustus 1961 en *Algemeen Handelsblad*, 7 augustus 1961.

79 Hatch, p. 238.

80 'De prins spreekt', interview met prins Bernhard in *de Volkskrant*, 14 december 2004. Zie ook: Archief PVN, 11 februari 1964.

2 – De belofte van het carlisme

1 Massó, p. 236.

2 Als enige niet geestelijk gestoorde zoon uit het eerste huwelijk van Robert erfde Elias de bezittingen in Oostenrijk, Frankrijk en Zwitserland. Voor de twaalf kinderen uit het tweede huwelijk, onder wie Xavier, bleven de Italiaanse bezittingen en het kasteel Puchheim in Oostenrijk over.

3 In 1917 ondernam Xavier met zijn broer Sixtus nog één

keer een poging om ouderwetse, Europese familiepolitiek te bedrijven. Omdat de oorlog zo uitzichtloos en bloedig was, probeerden hij samen met Sixtus via zijn zwager, keizer Karel van Oostenrijk, een vredesakkoord tot stand te brengen tussen Frankrijk en Duitsland. Frankrijk zette in overleg met Karel vredesvoorwaarden op papier, die Xavier en Sixtus persoonlijk doorgaven aan de Duitse keizer Wilhelm. Karel beloofde in een brief aan Frankrijk om 'alle middelen en persoonlijke invloed' aan te wenden hem daarmee te laten instemmen. Maar toen Duitsland de voorwaarden weigerde, en Frankrijk en Oostenrijk weer in conflict raakten, werd de belofte die Karel aan Frankrijk gedaan had, openbaar gemaakt en was een schandaal, de 'Sixtus-affaire', geboren.

4 Zweig, p. 276.

5 Brief van Xavier aan zijn moeder. In: Balansó, p. 176.

6 M.T. de Bourbon de Parme, pp. 85, 92.

7 Kamen, pp. 160-165

8 Met een korte onderbreking in 1724, toen zijn zoon, Lodewijk, hem opvolgde, maar de troon weer besteeg toen Lodewijk nog in datzelfde jaar overleed.

9 Zie: Badinter.

10 Nota bene ook met de koningin van Spanje, Isabel. Balansó, p. 132.

11 Idem, p. 145.

12 Aanvankelijk kreeg Marie-Louise alleen het hertogdom van Lucca, maar toen in 1847 Marie-Louise van Oostenrijk, weduwe van Napoleon, overleed, viel Parma alsnog toe aan haar zoon, Karel Lodewijk. M.L. de Bourbon de Parme, *Les mémoires de Marie-Louise, Reine d'Etrurie, écrits par elle même*, 1814. Xaviers broer, Sixte, schreef op basis van de memoires van Marie-Louise het boek *La Reine d'Etrurie*, dat in 1928 verscheen in Parijs.

13 M.T. de Bourbon de Parme, p. 103.

14 Tegenover zijn biograaf verklaarde Carlos Hugo dat de houding van Franco 'vergelijkbaar was met die van Pontius Pilatus'.Clemente, p. 105.

15 M.T. de Bourbon de Parme, p. 84.

16 Hij hoopte daarbij steun te krijgen van de geallieerden, maar die bleef uit. *Diario de Navarra*, 3 december 2020.

17 Massó, p. 69.

18 Clemente, p. 65.

19 Idem, p. 81.

20 Het enige dochtertje dat zij kregen, was op driejarige leeftijd overleden aan meningitis. Massó, p. 62.

21 Idem, p. 66.

22 Idem, pp. 67 en 72.

23 Het initiatief kwam van María Asunción Arraiza, de 'peetmoeder' van het regiment van requetés van Montejurra, en werd omarmd door de burgemeester en de priester van Ayegui, Don Trifón Larumbe, daarbij geassisteerd door enkele carlistische strijders. J. MacClancy, *The Decline of Carlism*, p. 127.

24 MacClancy, p. 141.

25 Massó, pp. 96-97.

26 Idem, pp. 41-42.

27 Lubelza, p. 46.

28 Massó, pp. 138, 139.

3 – Een bruid voor Hugo van Bourbon-Parma

1 Clemente, pp. 102-103; Balansó, p. 200 en Massó, p. 265.

2 Massó, p. 120.

3 Idem, p. 272 en Lavardín, pp. 170-171.

4 Massó, p. 329.

5 Haar man, Alexander van Athlone, was in Canada destijds gouverneur-generaal.

6 Massó, p. 328.

7 Dagboeknotitie Van Nispen tot Pannerden: 'Toen hij [Carlos Hugo] zijn vader had gezegd op Irene een oogje te hebben, kwam via pater Tholens een eerste contact met de koninklijke familie hier tot stand.'

8 Peñafiel, hfdst. 7 'Divorcio en la casa real Holandesa'; Massó, p. 273 en Balansó, p. 197.

9 *De Volkskrant*, 19 oktober 1962.

10 Fasseur, *Wilhelmina*, p. 490.

11 Historici Gerard Aalders en Coen Hilbrink vonden in 1996 in Amerikaanse archieven het bewijs dat Bernhard vanaf 1933 stond ingeschreven als lid van de NSDAP, dat hij tot en met 1935 contributie betaalde en dat hij in januari 1937, na zijn huwelijk met Juliana, werd uitgeschreven. Zie ook: Van der Zijl, *Bernhard*, pp. 200-205 en 324. Met veel ex-nazi's hield Bernhard na de oorlog nog een goed contact. De voormalige SA-commandant Walter Wunderlich werd door zijn toedoen uit krijgsgevangenschap vrijgelaten omdat Bernhard 'er zeker van was dat deze man nooit iets dat wij als misdadig beschouwen, kon hebben gedaan'. Van der Zijl, pp. 361-362.

12 Van Lippe-Biesterfeld, p. 18. Biograaf Van der Zijl vergeleek Bernhard met de zogeheten 'Kriegsbummler', de Duitse aristocraten die tijdens de Eerste Wereldoorlog elkáár decoreerden als zij het slagveld bezochten. Van der Zijl, p. 324.

13 Fasseur, *Wilhelmina*, p. 559.

14 Idem, pp. 446-450.

15 Interview Bibeb met Irene, *Vrij Nederland*, 5 februari 1977.

16 *Het Parool*, 5 februari 1963.

17 Vlak na het overlijden van Wilhelmina had het paar Lobkowicz

Carlos Hugo en Irene ook al samen uitgenodigd in hun huis in Zwitserland, maar op weg vanuit Italië was Carlos Hugo voor een dichte tunnel komen te staan, waarna hij zich een dag te laat gemeld had. Hij had Irene daarop gebeld om zijn excuses te maken, en gevraagd of ze elkaar binnenkort ergens anders konden ontmoeten. Toen ze had gezegd dat ze in februari ging skiën, had hij beloofd ook te komen.

18 *De Telegraaf*, 22 februari 1962.

19 Massó, p. 330.

20 Idem, pp. 331-332.

21 Interview Bibeb met Irene, *Vrij Nederland*, 5 februari 1977.

22 Van Lippe-Biesterfeld, p. 49.

23 Interview Bibeb met Irene, *Vrij Nederland*, 5 februari 1977.

24 Dagboek Jan de Quay, 8 april 1963. Kopie verstrekt door Gerald Aalders.

25 'The Royal Wedding – Princess Alexandra & Mr Angus Ogilvy – Colour – 1963', van British Movietone, via: youtube.com/watch?v=MX7g03OZ50w

26 *Het Parool*, 23 april 1963.

27 *Nieuwsblad van het Noorden*, 4 mei 1963.

28 Geciteerd in: De Rooy, p. 27.

29 Withuis, p. 605.

30 Massó, p. 170.

31 Idem, p. 336 en M.T. de Bourbon de Parme, p. 140. Persoonlijke getuigenis van José Antonio Parilla in Massó, p. 549. Een datum werd niet genoemd, maar de bootreis had plaats tussen eind juni en juli.

32 Idem, p. 337.

33 Idem, p. 334.

34 Irene zou nog lang trouw blijven aan het 'narratief' van Massó. Toen journaliste Bibeb van *Vrij Nederland* in 1977 aan haar

vroeg waar ze Carlos Hugo voor het eerst ontmoet had, noemde ze de feesten van San Fermín. 'In de loge naast me zat Carlos,' vertelde ze. 'Later zag ik hem op straat, omringd door een stoet druk pratende mensen. Toen hoorde ik: dat zijn carlisten. Hij is de carlistenleider. En toen hebben hij en ik contact opgenomen.' Wel haalde ze plaats en data door elkaar. Ze noemde juli 1962 als datum voor de ontmoeting in San Fermín, terwijl ze Carlos Hugo in 1962 in werkelijkheid ontmoette tijdens het gearrangeerde dinertje van Lobkowicz en Alicia van Athlone. De 'ontmoeting' in San Fermín had een jaar later plaats, in juli 1963. Zie: interview Bibeb met Irene, *Vrij Nederland*, 5 februari 1977.

4 – Al tijden katholiek

1 Van Lippe-Biesterfeld, p. 65.
2 Interview Bibeb met Irene, *Vrij Nederland*, 5 februari 1977.
3 Joustra, *Een titel maakt de mens niet*, p. 13.
4 Massó, p. 343.
5 Idem, p. 343.
6 Brief Armgard aan Sefton Delmer, 9 september, zonder jaartal, maar vermoedelijk 1963. Archief ADSD. De brieven van Armgard en Bernhard aan Sefton Delmer werden door onderzoekster Ruth Nederveen tijdens haar research voor de AVRO aangetroffen op de zolder van de dochter van Delmer in Engeland. De brieven zijn daarna overgedragen aan Delmers zoon. Kopieën ervan zijn in het bezit van Nederveen.
7 Massó, p. 344.
8 Brief van Bernhard aan Sefton Delmer op briefpapier van het paleis van de Thaise koning Bhumibol. De brief is gedateerd op 'vrijdag', maar vanwege het brieflogo van het paleis van koning

Bhumibol was de datum waarschijnlijk vrijdag 18 oktober, aangezien Bernhard en Juliana van 16 tot 23 oktober een staatsbezoek brachten aan Thailand, Uit: archief ADSD.

9 Massó, p. 344. Omdat Massó niet zeker wist of de bekering van Irene uiteindelijk door zou gaan, hield hij andere opties intussen nog open. In november was het na bemiddeling van monarchisten gelukt een ontmoeting te organiseren met een andere nog ongetrouwde prinses: María Pilar van Bourbon, de zus van prins Juan Carlos. Carlos Hugo zag het 'sympathieke en hartelijke' gesprek dat hij in de bar van de golfclub van Barcelona met Pilar voerde ('zij is de beste van de familie,' merkte hij na afloop op) vooral als een goede afleidingsmanoeuvre, omdat hij niet wilde dat zijn relatie met Irene al bekend werd.

10 Tijdens het diner bij Stork werd na het dessert het nieuws bekendgemaakt dat de Amerikaanse president John F. Kennedy was doodgeschoten, waarna iedereen ontzet huiswaarts keerde.

11 López Rodó, pp. 410-411.

12 Massó, p. 346.

13 Idem, p. 347.

14 Idem.

15 Van Schaik, pp. 349-351.

16 Idem.

17 Van Schaik, pp. 349-351 en Massó, p. 347.

18 archief PVN, 24 februari 1964.

19 Massó, p. 347.

20 Idem, p. 348.

21 Idem.

22 Lavardín, p. 178.

23 Andrade, hoofd van het modehuis Asunción Bastida in Madrid, was een familielid van de vrouw van José María de Zavala, een

van Carlos Hugo's medewerkers. Lavardín, p. 179; M.T. de Bourbon de Parme, p. 140.

24 *De Volkskrant*, 18 januari 1964.

25 Clemente, p. 103.

26 *De Telegraaf*, 27 januari 1963.

27 Tijdens de oorlog had de Nederlandse post in Spanje een slechte reputatie verworven, wegens de weigering Nederlanders die, op de vlucht voor de nazi's, de Pyreneeën over overgestoken waren, te helpen. Zij wendden zich daarop veelal tot de Britse ambassade, die wel thuis gaf. Kersten, p. 435, noot 121.

28 Verslag van de bijzondere vergadering van de Raad van Ministers 'naar aantekeningen van de ministers Toxopeus en Veldkamp', 3 februari 1964, NA 2.21.351.

29 Notulen vaste Kamercommissie Buitenlandse Zaken, 5 februari 1964. NA, 2.02.28.

30 Brouwer, p. 84.

31 Massó, p. 369

32 'Carta manuscrita de Carlos Hugo de Borbón anunciando que se va a casar con la princesa Irene', 27 januari 1964. Archief FF, 4241. Vertaling: 'Excellentie, Toen ik in de maand november vroeg om te worden ontvangen op audiëntie door U.E., had ik u rond die data willen mededelen dat ik relaties onderhield met Prinses Irene der Nederlanden. De omstandigheden vertraagden de uitvoering van mijn plan. Toch wil ik niet dat nog meer tijd verstrijkt zonder dit te doen, en met deze brief deel ik u mede dat de Prinses Irene en ik nu verloofd zijn. De Koningin Juliana en de Prins Bernhard en mijn ouders wensen dat de officiële aankondiging voorlopig nog geheim blijft, zelfs voor naasten, tot binnen enkele maanden. Ik zal er veel genoegen in scheppen u te begroeten, wanneer u dit het meest geschikt acht, om u het mondeling te zeggen en u een brief te overhandigen van mijn

vader, waarin hij mijn verloving aan u mededeelt.

Ik verzoek u de betuiging van mijn meest hoge achting en respect te accepteren, waarmee ik me onderwerp aan uw dierbare Excellentie.'

33 Interview Bibeb met Irene, *Vrij Nederland*, 5 februari 1977.

34 Archief PVN, 28 januari 1964.

35 'Licht op rood' verwijst naar de lamp naast de deur van de Kamer van Van Nispen, die tijdens belangrijke gesprekken op rood ging zodat hij niet gestoord werd.

36 Dagboek M. van Nispen, 28 januari 1964.

37 Verslag van de bijzondere vergadering van de Raad van Ministers, 3 februari, 1964. NA 2.21.351.

38 *Gereformeerd gezinsblad*, 31 januari 1964.

5 – De aankondiging

1 Archief PVN, dagboek, 28 januari 1964.

2 Idem.

3 Archief PVN, zaterdag 1 februari 1964.

4 Verslag van de bijzondere vergadering van de Raad van Ministers op 3 februari 1964, NA 2.21.351.

5 Idem.

6 Idem.

7 Archief PVN, 3 februari 1964.

8 Verslag van de bijzondere vergadering van de Raad van Ministers op 3 februari 1964, NA 2.21.351.

9 Massó, p. 351.

10 Archief PVN, 3 februari 1964.

11 Idem.

12 *De Maasbode*, 4 februari 1964.

13 Archief PVN, 4 februari 1964.

14 Idem.

15 Idem, 5 februari 1964.

16 *De Telegraaf*, 5 februari 1964.

17 Massó, p. 353.

18 Notulen ministerraad, 7 februari 1964. NA 2.02.05.02.

19 Massó, p. 354 en Archief PVN, 7 februari 1964.

20 Massó, p. 352.

21 Notulen ministerraad, 7 februari 1964, NA 2.02.05.02.

22 Idem.

23 Archief PVN, 4 februari 1964.

24 Idem, 9 februari 1964.

25 Idem, 9 februari 1964.

26 Idem, 24 februari 1964.

27 Voor Xavier gold in Spanje nog een formeel inreisverbod.

28 Massó, p. 359 en Lavardín, p. 191.

29 Massó, p. 361 en archief PVN, 9 februari 1964.

30 *Algemeen Handelsblad*, 9 februari 1964.

31 Massó, p. 361.

32 *Algemeen Handelsblad*, 10 februari 1964 en *Het Vrije Volk*, 10 februari 1964.

33 Archief PVN, 9 februari 1964.

34 Idem, 6 april 1964.

35 Massó, Otro rey, blz. 363

6 – Onderhandelingen

1 *Algemeen Handelsblad*, 11 februari 1964.

2 Massó, p. 367.

3 López Rodó, p. 437.

4 *Trouw*, 29 februari 1964.

5 Archief PVN, 13 februari 1964.

6 Idem, 28 februari 1964.

7 Brief van Emilio Pan de Soraluce aan don Fernando María Castiella y Maiz, 11 februari 1964. Uit: Archief AGA, RI 1384, nr. 85.

8 Brief Frans Jozef Karel van Habsburg -Lorraine en Bourbon aan Franco, februari 1964. Uit: archief FF, 7501.

9 *De Telegraaf*, 19 maart 1964.

10 Massó, p. 370.

11 Zelf verklaarde Carlos Hugo tegen zijn biograaf dat zijn tweede bezoek aan Franco tot doel had Franco te laten weten dat de aankondiging van zijn verloving met Irene 'eraan kwam'. Dit is aantoonbaar onjuist, aangezien de aankondiging van de verloving toen al had plaatsgevonden. Clemente, p. 104.

12 López Rodó, p. 456.

13 Na Franco's dood werden deze vertrouwelijke gesprekken gepubliceerd. Franco Salgado-Araujo, pp. 413-414.

14 ABC, 18 februari 1964. Zie ook: Lavardín, pp. 203-204 en Massó, p. 289. Volgens Massó had Carlos Hugo de naamkwestie in 1961 voor het eerst aangekaart bij de Franse ambassadeur in Spanje, Roland de Margerie, een vriend van de familie. Dankzij diens interventie was zijn vliegbrevet toen op naam van 'Zijne Koninklijke Hoogheid Carlos Hugo van Bourbon-Parma' gezet. In het najaar van 1962 hadden Massó en Cécile via de parochie van Bostz en het aartsbisdom van Parijs geregeld dat ook het geboortecertificaat werd aangepast. Overigens las de krant ABC een woord verkeerd. In plaats van 'interessé' (betrokkene), stond er 'archevêché' (aartsbisdom). Op verzoek van het aartsbisdom dus was om de naamsverandering gevraagd.

15 Archief PVN, 28 februari 1964.

16 *Algemeen Handelsblad*, 4 maart.

17 Interview Bibeb met Irene, *Vrij Nederland*, 5 februari 1976.
18 Idem.
19 Archief PVN, 24 februari 1964.
20 Massó, p. 376-379.
21 Idem, p. 376.
22 Archief PVN, 31 maart 1964.
23 Idem, 24 februari 1964.
24 Lavardín, p. 215.
25 Archief PVN, 6 april 1964.
26 Massó, pp. 380-381.
27 Dagboek Van Nispen, 11 april 1964. De Nederlandse ambassadeur bij de Heilige Stoel meldde achteraf dat de paus het verzoek om het huwelijk in te zegenen in eerste instantie al 'onthutst geweigerd' had, en dat de optie door Irene en Carlos Hugo ten onrechte als een reële mogelijkheid was voorgesteld. Maar Massó beweerde dat de paus gezegd had dat hij bereid was het huwelijk te voltrekken als daarvoor 'schriftelijke goedkeuring' van 'de chef van de familie' kwam. Massó, pp. 380-381.
28 Massó, p. 381.
29 Idem.
30 Massó, p. 382 en *Algemeen Handelsblad*, 7 april 1964.
31 Archief PVN, 7 april 1964.

7 – *Bruiloft in Rome*

1 Brouwer, p. 108.
2 *Algemeen Handelsblad*, 9 april 1964.
3 *de Volkskrant*, 10 april 1964.
4 Idem, 11 april 1964.
5 Brouwer, p. 109.
6 Lavardín, p. 221. Volgens *De Telegraaf*, 11 april 1964, had

kabinetsberaad plaats over het inzetten van een extra vliegtuig uit Mexico.

7 *De Telegraaf*, 11 april 1964 en 18 april 1964.

8 Lavardín, p. 221.

9 Massó, p. 384.

10 Idem, pp. 385-386.

11 Idem, p. 387.

12 Idem. 30 miljoen peseta's is, omgerekend naar euro's volgens de koers van de peseta in 1999: 180.300 euro. Gecorrigeerd naar inflatie is de waarde van dat bedrag in Spanje, afhankelijk van de mate waarin waardestijgingen van bijvoorbeeld vastgoed in de berekening worden meegenomen, het equivalent van circa 1 miljoen euro in 2020.

13 Notulen Ministerraad, 24 april 1964, NA 2.02.05.02.

14 Archief PVN, 6 april 1964. Lavardín, p. 223. *De Telegraaf*, 21 april 1964.

15 *Trouw*, 8 april en *Nieuwsblad van het Noorden*, 9 april 1964.

16 Brief van Pemán aan kardinaal Cicognani, 22 april 1964, met een afschrift aan Carrero Blanco, uit: Archief FF, 4243.

17 *Algemeen Handelsblad*, 29 april 1964.

18 Massó, p. 391.

19 Brouwer, p. 109.

20 'Wahrscheinlich hat der Sunday Mirror das Interview an alle Deutschen Magazine weiter verkauft incl. Bilder [dit laatste woord is niet goed leesbaar]. Es scheint den modernen Don Quichote nach den Kopf gestiegen zu sein. Bernilo ärgert sich leider ganz unbeschreiblich darüber, niemals habe ich ihm je so wütend gesehen. Er nimmt es sich so zum Herzen.' Brief van Armgard aan Sefton Delmer, 13 mei 1964. Uit: archief ADSD.

21 Brief van prinses Armgard aan Sefton Delmer, 13 mei 1964. Archief ADSD.

22 Archief PVN, 4 mei 1964.
23 Lavardín, p. 225.
24 Antwoord op Kamervragen van Kamerlid Schmelzer inzake stroomstoring. NA 10018.

8 – Strijd in Spanje

1 Massó, p. 391.
2 *Het Parool*, 4 mei 1964.
3 Idem en *Algemeen Handelsblad*, 4 mei 1964.
4 Die ontvangst was mede te danken aan het feit dat Adolfo Suárez (1932-2014), die ooit in de fabriek van Massó's vader gewerkt had, intussen een hoge functie bekleedde in de Movimiento Nacional van Franco. Hij had de burgemeester van Santiago geadviseerd om bij de ontvangst van het carlistische paar alles uit de kast te halen. Suárez werd in 1969 hoofd van de Spaanse televisie (TVE) en zou na de dood van Franco een sleutelfiguur worden tijdens de overgang van Spanje naar de democratie onder Juan Carlos. Zie Massó, p. 394.
5 Lavardín, p. 236.
6 Massó, pp. 394-395.
7 De Rooy, p. 17.
8 Idem en *de Volkskrant*, 9 september 1964.
9 'Het moet een beslissing van Franco geweest zijn,' schreef de minister van Informatie en Toerisme, Manuel Fraga Iribarne in zijn memoires over het voorval. Zie Balansó, p. 211. Zie ook Clemente, p. 105.
10 Codebericht van J. Luns aan Van Panhuys, 6 mei 1964. In: NA , 2.05.118, inv. nr. 14370.
11 Archief AHN, 'Lista de conocidos de Barcelona' (1965). Diversos archivo carlista, 160, exp. 1.

12 De ook aanwezige burgemeester van Barcelona en de gouverneur van Toledo maakten zich, uit angst met het carlistische paar te worden geassocieerd, razendsnel uit de voeten.

13 Lavardín, p. 246.

14 Lubelza, pp. 52-53.

15 López Rodó, pp. 483-484. Zie ook: Vázquez de Prada, p. 232.

16 *De Telegraaf*, 19 december en 24 december.

17 Brief ambassadeur Haersholte aan het ministerie van Buitenlandse Zaken, 17 juni 1965. NA 2.05.118, inv. nr. 2716.

18 Brief minister Josef Luns aan ambassadeur te Madrid, 21 juni 1965, NA 2.05.118, inv. nr 2716.

19 *De Telegraaf*, 17 februari.

20 Idem, 21 januari 1965 en *Trouw*, 25 januari 1965.

21 Notulen van de Ministerraad, 20-23 november 1964, NA 2.02.05.02 en *Het Parool*, 13 mei 1965.

22 Brief Van Panhuys aan de minister van Buitenlandse Zaken inzake 'het carlisme en de positie van Carlos Hugo', 9 februari 1965, NA. 2.05.118, inv. nr 14370.

23 *De Telegraaf*, 15 oktober 1965.

24 Vázquez de Prada, p. 248.

25 Idem, p. 271.

26 Idem, p. 277.

27 *De Telegraaf*, 3 mei 1965 en Lavardín, pp. 254-257.

28 Vázquez de Prada, p. 255.

29 Hermans, pp. 59, 63.

30 'Ik kan de strijd niet meer loslaten.' Interview D. Hermans en D. Hooghiemstra met Pieter van Vollenhoven, NRC *Handelsblad*, 24 april 2004.

31 De familie Van Vollenhoven stond vermeld in het 'Blauwe Boekje' van het Nederlandse patriciaat, dat zich wat sociale

status betreft kon meten met veel van de talrijke adellijke families in Duitsland.

32 *De Tijd-Maasbode*, 21 december 1965.

33 *De Telegraaf*, 31 december 1965.

34 Massó, p. 418.

35 Massó, pp. 419-421.

36 Idem.

37 Caspistegui Gorasurreta, p. 115 en *Algemeen Handelsblad*, 26 oktober 1965.

38 *De Telegraaf*, 22 november 1965.

39 De Rooy, p. 141.

40 *De Volkskrant*, 10 maart, 1965.

41 *Het Parool*, 1 augustus 1966.

42 Van Lippe-Biesterfeld, p. 23.

43 Massó, p. 412.

44 *Algemeen Handelsblad*, 2 december 1965.

45 Citaat uit een interview met Godfried Bomans in het blad *Mimosa*. *Het Parool*, 2 april 1969.

46 *De Telegraaf*, 2 september 1966.

47 Idem, 7 september 1968.

48 *Algemeen Handelsblad*, 18 januari 1967.

49 *De Volkskrant*, 9 augustus 1966.

50 *De Telegraaf*, 21 augustus 1968.

51 Lubelza Roca, p. 60.

52 Vázquez de Prada, p. 251.

53 Idem, p. 281.

54 Clemente, p. 172.

55 Vázquez de Prada, p. 282.

56 Massó, p. 438.

57 Idem, p. 176.

58 Vázquez de Prada, p. 313.

59 Tusell, p. 218.

60 Lavardín, p. 277.

61 Verzoek van particulier secretaris Ángel Romera aan de heer Conde de Loja, chef van het Casa Civil, om een audiëntie voor de 'Koninklijke Hoogheden' met het staatshoofd en Generalísimo. 19 november 1966. Archief AHN, Diversos carlista, 160, Exp. 1.

62 Brief van Xavier van Bourbon-Parma aan Franco, 22 april 1967. Archief FF, 16965.

63 Massó, p. 440.

64 Lavardín, p. 278.

65 Carlos Hugo betitelde hem later als de 'drijvende kracht' achter de ideologische vernieuwing van het carlisme. 'Un hombre justo', *El País*, 22 november 1992.

66 Zavala, p. 16.

67 Zavala, pp. 44, 45 en 55.

68 Caspistegui Gorasurreta, p. 190.

69 *De Volkskrant*, 9 november 1968

70 *De Telegraaf*, 10 oktober 1968.

71 Brief van Alonso Álvarez de Toledo, Spaans gezant in Mexico, aan don Fernando María Castiella, minister van Buitenlandse Zaken, Mexico, 21 januari 1969, Archief AGA, R11384, num. 85.

72 *Algemeen Handelsblad*, 12 oktober 1968.

73 Brief van Alberto Escudero Claramunt, Spaans zaakgelastigde in Teheran, over het bezoek van de prins van Bourbon-Parma aan Iran, 7 december 1968. Archief AGA, R8881, num. 11.

74 Idem.

75 Caspistegui Gorasurreta, p. 73.

76 Clemente, pp. 141-142 en *De Telegraaf*, 21 december 1968.

77 *Nieuwsblad van het Noorden*, 24 december 1968.

78 Caspistegui Gorasurreta, p. 189.

79 *Trouw*, 3 maart 1969.

80 Preston, p. 194.

81 Idem, p. 196.

82 Idem, p. 202.

83 Idem, p. 205.

84 Idem, p. 206. Op 15 juli kreeg Juan Carlos het bericht van Franco zelf te horen. Aan zijn vader schreef hij op die dag: 'Lieve papa, Zojuist ben ik teruggekomen van El Pardo, daar de Generalísimo me ontboden had. [...] Het is buitengewoon moeilijk mijn gevoelens op dit ogenblik onder woorden te brengen. Ik houd zielsveel van u en u hebt me op de best mogelijke manier bijgebracht Spanje lief te hebben en te dienen. Dat dwingt me dan ook, als Spanjaard en als lid van de dynastie, het grootste offer van mijn leven te brengen, en mijn geweten volgend, te doen wat naar mijn overtuiging een dienst aan het vaderland is, namelijk de nominatie te aanvaarden, opdat de monarchie in Spanje kan terugkeren en zij ons volk met Gods hulp in de toekomst vele jaren van vrede en welvaart mag schenken. [...] Ik eindig deze regels met een stevige omarming en ik vraag u nogmaals uit het diepst van mijn hart om uw zegen en uw liefde.' Geciteerd in: Preston, p. 209.

Ook Franco schreef een brief aan Juan. De oude monarchie zou niet worden hersteld, schreef hij aan hem. Een nieuwe monarchie werd geïnstalleerd, opdat de politieke ontwikkeling van het regime 'voltooid' kon worden. Na lezing van de brief zei Juan: 'Wat een schoft!'

85 Brief van ambassadeur Ángel Sanz Briz aan de minister van Buitenlandse Zaken van Spanje, 27 maart, 1969. Archief AGA, R11384 nr. 85.

9 – Scheuring

1 Het idee om de kroonprinselijke titel van 'prins van Asturië' te vervangen voor die van 'prins van Spanje', was een idee van López Rodó, bedoeld om de titulatuur van het huis van Bourbon, waarvan vader Juan nog altijd het hoofd was, niet te doorkruisen. Preston, p. 211.

2 Interview Irene met H.F. van Loon in *De Telegraaf*, 20 augustus 1969. En *Nieuwsblad van het Noorden*, 31 maart 1969.

3 M.T. de Bourbon de Parme, p. 116.

4 Brief Irene aan de carlisten, 20 oktober 1972. In: AHN, Diversos carlista,163, Exp. 1.

5 Margarita (1847-1893) was de echtgenote van Carlos VII, die na een militaire overwinning in Navarra drie jaar heerste in Noord-Spanje. Jaime (1909-1931) was de laatste carlistische troonpretendent die in rechte lijn van de eerste carlistische troonpretendent, Carlos María Isidro (1788-1855) afstamde, maar kinderloos stierf en nooit koning werd. Zijn rechten gingen over op zijn oom, Alfonso Carlos.

6 M.T. de Bourbon de Parme, p. 147.

7 Idem en interview Bibeb met Irene, *Vrij Nederland*, 5 februari 1976.

8 Clemente, pp. 126-131.

9 Withuis, p. 657.

10 MacClancy, p. 175.

11 Het vierde zusje, Françoise, getrouwd met Edward van Lobkowicz, bemoeide zich niet met politiek.

12 MacClancy, p. 177.

13 Onder hen waren de Italianen Stefano Delle Chiaie en Augusto Cauchi, bekende rechts-extremisten met een omvangrijk netwerk in Latijns-Amerika. Delle Chiaie werd beschuldigd van betrokkenheid bij een bloedige bomaanslag in Milaan

in 1969 en later, met Cauchi, ook van betrokkenheid bij een neofascistische aanslag op het station van Bologna in 1980, waarbij 85 doden vielen. Voor foto's en ooggetuigenverslag van Montejurra 1976 zie: 'Informe Montejurra 1976'.

14 Interview Bibeb met Irene, *Vrij Nederland*, 5 februari 1977.

15 *De Telegraaf*, 20 mei 1976.

16 Het betreft hier de in het carlistische archief bewaarde, ruwe versie van het interview. Later werd deze passage door Irene geschrapt, zodat zij niet gepubliceerd werd. AHN, Diversos carlista, 166, exp. 3.

17 Tussen 4 en 7 maart liet Xavier bij de notaris twee verklaringen vastleggen. De eerste, ten gunste van Sixtus, luidde: 'Ik vraag aan God dat het carlisme, zonder enige afwijking, trouw blijft aan zichzelf, voor de beste dienst aan Spanje en het christendom.' De tweede, ten gunste van Carlos Hugo, luidde dat Carlos Hugo zijn 'enige opvolger' was en dat iedere actie die werd ondernomen om dat recht te betwisten, moest worden beschouwd als een aanval op het carlisme. Balansó, p. 226.

18 M.T. de Bourbon de Parme, p. 178.

19 Balansó, pp. 225-226.

20 Withuis, p. 687.

21 Brief van Kappeyne van de Coppello aan Irene, 3 juni 1974 en Brief van PPR aan Irene, 23 juni 1974, AHN, Diversos carlista, 166, exp. 3.

22 Toen in 1965 een handtekeningenactie gestart werd tegen de parlementaire goedkeuring van het voorgenomen huwelijk van Beatrix en Claus, was Mozer als invloedrijke Duitse dissident voor Claus in de bres gesprongen. Nadat hij onderzoek gedaan had naar zijn gedrag in Duitsland ná de oorlog, had hij over hem niets dan goeds kunnen melden. Claus had bijvoorbeeld samengewerkt met een advocatenkantoor dat zich inspande voor de restitutie van gestolen goederen aan Joden. Weller, p. 333.

23 Weller, p. 394.
24 Idem, p. 396.
25 Aantekeningen Max van der Stoel, 8 maart 1976. NA 2.21.420.
26 Interview met Irene in *Het Vrije Volk*, 19 juni 1976.
27 Vaessen, p. 40.
28 Interview met Irene in *De Telegraaf*, 10 juni 1978.
29 Interview Mies Bouwman met Irene, *Margriet*, 1977 en Van Lippe-Biesterfeld, p. 27.
30 Interview met Ronnie Wolff in *De Telegraaf*, 9 mei 2020.
31 Van Lippe-Biesterfeld, p. 24.
32 Zijn kinderen hoorden volgens zijn dochter, Margarita, jaren later pas van het bestaan van hun halfbroer. Vaessen, p. 59.
33 M.T. de Bourbon de Parme, p. 168.
34 Van Lippe-Biesterfeld, pp. 24, 61.
35 Idem, p. 130.
36 Idem, pp. 36, 67.
37 Idem, p. 68.
38 Idem, p. 23.
39 Van Lippe-Biesterfeld, pp. 65, 69.
40 Brief Irene aan pater Tholens, 10 augustus 1994. KDC, collectie 791, nr. 477.

Epiloog

1 Adelspecialisten hadden kritiek op de gevolgde procedure. De Nederlandse Adelwet maakte inlijving tussen 1994 en 1998 mogelijk, maar alleen als een familie behoorde tot 'de wettelijk erkende adel van een staat met een vergelijkbaar adelstatuut'. In Frankrijk en Italië was de adel afgeschaft en hoewel Carlos Hugo in 1979 de Spaanse nationaliteit verwierf, had hij in Spanje geen adellijke titel. Dat zijn kinderen door Nederland desondanks werden 'ingelijfd', kan volgens sommigen alleen

verklaard worden uit het feit dat Beatrix als chef van de adel haar invloed liet gelden. De aanvraag voor de zogeheten 'adelsdiploma's' werd gedaan door de directeur van het Kabinet der Koningin, en onder zijn verantwoordelijkheid werden ook de betalingen van het 'diploma' en de verklaringen van adeldom et cetera afgehandeld. Een zegsman bij de Hoge Raad van Adel liet desgevraagd weten dat de gang van zaken juridisch niet helemaal zuiver verliep. Maar, zei hij: 'Het is nu eenmaal gebeurd.' Zie: Wolleswinkel, p. 178.

2 Vaessen, p. 35.

3 De politieke uitkomst van die affaire was dat het Kabinet der Koningin voortaan onder directe verantwoordelijkheid van de premier kwam te vallen.

4 Beatrix ontbrak bij de ceremonie, vermoedelijk om diplomatieke verwarring in Spanje te voorkomen.

5 Interview auteur met Francisco Javier Caspistegui, d.d. 30 oktober 2020.

6 Schriftelijk interview met Javier Lubelza Roca, 2 september 2020.

7 Clemente, p. 160.

8 Videoverslag van de ceremonie: 'Jura de los Fueros de Navarra por S. A. R. Don Carlos Javier de Borbón – Parma', van Requeté Carlista, via: youtube.com/watch?v=S1objKmIfPU.

9 *El Español*, 13 december 2020.

10 Een interview met hem werd afgezegd vanwege een ziekenhuisopname.

11 Interview met Marie-Thérèse de Bourbon de Parme te Parijs, juni 2019.

12 Ze voerde daar actie tegen Shell, dat volgens haar het ecosysteem verstoorde door gasboringen. NRC *Handelsblad*, 31 januari 2011.

13 Interview met Irene, *Trouw*, 18 april 2020. Video Roek Lips via: trouw.nl/nieuws/prinses-irene-samen-leving-is-een-prachtig-woordb83867eb/

Illustratie-verantwoording

Fotokatern 1

PAGINA 1

Linksboven: Nationaal Archief (NA), RVD/Koninklijk huis, fotograaf onbekend.

Rechtsboven: NA, RVD/Koninklijk huis, fotograaf onbekend.

Onder: NA, Elsevier, foto door Koos Raucamp.

PAGINA 2

Linksboven: NA, Anefo, foto door Charles Breijer.

Rechtsboven: NA, Van de Poll, foto door Willem van de Poll.

Onder: NA, RVD/Koninklijk huis, fotograaf onbekend.

PAGINA 3

Boven: NA, RVD/Koninklijk huis, fotograaf onbekend.

Onder: NA, Anefo, fotograaf onbekend.

PAGINA 4

Boven: NA, RVD/Koninklijk huis, fotograaf onbekend.

Midden: NA, Anefo, foto door M.J. Hartgerink.

Onder: © ANP/BENELUX PRESS

PAGINA 5

Boven: The Royal Forums, fotograaf onbekend.

Onder: © BNA Photographic / Alamy Stock Photo.

PAGINA 6

Boven: NA, Elsevier, fotograaf onbekend.

Midden: NA, Anefo, foto door Harry Pot.

Onder: NA, RVD/Koninklijk huis, fotograaf onbekend.

PAGINA 7

NA, RVD/Koninklijk huis, foto door Max Koot.

PAGINA 8

Boven: NA, Anefo, foto door Eric Koch.

Onder: NA, RVD/Koninklijk huis, foto door Max Koot.

Fotokatern 2

PAGINA 1

Familiearchief, uit J. Clemente, *Carlos Hugo de Borbon Parma*, fotograaf onbekend.

PAGINA 2

Boven: Wikimedia Commons / Museo Nacional del Prado

Linksonder: Wikimedia Commons / Colección Carmen Thyssen Bornemisza

Rechtsonder: Wikimedia Commons / Real Academia de Bellas Artes de San Fernando

PAGINA 3

Linksboven: Wikimedia Commons / Heinrich Schuhmann, Wien

Rechtsboven: Wikimedia Commons

Onder: Wikimedia Commons

PAGINA 4

Boven: © ANP, fotograaf onbekend.

Onder: © Getty Images, The LIFE Picture Collection, foto door Loomis Dean.

PAGINA 5

© ANP, collectie AFP Photo, fotograaf onbekend.

PAGINA 6

Linksboven: Jurramendi – Montejurra, La Montaña del Carlismo, fotograaf onbekend.

Rechtsboven: Wikimedia Commons/Biblioteca Virtual de Defensa

Onder: Jurramendi – Montejurra, La Montaña del Carlismo, fotograaf onbekend.

PAGINA 7

Boven: Archivo ABC, fotograaf onbekend.

Linksonder: El Español, fotograaf onbekend.

Rechtsonder: © Getty Images, The LIFE Picture Collection, foto door Loomis Dean.

PAGINA 8

Boven: La Carlistada, Historia del Carlismo Asturiano, fotograaf onbekend.

Onder: NA, Elsevier, foto door Ron Kroon.

Fotokatern 3

PAGINA 1

Boven: © Getty Images, collectie Paris Match, foto door Jean Tesseyre.

Onder: © NA/Spaarnestad/ANP, fotograaf onbekend.

PAGINA 2

Boven: © Getty Images, collectie Paris Match, foto door Jean Tesseyre.

Onder: © ANP, foto door Ben Hansen.

PAGINA 3

Boven: NA, Anefo, fotograaf onbekend.

Onder: persoonlijk archief 'Montejurra' van Manuel Martorell, fotograaf onbekend.

PAGINA 4

Persoonlijk archief 'Montejurra' van Manuel Martorell, fotograaf onbekend.

PAGINA 5

Persoonlijk archief 'Montejurra' van Manuel Martorell, fotograaf onbekend.

PAGINA 6

Boven: © Getty Images, Lichfield Archive, fotograaf onbekend.

Onder: NA, Anefo, foto door Eric Koch.

PAGINA 7

Boven: NA, Anefo, foto door Eric Koch.

Onder: © Getty Images, Bettmann, fotograaf onbekend.

PAGINA 8

Privéarchief, uit P. Wijnbeek, *Prinses Irene, fotoalbum*, fotograaf onbekend.

Fotokatern 4

PAGINA 1

Persoonlijk archief 'Montejurra' van Manuel Martorell, fotograaf onbekend.

PAGINA 2

Boven: © NA/Spaarnestad, fotograaf onbekend

Midden: The Royal Watcher, fotograaf onbekend.

Onder: NA, Elsevier, fotograaf onbekend.

PAGINA 3

Boven: Royalisticism, fotograaf onbekend.

Linksonder: persoonlijk archief 'Montejurra' van Manuel Martorell.

Rechtsonder: persoonlijk archief auteur.

PAGINA 4

Boven: © Getty Images, Rolls Press/Popperfoto, fotograaf onbekend.

Onder: Jurramendi – Montejurra, La Montaña del Carlismo, fotograaf onbekend.

PAGINA 5

Boven: NA, Anefo, foto door Joost Evers.

Midden: NA, Anefo, foto door Jaap Herschel.

Onder: NA, RVD/Koninklijk huis, foto door Max Koot.

PAGINA 6

Boven: NA, Elsevier, fotograaf onbekend, via Wikimedia Commons.

Inzet linksboven: NA, Elsevier, fotograaf onbekend, via Wikimedia Commons.

Onder: © Getty Images, foto door Gianni Ferrari.

PAGINA 7

Boven: El Español, fotograaf onbekend.

Midden: Heritage Image Partnership Ltd / Alamy Stock Photo.

Onder: Jurramendi – Montejurra, La Montaña del Carlismo, fotograaf onbekend.

PAGINA 8

Boven: NA, Anefo, foto door Bert Verhoeff.

Midden: privécollectie auteur

Onder: NA, Anefo, foto door Rob C. Croes.

Register